이스라엘의 인종 청소 실패와
팔레스타인 해방의 전망

이스라엘의 인종 청소 실패와 팔레스타인 해방의 전망

이원웅, 앤 알렉산더 외 지음

책갈피

차례

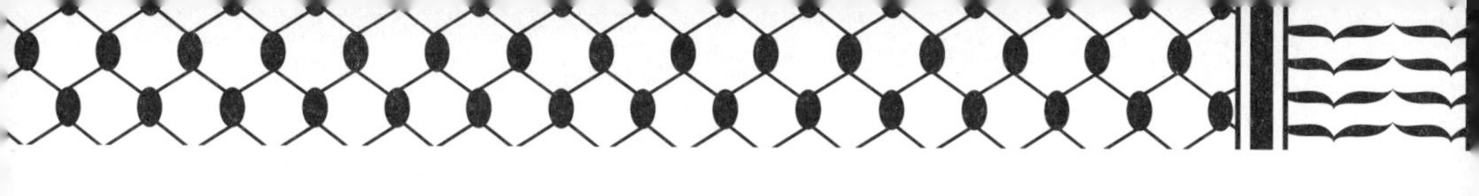

3장 이슬람, 이슬람주의, 하마스

4장 팔레스타인인들의 저항: 식민주의로부터의 해방을 향해

연표

1917년

제1차세계대전 중 영국이 시온주의자들에게 팔레스타인에 시온주의 국가를 건설하도록 돕겠다고 약속했다(밸푸어선언).

1939~1945년

많은 유럽 유대인들이 제2차세계대전 기간에 나치를 피해 팔레스타인 이주를 택했다. 유대인들은 미국으로 가고자 했지만, 시온주의자들의 강요와 서방 국가들의 공모에 의해 중동으로 가게 됐다.

1947년

유엔이 팔레스타인 땅 55퍼센트를 유대인 몫으로 인정하는 분할안(유엔 결의안 제181호)을 발표했다. 당시 팔레스타인에서 유대인 인구는 전체의 3분의 1이었다.

1948년

유엔 결의와 서방의 후원에 고무된 시온주의 민병대가 팔레스타인인 85만 명을 학살·추방하고 이스라엘을 건국했다("나크바", 아랍어로 "재앙"이라는 뜻).
같은 때, 요르단과 이집트가 팔레스타인 땅 일부를 점령했다. 예루살렘은 동서로 분할돼 동예루살렘은 요르단이, 서예루살렘은 이스라엘이 차지했다.

1959년

민족주의 성향의 팔레스타인 저항 세력 '파타'가 결성됐다. 파타는 1960~1970년대 팔레스타인 저항을 이끌었다.

1967년

이스라엘이 이집트·시리아·요르단을 기습 공격해 승리하고, 1948년에 강탈하지 못한 나머지 팔레스타인 땅을 차지했다(제3차 중동 전쟁). 이스라엘은 이집트 나세르 정권을 패퇴시키며, 서방 제국주의의 경비견으로서 자신들의 진가를 입증했다. 가자지구, 서안지구 사람들은 이스라엘의 가혹한 통치를 받게 됐다.

1968년

이스라엘이 요르단 카라메에서 파타가 이끄는 팔레스타인 게릴라에게 굴욕적 패배를 당했다. 이후 파타는 1964년 아랍 정권들이 세웠던 팔레스타인해방기구(PLO)를 주도하기 시작한다.

1978년

미국의 중재로 이집트와 이스라엘이 캠프데이비드협정을 맺었다. 이로써 이스라엘 국가를 인정하지 않는다는 아랍 국가들 간 합의가 깨졌고, 이집트는 팔레스타인인들을 배신한 대가로 미국의 많은 원조를 받았다.

1982년

레바논을 침공한 이스라엘 군대가 팔레스타인 난민 수천 명을 학살했다(사브라·샤틸라 난민촌 학살).

1987년

팔레스타인에서 이스라엘에 저항하는 대중 항쟁이 분출했다(제1차 인티파다). 이집트, 튀르키예, 쿠웨이트, 시리아, 튀니지 등지에서 연대 시위가 확산됐다.
같은 기간, 팔레스타인 저항 세력 '하마스'가 결성돼 주요한 저항 세력으로 부상했다.

1993년

미국의 개입으로 이스라엘과 팔레스타인해방기구가 오슬로협정을 체결하고, 팔레스타인 당국(PA)이 세워졌다. 그러나 팔레스타인 난민 귀환 등 핵심 문제의 해결은 요원했고, 팔레스타인인들의 삶은 더 어려워졌다.

1995년

미국 의회가 이스라엘 주재 미국 대사관을 예루살렘으로 옮기는 법을 통과시켰다. 예루살렘 전역이 이스라엘 수도라고 선언한 것이었다. 다만 실제 대사관 이전은 계속 미뤄졌다.

2000년

오슬로협정 이후에도 계속되는 이스라엘의 영토 확장과 이를 사실상 옹호하는 팔레스타인 당국에 대한 분노가 폭발해 팔레스타인에서 제2차 인티파다가 분출했다.

2006년

팔레스타인 총선에서 하마스가 승리했다. 이스라엘은 하마스의 세가 강한 가자지구를 봉쇄했다.
이스라엘이 레바논의 이슬람주의 단체 헤즈볼라를 격퇴하고자 레바논을 침공하지만 실패했다.

2007년

미국과 이스라엘이 하마스를 제거하려고 파타에 쿠데타를 사주했다. 그러나 이 쿠데타는 실패했고 가자지구는 하마스가, 서안지구는 파타가 지배하게 됐다.

2009년

이스라엘이 하마스 격멸을 내걸고 가자지구를 침공하지만, 성공하지 못하고 퇴각했다.

2010~2011년

아랍 혁명으로 미국과 이스라엘의 핵심 우방이던 이집트의 호스니 무바라크 정권이 붕괴했다.

2012년

이스라엘이 가자지구를 폭격했지만, 아랍 혁명에 미칠 영향을 우려한 미국과 주변국 지배자들의 만류로 8일 만에 꼬리를 내렸다.

2013년

이집트에서 군부의 반혁명으로 압델 파타 엘시시가 집권했다.

2014년

이스라엘이 가자지구를 또 폭격하고 이스라엘 지상군이 침공했다. 50일 넘게 전쟁을 벌이며 가자지구를 유린했지만, 이스라엘은 하마스 제거에 실패했다.

2017년

미국 트럼프 정부가 '예루살렘은 이스라엘 수도'라고 선언하며 이스라엘 주재 미국 대사관을 예루살렘으로 이전하겠다고 발표했다. 이듬해 5월 예루살렘에서 대사관이 공식 개관했다.

2018년

3월 팔레스타인 난민들의 귀환할 권리를 요구하는 "귀환 대행진" 시위가 가자지구 국경 지대에서 시작됐다. 최대 수만 명 규모 시위가 이듬해 12월까지 매주 이어졌다.

7월 이스라엘을 유대인의 배타적 국가로 명시한 '민족국가법'이 이스라엘 의회에서 통과됐다.

2020년

1월 트럼프 정부가 이스라엘의 점령지와 유대인 정착촌 상당 부분을 이스라엘 영토로 인정하는 '중동 평화 구상'을 내놓았다. 트럼프는 이란 견제를 위해 이스라엘과 걸프 국가들의 관계 개선을 원했고, 그것에 방해가 되는 팔레스타인 문제를 치우고자 했다.

9월 아랍에미리트연합국, 바레인이 이스라엘과 아브라함 협정을 체결하며 수교를 맺었다. 이후 모로코, 오만, 수단도 이스라엘과 수교하고 사우디아라비아도 이스라엘과 국교 수립을 시도했다.

2021년

동예루살렘에서 팔레스타인인들을 내쫓으려는 시도에 맞서 '단결 인티파다'가 분출했다. 이스라엘은 가자지구 폭격과 저항 탄압으로 대응했다.

2023년

7월 이스라엘이 팔레스타인 서안지구 제닌 난민촌을 폭격해 수백 명이 죽거나 다쳤다.

10월 7일 하마스 등 팔레스타인 저항 세력이 가자지구 장벽을 돌파해 이스라엘 군 기지와 정착촌을 대대적으로 공격했다('알아크사 홍수' 작전). 이스라엘은 바로 가자지구를 침공하며 인종 학살을 벌이기 시작했다.

팔레스타인 영토 변화

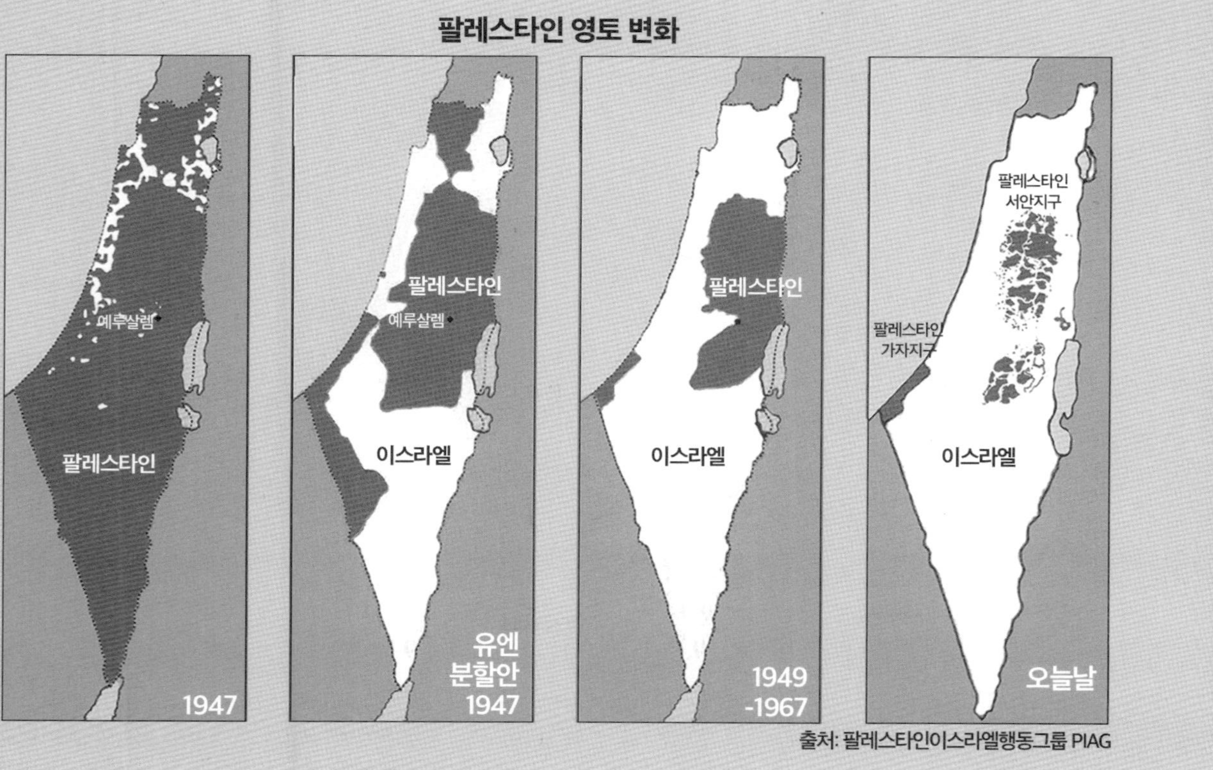

출처: 팔레스타인이스라엘행동그룹 PIAG

일러두기

1. 인명과 지명 등의 외래어는 최대한 외래어 표기법에 맞춰 표기했다.

2. 《 》 부호는 책과 잡지를 나타내고, 〈 〉 부호는 신문, 주간지, 영화, 텔레비전 프로그램을 나타낸다. 논문은 " "로 나타냈다.

3. 번역문에서 [ ]는 옮긴이나 편집자가 독자의 이해를 돕거나 문맥을 매끄럽게 하려고 덧붙인 것이다. 인용문에서 지은이가 덧붙인 것은 [— 지은이]로 표기했다.

머리말

2023년 10월 7일 하마스의 '알아크사 홍수' 작전으로 시작된 이스라엘-팔레스타인 전쟁은 팔레스타인인들에게 어마어마한 고통을 주고 있다. 파괴의 규모와 사망자 수 면에서 이 전쟁은 1948년 시온주의자들이 이스라엘을 건국하려고 팔레스타인인들을 상대로 벌인 인종 청소를 능가한다.

이 전쟁을 단지 끔찍한 학살로만 볼 일이 아니다. 이 전쟁은 미국이 지배하는 국제 질서 전반에 심대한 파장을 일으키고 있다. 그러나 이에 대한 국내 매스미디어의 보도 행태는 천박하고 피상적이기 그지없다. 그들에게는 유명인이 연루된 사건·사고가 수만 명이 죽고 수만 명이 불구가 되고 수십만 명이 살 터전을 잃는 일보다 더 중요한 보도 거리인 듯하다.

그나마 전쟁이 장기화되자 관련 보도 자체가 점점 뜸해졌다. 가령 개전 첫 달(2023년 10월) 연합뉴스TV는 하루 평균 26차례 관련

소식을 보도했지만, 이듬해 3월 그 횟수는 하루 3회 정도로 줄어들었다. 이후 이스라엘-팔레스타인 전쟁과 관련된 보도는 4월 중순 이란이 이스라엘의 공격을 응징했을 때, 미국에서 대학생 시위가 분출했을 때 반짝 늘었을 뿐이다.

물론 아무리 보수적인 언론이더라도 이스라엘이 벌이는 끔찍한 만행을 마냥 외면할 수는 없다. 이스라엘의 주요 정치인들과 정부 인사들은 이 전쟁을 기회로 1948년 이스라엘 건국 때 못다 한 인종 청소를 완수하겠다는 의도를 공공연히 드러내 왔다. 이스라엘이 민간인 밀집지에 벙커버스터를 쓰고, 자신이 '안전지대'라고 선포한 피란처를 공격하는 만행을 벌이는 것도 그런 의도를 반영한다.

그러나 매스미디어는 그 만행을 다룰 때에도 여전히 진실을 호도하고 무마한다. 기껏해야 팔레스타인인들을 동정의 대상으로 다룰 뿐 그들의 대의와 저항은 다루지 않는다. '진보' 언론 〈한겨레〉나 〈경향신문〉도 팔레스타인인들의 고통만을 부각한다. 이스라엘을 비판하는 것이기는 해도 이는 팔레스타인인들을 무력하게 보이게 한다.

팔레스타인인들의 피해가 워낙 압도적이기에 팔레스타인인들을 동정하는 사람들은 "이건 전쟁이 아니라 일방적 학살"이라고 강조한다. 그러나 이스라엘은 갖은 만행을 저지르고도 자신이 공표한 목표('하마스 궤멸')를 달성하지 못하고 있다. 10월 7일 공격에 대한 팔레스타인인들의 지지는 굳건하게 유지되고 있고, 이스라엘이 하마스의 무장 저항을 완전히 제압했다고 선언한 곳에서 저항이 되살아나는 일이 거듭되고 있다.

하마스 등 팔레스타인 저항 세력에게는 살아남는 것이 곧 승리다. 게다가 이스라엘의 만행은 오히려 하마스가 성장할 비옥한 토양을 제공한다.

이런 상황은 이스라엘의 후원자인 미국에 딜레마를 안겨 주고 있다. 전쟁이 장기화될수록 중동 전반으로 전쟁이 번질 위험도 커졌다. 그렇게 되면 미국은 중국 같은 가장 중요한 경쟁자를 견제하는 데 집중할 수 없을 것이라고 우려한다. 그러나 미국은 중동의 핵심 동맹국인 이스라엘을 포기할 수도 없으므로 확전의 위험을 무릅쓰고 이스라엘을 돕고 있다.

전쟁의 장기화는 미국의 아랍 동맹국들도 더 불안정하게 만들고 있다. 특히 이집트의 엘시시 독재 정권은 팔레스타인 문제 대응에 대한 대중의 분노가 극심한 경제 위기에 대한 분노와 결합되는 것을 두려워하고 있다.

여기에 더해 이스라엘의 가자지구 공격은 유례없는 규모의 국제 팔레스타인 연대 운동을 촉발했다.

그러나 매스미디어들은 팔레스타인인들의 저항은 물론, 국내외 팔레스타인 연대 운동도 잘 보도하지 않는다. 예컨대 2024년 1월 13일 국제 행동의 날에 한국을 포함한 45개국 121개 도시에서 팔레스타인 연대 시위가 열리고, 영국 런던과 미국 워싱턴에서는 무려 50만 명, 40만 명이 그 시위에 참가했을 때 이를 보도한 매스미디어는 한 군데도 없었다. 언론들은 그 역사적 의의를 그저 과소평가할 수만은 없는 국내 팔레스타인 연대 시위도 거의 보도하지 않는다.

반면, 매스미디어는 하나같이 미국 바이든 정부와 이스라엘 네타냐후 정부 사이의 균열과 이견은 크게 부각한다. 이것은 이스라엘이 오로지 미국의 지원 덕분에 전쟁을 지속할 수 있다는 근본적 사실을 가리고, 학살에 대한 미국의 책임을 흐리는 효과를 낸다.

그러나 앞서 언급했듯이 미국은 자국의 지배력이 불안정해질까 봐 전쟁의 특정 전술 목표와 수단을 두고 이스라엘과 마찰을 빚을 뿐이다. 미국은 전쟁의 전략적 목표를 이스라엘과 공유하고 그 과정에서 팔레스타인 민간인이 대량으로 죽는 것에도 개의치 않는다.

양국의 갈등과 국제적 고립에 관한 환상을 부추기는 것은 〈한겨레〉나 〈경향신문〉 같은 진보 미디어가 좀 더 두드러지는 듯하다. 이는 이스라엘에 대한 '국제 사회'와 미국의 압력에 기대를 거는 주장으로도 나타난다.

그러나 미국과 이스라엘의 상호 갈등과 국제적 고립이 그들이 처한 난처한 조건과 위기에서 비롯한 것이라면, 팔레스타인인들을 지지하는 사람들의 과제는 양국의 갈등에 기대를 거는 게 아니라 그들의 위기를 더 심화시키는 것이어야 한다.

팔레스타인 해방의 전망을 찾아서

매스미디어의 피상적·단편적 보도와 달리 이 책은 이스라엘-팔레스타인 전쟁을 종합적으로 이해하는 데 필요한 주요 쟁점들을 빠짐없이 다루고 있다. 이 책은 팔레스타인 저항과 연대 운동을 공격하는 주장을 반박하고, 이스라엘 사회의 성격과 미국과 이스라엘의 관계에 대한 일관되고 심층적인 분석을 제시한다.

특히, 팔레스타인 해방의 전망을 심층적으로 다룬다는 점이 이 책의 가장 큰 특징이다.

사실, 팔레스타인인들의 대의를 지지하는 사람들 사이에서도 팔레스타인인들이 처한 곤경을 돌파할 뾰족한 대안이 없다고 한탄하는 것을 종종 볼 수 있다. 더구나 끔찍한 인종 학살이 벌어지는 상황에서 팔레스타인 해방은 더욱 요원한 일처럼 보일지도 모른다.

그러나 이스라엘-팔레스타인 전쟁이 전 세계와 특히 아랍 세계에서 일으키고 있는 파장은 팔레스타인 해방을 가능케 할 격변이 결코 요원한 일이 아님을 시사한다. 이 책은 그런 격변이 왜 가능하고 필요한지를 설명한다.

그와 관련된 이 책의 특징은 팔레스타인 해방에서 팔레스타인인 자신과 아랍 노동자·빈민 대중의 구실에 주목한다는 것이다. 팔레스타인 해방에서 이들이 하는 구실을 제대로 자리매김하지 못하면 결국 그들이 아닌 누군가, 예컨대 '국제 사회'나 이스라엘 국내 여론과 같은 무망한 대안에 매달리기 쉽다. 그러나 이 책은 이스라엘과 이스라엘을 후원하는 강대국들에 맞설 힘이 아랍 노동자·빈민에게 실제로 있고 이들의 잠재력을 깨우는 데서 팔레스타인인들의 투쟁이 핵심적 구실을 할 수 있다고 강조한다.

이 책의 구성은 이스라엘-팔레스타인 전쟁의 당사자들(이스라엘,

미국, 팔레스타인)을 중심으로 돼 있다.

이스라엘을 다룬 1장에서는 먼저 팔레스타인 연대 운동을 공격하는 가장 핵심적인 주장을 반박하고자 했다. 그런 다음에는 이스라엘-팔레스타인 전쟁의 역사적 배경과 이스라엘 사회와 국가의 성격을 살펴볼 것이다. 흔히 자유주의 언론들은 이스라엘에서 극우가 득세하고 인종 학살 전쟁을 벌이는 것이 이스라엘의 '가치'를 벗어난 어떤 일탈인 양 묘사한다. 그러나 이 장에서는 그것이 일탈이 아니라 시온주의 프로젝트의 성격과 모순에서 비롯한 것임을 보일 것이다. 그리고 이스라엘-팔레스타인 전쟁이 그 모순에서 비롯한 이스라엘의 위기와 제국주의의 위기를 반영한다는 점을 살펴볼 것이다. 이는 이스라엘과 미국이 전능하기는커녕 상당한 어려움에 빠져 있다는 것을 보여 준다.

2장에서는 불안한 화약고가 된 중동의 어제와 오늘을 살펴보며 미국과 이스라엘의 유착 관계를 살펴본다. 그리고 미국이 이스라엘을 지원하는 동기와 둘 사이의 '밀당'을 어떻게 이해해야 할지 살펴볼 것이다.

3장은 이스라엘-팔레스타인 전쟁을 계기로 강화된 무슬림·이슬람에 대한 공격과 이슬람주의 운동을 다룬다. 이슬람에 대한 공격이 흔히 종교에 맞서 합리적 가치를 옹호하는 것으로 포장되고 서구의 많은 좌파들은 여기에 제대로 대응하지 못하고 있다. 그래서 이 장에서는 종교를 바라보는 마르크스주의의 관점에서 출발해 그것을 이슬람 문제에 적용하면서 무슬림 혐오에 맞서 그들을 방어해야 하는 이유를 살펴볼 것이다. 그리고 이슬람주의 운동도 교리가 아니라 그 운동이 출현한 사회적 맥락에서 접근해야 그 성격을 제대로 파악할 수 있다는 점을 살펴볼 것이다.

마지막으로 4장에서는 먼저 민족해방운동에 대한 마르크스주의자들의 기본적 태도를 다루고, 지난 투쟁의 교훈과 팔레스타인인들이 처한 조건을 살펴보면서 팔레스타인 독립을 쟁취할 전략을 제시할 것이다. 더 구체적으로는, 팔레스타인의 독립이 더 광범한 아랍 세계의 노동자·빈민이 자국 정권과 제국주의에 맞서는 혁명 과정의 일부로서 성취될 수 있다는 점을 보일 것이다.

이 책을 편집하는 데 큰 도움을 준 최일붕 씨와 바쁜 와중에 시간을 내어 이 책을 엮는 데 도움을 준 〈노동자 연대〉 국제팀 기자들에게 감사를 표한다. 촉박한 일정에 맞춰 책을 낼 수 있도록 애써 준 책갈피 출판사에도 감사를 표한다. 이 책에 실린 글들을 번역하는 작업에는 김동욱, 김종환, 김준효, 이예송, 천경록, 최병현 씨가 기여해 줬다. 그러나 번역상의 문제에 대한 책임은 전적으로 엮은이에게 있다.

이스라엘의 끔찍한 인종 학살 전쟁이 끝나기를 바라고 더 나아가 팔레스타인 문제의 근본적 해법을 찾고자 하는 사람들에게 이 책이 유익한 길잡이가 되기를 바란다.

2024년 5월 21일

이원웅

1장
이스라엘 사회와 국가의 성격

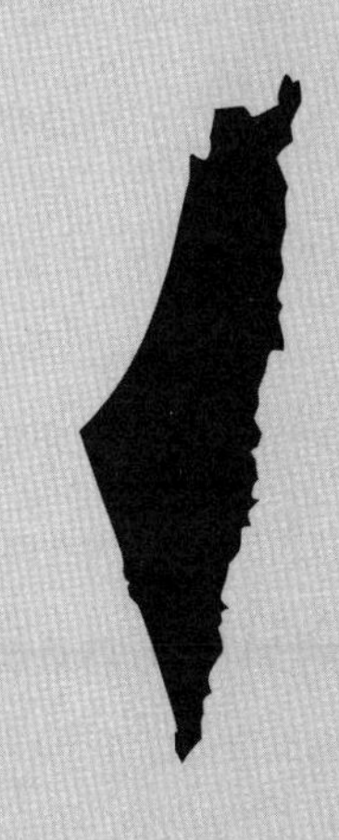

이스라엘 비판은 유대인 혐오가 아니다

2023년 10월 7일 하마스의 기습 공격 직후 서울에서 팔레스타인 연대 집회가 성공적으로 열리자, 주한 이스라엘 대사관은 이를 유대인 혐오 집회라고 비난하는 성명을 냈다.

"유대인 혐오"라는 규정에는 엄청난 도덕적 비난이 함축돼 있다. 유대인 혐오는 무엇보다도 나치의 유대인 대학살, 즉 홀로코스트로 나타난 적이 있기 때문이다. 그런 만큼 '이스라엘 비판은 곧 유대인 혐오'라는 논리는 이스라엘 옹호자들이 휘두르는 가장 강력한 이데올로기적 무기다.

이미 서구에서는 이런 공격이 널리 이뤄져 왔다. 예를 들어, 2023년 5월 독일 경찰은 유대인 혐오와 폭력을 부추길 위험이 있다며 '나크바의 날' 집회를 불허했다. 나크바는 팔레스타인인들이 이스라엘 건국을 이르는 말로, 학살과 살해 위협 속에서 팔레스타인인 80만 명이 쫓겨난 사건을 말한다. 한편, 미국에서는 10월 7일 공격 직후 이스라엘 규탄 성명을 내 화제가 된 하버드대학교 학생들이 유대인 혐오라는 공격에 시달렸다.

이 글에서는 이스라엘 비판이 유대인 혐오라는 주장이 왜 틀렸는지 살펴보고, 그런 주장을 뒷받침하는 시온주의의 신화를 벗기고, 그런 주장이 노리는 바에 어떻게 대처해야 하는지 다뤄 보려 한다.

유대인 혐오는 무엇인가?

먼저, 유대인 혐오가 무엇인지를 분명히 해야 한다. 그런 도덕적 규탄에 명확한 규정이 없다면 무고한 사람들을 겨냥한 위험한 무기가 될 수 있기 때문이다.

유대인 혐오라는 것은 '그저 유대인이라서' 싫어하고 배척하는 것이다. 이 '유대인이라서'에 담긴 내용은 유대인에 관한 허구적 편견이다. 물론 이 편견은 여성에 대한 편견이나 무슬림에 대한 편견 등 다른 차별적 편견들과 마찬가지로 현실의 일면을 이용해서 만들어지지만, 결국은 현실의 상이한 유대인들을 허구적으로 뭉뚱그린 것에 불과하다. 가령 유대인들은 세계경제를 주름잡는 집단이라는 편견이 있다. 실제로 세계적 금융 자본가 중에는 조지 소로스 같은 유대인들이 있다. 그러나 그런 유대인은 전체 유대인의 극소수에 지나지 않는다. 그럼에도 오늘날 신나치와 극우는 온갖 사회·경제 위기가 유대인의 세계 지배 음모 때문이라는 데마고기를 편다.

유대인 혐오가 무엇인지를 분명히 하면, 팔레스타인인들의 저항과 그에 연대하는 운동은 유대인 혐오가 아님을 알 수 있다.

팔레스타인인들이 이스라엘에 저항하는 것은 이스라엘 국가 운영자들과 식민 정착자들이 유대인이어서가 아니다. 이스라엘이 팔레스타인 땅을 점령하고 그곳에 살던 수많은 사람을 위협하고 내쫓고, 팔레스타인인들을 상대로 인종 청소를 벌였기 때문이다.

이는 제국주의의 지원을 통해서만 가능한 일이었다. 이스라엘은 그 지원을 받는 대가로 중동에서 제국주의의 경비견 구실을 해 왔다. 그래서 중동 대중이 이스라엘에 분노하는 것이다.

유대인이 아닌 다른 집단이 팔레스타인 땅에서 이스라엘과 똑같은 일을 벌였다고 가정해 보자. 그렇다 해도 팔레스타인과 중동 사람들이 느끼는 분노의 크기와 내용은 다르지 않을 것이다. 따라서 그들의 분노와 저항은 유대인 혐오와 관계가 없는 것이다.

이스라엘과 유대인을 간단히 분리하기는 어렵지 않으냐는 의문을 품을 수 있다. 이스라엘 국가 건설을 추동한 운동은 시온주의 운동이다. 시온주의 운동은 팔레스타인 땅에 유대인만의 단일국가를 건설한다는 운동이다. 이것은 근대 유럽의 유대인 박해에 대한 대응으로 출현한 운동이었다. 그러나 시온주의는 당시 유대인들 사이에서 출현한 여러 운동의 하나였을 뿐 아니라, 출현할 당시에는 극소수만이 지지한 운동이었다. 그 운동이 유대인 전체의 이익을 대변한다고 할 수 없는 것이다.

물론 오늘날 세계 유대인들 사이에서 이스라엘에 대한 우호 여론이 극소수라고 하기는 어렵다. 특히 파시즘의 부상과 홀로코스트를 겪으면서 그렇게 됐다.

그러나 오늘날 이스라엘에 우호적인 유대인들조차 (시온주의가 필연적으로 수반할 수밖에 없는) 인종 청소가 당신의 가치관에 부합하느냐고 묻는다면 대다수는 아니라고 할 것이다. 또, 여전히 상당수 유대인들이 이스라엘에 비판적이다. 노엄 촘스키 같은 유수의 지식인들뿐 아니라 세계 곳곳의 많은 평범한 유대인들이 팔레스타인인들의 대의에 공감하고 연대 집회에도 참가한다. 심지어 유대교의 가르침에 위배된다는 이유로 현대 이스라엘 국가의 존재를 반대하는 일부 정통파 유대인도 있다.

추방이라는 신화

시온주의 운동은 팔레스타인 땅에 대한 유대인의 배타적 권리를 유대인 전체의 이익으로 내세운다. 그러나 그것은 신화에 기초한 것이다.

시온주의자들은 유대인들이 거의 1900년 동안 삶의 터전에서 쫓겨나 살았었다고 주장한다. 그 '추방'은 서기 70년에 일어났다고 한다. 당시 팔레스타인 지역을 지배하던 로마제국이 예루살렘의 유대교 성전을 파괴하고 예루살렘이 속했던 속주 유대에서 모든 유대인을 쫓아냈다고 주장한다.

그러나 소위 그 '추방' 전에도 이미 수백 년간 유대인들은 지중해 전역에 흩어져 살았다. 로마제국 이전에 전성기를 누린 헬레니즘 제국의 정치·상업 중심지였던 이집트 알렉산드리아는 유대인이 인구의 3분의 1을 차지했다.

이 흩어진 유대인들은 현지의 하층 농민과 동화되기도 했지만, 국가 관료로 채용되거나 유력한 상인이 되는 등 일정한 사회적 지위를 누리기도 했다. 이들의 성공에 매료돼 유대교 개종자가 때로 급속하게 늘어날 정도였다. 로마제국에서 지위가 높은 유대인들은 현지에서 세금을 걷는 등 로마의 지배를 매개하는 구실을 하기도 했다.

한편, 팔레스타인은 원래 다양한 종교 공동체가 공존하던 곳이다.

서기 70년 예루살렘 성전 파괴 후 유대 속주 거주 유대인들은 팔레스타인 내 또 다른 지역인 갈릴리 지역으로도 많이 유입됐다. 오늘날 그곳에는 과거 유대인들이 다양한 종교 공동체와 공존했다는 증거가 남아 있다.

일례로 갈릴리 지역에서 발굴된 4세기경 유대교 회당의 바닥이 있다. 윗부분은 유대교 경전인 토라를 묘사한 것이고 아랫부분은 태양신을 중심으로 열두 별자리가 새겨져 있다. 형상 없는 신과 형상 있는 신을 함께 찬양한 것이다.

이처럼 팔레스타인 땅은 애초 여러 종교가 공존해 왔던 곳이다. 그리스도교, 이슬람교, 유대교가 모두 팔레스타인 땅에 대한 배타적 권리를 주장할 수 없는 것이다. 그런 권리는 유대인 전체의 이익

그림 1. 함마트 티베리아스에서 발굴된 유대교 회당 바닥

과도 관계없다. 오히려 팔레스타인을 유대인만의 땅으로 만든다는 프로젝트는 그곳을 유대인이 살기에 가장 위험한 곳으로 만들었을 뿐이다.

유대인 문제: 역사와 현재

이스라엘 비판이 유대인 혐오라는 주장은 잘못됐지만, 유대인 혐오는 오늘날에도 결코 무시할 수 없는 문제다.

유대인 혐오의 역사는 자본주의 이전으로 거슬러 올라간다. 중세 시대에 유대인들은 종교적·경제적 박해를 받았다. 유대인들은 토지를 소유할 수 없었기 때문에 도시에서 수공업과 상업, 금융업에 종사할 수밖에 없었다. 그 과정에서 유대인들은 부를 축적하거나 일정한 지위를 확보하기도 했지만, 속죄양이 되기 쉬운 처지에 있었다. 그들의 경제적 구실과 부의 축적, 그들이 받는 종교적 적대 때문에 지배계급은 농민의 분노를 손쉽게 유대인에게로 돌릴 수 있었다.

자본주의가 발전하면서 유대인들은 사회생활과 경제생활에 가해지던 제약에서 벗어나기 시작했다. 그러나 유대인에 대한 박해는 결코 사라지지 않았다. 이전부터 전해져 내려온 유대인에 관한 편견은 자본주의가 낳는 불의와 고통의 책임을 엉뚱한 곳으로 떠넘기는 데 유용한 구실을 했다. 특히, 1870년대 경제 위기 이후 유럽에서는 조직적 유대인 혐오 정치 세력이 등장하기 시작했다. 1881년 이후 러시아의 차르 정권은 유대인에 대한 폭력과 대학살을 조장했다. 한편, 러시아 혁명 1년 뒤 독일에서도 혁명이 일어나자 독일 지배자들은 혁명이 '유대인과 볼셰비키의 음모'라는 주장을 퍼뜨렸다. 이후 히틀러는 그 주장을 이어받아 지지자들을 결집해 좌파를 분쇄하고 제2차세계대전 동안 홀로코스트를 자행했다.

유대인 금융가 집단이 세계를 조종한다는 데마고기는 오늘날에도 계속되고 있다. 자본주의가 낳은 온갖 해악을 그럴싸하게 설명해 주기 때문이다. 가진 것 없고 천대받는 이주민과 난민의 탓으로 돌리기에는 너무 거대한 경제적·사회적 위기를 막강한 유대인 금융가들의 탓으로 설명하는 것이다. 그래서 유대인 혐오는 오늘날 극우 이데올로기의 핵심이다. 특히 2008년 세계 금융 위기 이후 극우는 유대인 혐오 주장을 강화하고 있다. 오늘날 세계적 금융 자본가인 조지 소로스가 유대인 혐오 선동의 소재가 되고 있는 것도 이런 맥락이다.

앞서 언급했듯 시온주의는 근대 유럽의 유대인 혐오에 대응하는 하나의 정치 운동으로 등장했다. 그러나 처음에 그것은 극소수의 대응이었다. 당시 많은 유대인들은 비유대인 노동계급과 함께 싸워 해방을 쟁취하는 사회주의적 전망에 더 큰 기대를 걸었다.

그러나 1930년대에 사회주의 운동이 패배하고 제2차세계대전과 홀로코스트를 겪으면서 시온주의가 더 영향력을 얻게 됐다. 패배와 비관의 결과였던 것이다.

시온주의는 유대인 혐오자들과 근본 가정을 공유했다. 유대인이 다른 인종과 공존하는 것이 불가능하다는 것이다. 그렇기 때문에 유대인만의 국가를 따로 세워야 한다는 게 시온주의자들의 대안이었다. 그러나 그들이 그런 국가를 세우려 한 팔레스타인 땅에는 이미 오래전부터 살던 사람들이 있었다. 그들을 몰아내려면 제국주의의 지원을 받아야만 했다.

또, 시온주의 운동은 팔레스타인 땅에 국가를 세운다는 자신의 목표를 위해, 유대인들이 다른 곳으로 가지 못하게 막아야 했다. 그래서 제2차세계대전 당시 나치의 박해를 피해 피란 온 유대인들을 받지 말라고 각국 정부에 촉구했다. 유대인 전체의 이익과 시온주의의 특수한 이익 사이에서 후자를 선택한 것이다.

이스라엘 지지와 유대인 혐오가 양립 불가능한 것은 아니다. 이

점은 오늘날 시온주의자들의 우방들을 봐도 알 수 있다. 예컨대 트럼프는 대통령 재임 동안 예루살렘을 이스라엘의 정식 수도로 인정하는 등 시온주의자들을 적극 고무했다. 다른 한편, 트럼프는 자신을 기소한 검사 앨빈 브래그에게 "조지 소로스가 엄선하고 후원한 자"라는 유대인 혐오적 비난을 퍼부었다.

이런 역설은 시온주의가 서방 제국주의에 의존해야 하고, 서방 제국주의는 시온주의를 지지하는 게 득이 되기 때문에 벌어지는 것이다.

'이스라엘 비판은 유대인 혐오'라는 공격이 노리는 것

마지막으로, '이스라엘 비판은 유대인 혐오'라는 시온주의자들의 공격이 노리는 바가 무엇인지를 짚어 보겠다.

무엇보다도 이 공격은 이스라엘에 대한 비판을 입막음하려는 것이다. 팔레스타인 연대 운동이 유대인을 혐오하는 것이라면 그런 운동은 도덕적으로 정당화될 수 없을 것이다. 그리고 그런 운동을 성장시키는 것은 불가능할 것이다. 이를 통해 이스라엘 옹호자들은 팔레스타인에서 벌인 인종 청소를 은폐하고 정당화하려는 것이다.

물론 앞서 얘기했듯 유대인 혐오는 오늘날에도 심각한 문제다. 그렇기 때문에 혼란에 빠지지 않으려면 시온주의의 본질이 인종 청소이고 시온주의가 제국주의의 이익을 위해 추진됐다는 점을 명확하게 지적해야 한다.

이스라엘 비판이 유대인 혐오라는 공격에 좌파가 제대로 대응하지 못할 때 어떤 일이 벌어지는지를 보여 주는 사례가 있다. 2015년 영국 노동당 대표가 됐던 좌파 인사 제러미 코빈이 당한 중상모략이다. 코빈은 당시 변화 염원 대중의 초점이 됐고, 그를 바라보고 수많은 청년이 노동당에 입당했다. 코빈은 이스라엘과 서방 제국주의를 원칙 있게 비판해 온 사람이기도 하다.

코빈의 부상을 경계한 주류 언론과 우파는 코빈의 이스라엘 비판을 이유로 그가 유대인 혐오자라는 비방을 집요하게 퍼부었다. 노동당의 우파도 이를 받아들여 코빈을 공격했다. 그러자 그 효과는 훨씬 증폭됐다. 이는 코빈이 2019년 총선에서 패배하고 당 대표직에서 물러나는 가장 중요한 요인이 됐다.

사실 영국 노동당은 역사적으로 늘 시온주의를 지지해 왔다. 그들은 자국의 자본주의 국가를 이용해서 개혁을 추구하려 했고, 그래서 자국의 제국주의적 이익을 지지해 왔기 때문이다.

노동당의 좌파는 시온주의에 비판적이었지만, 코빈 마녀사냥에 제대로 대응하지 못했다. 노동당을 이용해 사회를 변화시키는 전략을 추구하기 때문에 당의 우파와 정면 대결하고 갈라서기를 꺼렸다. 그래서 그들은 코빈 비방에 동요하며, 좌파도 유대인 혐오를 조심해야 한다는 식의 주장을 폈다. 그러나 코빈이 어떤 면에서도 유대인 혐오자가 아닌데도 이런 얘기를 하는 것은 코빈 방어를 회피하는 것에 불과했다.

그 결과 단지 코빈뿐 아니라 노동당 좌파의 많은 활동가들도 "유대인 혐오"라는 혐의를 받고 당에서 쫓겨났다.

10월 7일 공격 이후 한국에서 열린 팔레스타인 연대 집회에는 팔레스타인인들에게 연대를 표하려는 많은 아랍인이 참가했다. 이들이 외국인 신분으로 자체의 이스라엘 반대 시위를 벌이는 것은 매우 어려운 일이었을 것이다. 그런 만큼 노동자연대와 같은 한국 좌파의 구실은 핵심적이었다. 이스라엘 대사관이 '유대인 혐오 말라'고 발끈한 것은 팔레스타인 연대 운동의 중심에 있는 그런 좌파를 겨냥한 것이다.

당시 이스라엘 대사관은 팔레스타인 연대 시위를 비난하려고 기자회견을 열겠다고 했다가 이를 취소했다. 이것은 운동 측이 그들의 비방에 위축되지 않고 단호하게 대응했기 때문이다. 당시 운동 측은 즉시 이스라엘 대사관을 반박하는 기자회견을 열었다.

그러나 이런 공격은 쉽게 끝나지 않을 것이다. 여기에 단호하게 맞설 수 있도록 유대인 혐오 운운하는 공세를 낱낱이 해체할 수 있어야 한다.

유대인 혐오 주장과
그렇지 않은 주장을 구별하기

이 글에서는 이스라엘 옹호자들이 팔레스타인 연대 운동을 '유대인 혐오'로 몰아세우려고 펴는 대표적 주장들을 논박하고자 한다. 그리고 유대인 혐오라는 빌미를 주지 않으면서 이스라엘 비판을 할 수 있도록, 피해야 할 함정도 살펴보려 한다.

이스라엘 비판이 곧 유대인 혐오인가?

"유대인 혐오"가 무엇인지 명확하게 하지 않으면 무고한 사람들을 겨냥한 위험한 무기가 된다. 오늘날 파시스트 사이에서 실재하는 유대인 혐오는 다음과 같은 망상이다. '유대인은 나머지 인류와 다르다. 그들은 인류의 적이고, 가는 곳마다 자신만의 "국가 안의 국가"

를 꾸린다. 그들은 비밀리에 자기들끼리 공모하고 있으며, 여타의 인민이나 사회 구성원들을 제물로 삼으려 한다. 그들에게는 묘한 능력이 있어서 적은 인원으로도 사건을 배후 조종할 수 있다.'

이렇게 보면, 팔레스타인인들과 연대하는 운동은 오히려 그 반대임을 알 수 있다. 팔레스타인 연대 운동은 유대인이 인류의 적이기는커녕 오래전부터 다른 사람들과 어울려 살아왔고 팔레스타인에서도 아랍인과 유대인은 오랫동안 공존해 왔다고 강조한다. 뒤에서 보겠지만, '유대인은 나머지 인류와 공존할 수 없다'는 주장에 타협하는 쪽은 시온주의자들이다.

또한 팔레스타인 연대 운동은 모든 유대인의 비밀 공모를 주장하기는커녕 많은 유대인이 이스라엘을 비판하며 팔레스타인 연대 운동에 동참하고 있음을 강조한다.

이스라엘 비판은 유대교나 유대인이 아니라, 시온주의자들과 그들의 정치조직인 이스라엘 국가를 향한 것이다. 따라서 유대인 혐오가 아니다.

시온주의는 유대 '민족'의 (정당한) 자기 결정권인가?

오늘날 시온주의자들은 이스라엘 국가가 유대인의 오랜 독립국가 염원이 실현된 것이라고 주장한다. 이는 참말이 아니다.

이스라엘에 정착한 유대인의 압도 다수는 원래 유럽 등 중동 바

곁에 살았고 무엇보다도 홀로코스트 이전까지만 하더라도 별도의 유대 국가를 만들어야 한다고 생각하지 않았다. 당시에도 여러 나라에서 유대인 차별은 있었고 특히 유럽에서 심각했지만, 기존 거주국을 떠나 새로운 국가를 만들겠다는 주장에 오히려 질색하는 유대인이 더 많았다. 팔레스타인으로 이주하려는 사람들은 더더욱 소수였다.

예컨대, 1910년대에 영국 정부가 밸푸어선언을 준비한다는 소식을 접하고 당시 저명한 유대인 단체들은 다음과 같이 격하게 반발했다.

> 시온주의 이론의 근간을 이루는 주장은 전 세계의 모든 유대인 공동체가 단일한 '고향을 잃은 민족'을 이룬다는 것, **다시 말해 유대인들은 자신들만의 민족 말고는 다른 어떤 민족 안에서도 사회적·정치적으로 동화되지 못한다는 것이다.** 그리고 그런 '고향을 잃은 민족'은 정치적 중심이 필요하고 팔레스타인의 '빈 땅'에 고국을 세워야 한다는 것이다. 이런 이론에 우리 공동위원회는 아주 강력하고 신실한 항의를 표하는 바이다.(1917년 5월 24일 자 <런던 타임스>에 실린 영국유대인대표자회의-영국유대인협회 공동위원회의 공개 항의 서한. 강조는 지은이의 것.)

유대인이 차별받는 인종이라는 것은, 독립국가 건설을 지향하는 민족이라는 것과는 별개인 것이다. 시온주의는 결코 유대인의 자연스러운 '민족' 감정이 아니다.

유대인들이 단일민족을 이룬다는 것은 시온주의자들의 일방적 주장일 뿐이다.

이스라엘이 사라져야 한다는 주장이 유대인 혐오인가?

이스라엘 국가라는 정치체가 사라져야 한다는 주장은, 현재 이스라엘을 구성하는 유대인들이 모두 사라져야 한다는 주장과 전혀 다른 것이다. 애초에 팔레스타인 해방운동은 역사적 팔레스타인 땅 안에서 아랍인과 유대인 등이 민주적이고 비종교적인 단일국가 안에서 평등하게 공존하는 대안을 제시한 바 있다. 사실 이런 대안으로만 팔레스타인인 난민이 귀환할 권리도 보장할 수 있다.

'이스라엘 거부는 유대인 혐오'라는 주장은 이런 정치적 대안이 진지하게 고려되지 못하게 막으려는 입막음 전술이다.

이스라엘 국가의 진정한 실체는 식민 정착자 국가다. 식민 정착자 국가는 외부에서 정착자를 이주시켜 원주민을 인종 청소하고 세우는 국가다. 역사적으로 미국, 호주, 백인 치하의 남아프리카공화국(이하 남아공)이 대표적인 경우였다.

따라서 이스라엘 국가의 "존재할 권리"를 인정하는 것은 논리적으로 원주민들의 "존재할 권리"를 박탈하는 것이다. 실제로 이스라엘 국가는 팔레스타인인들의 땅을 빼앗고, 자국 내 팔레스타인인을 억압하고 배척하고, 쫓겨난 수많은 팔레스타인 난민의 귀환할 권리를 박탈하는 것을 전제로 존재하고 있다.

또한 식민 정착자 국가는 결코 토착 원주민 국가와 평화롭게 공존할 수 없다. 식민 정착자 국가인 이스라엘과의 공존을 주장하는 '두 국가 방안'을 현실에서 기대하기 어려운 것은 이 때문이다.

미국과 호주는 토착 원주민을 말살하다시피 했고, 살아남은 원주민들은 지금도 천대받고 있다(반면 남아공에서는 투쟁으로 인종 분리 제도가 타도됐다).

이스라엘 지도자들이 "팔레스타인인이란 존재하지 않았다"거나 "시간이 지나면 잊힐 것"이라고 억지를 부리는 것은 이런 진실을 그들도 알고 있다는 반증이다.

이스라엘의 현재 극우 정부는 물론이고 이스라엘 정착자 다수가 팔레스타인인 억압을 지지하는 것도 식민 정착자 국가가 원주민과 끊임없이 전투를 치러야 존재할 수 있다는 물질적 현실에서 비롯한 결과다.

팔레스타인인의 독립국가 건설과 팔레스타인인 난민의 귀환권을 일관되게 지지하려면 '이스라엘 국가에 존재할 권리가 있다'는 주장을 거부해야 한다.

홀로코스트가 이스라엘 국가의 필요성을 입증했는가?

시온주의자들은 홀로코스트가 남긴 교훈이 '유대인 국가만이 유대인을 지킬 수 있다'는 것이라고 주장한다. 과연 그럴까?

오히려 이스라엘 건국을 주도했던 시온주의 지도자들은 홀로코스트 당시 유대인들을 실제로 구하거나 나치에 저항하는 데서 전혀 일관되지 않았다. 심지어 그들은 히틀러에게까지 기회주의적으로 접근해 (다른 시온주의자들를 포함한) 많은 유대인들 사이에서 경멸의 대상이 됐었다.

그래서 많은 홀로코스트 생존자들이 이스라엘 국가에 비판적이었고 팔레스타인인의 해방운동에 연대를 생전에 표했거나 지금도 표하고 있다. 그중에는 나치 독일에 맞선 유대인의 위대한 저항이었던 바르샤바 게토 봉기에 참가한 사람들도 있다.

최근에도 이스라엘 국가는 미국, 프랑스, 독일 등지의 극우 또는 파시스트 세력과 우호적 관계를 맺고 있다. 극우·파시스트 세력의 무슬림 혐오에 편승하는 것인데, 이는 유대인 혐오도 강화한다는 점에서 아주 문제적이다. 서방에 사는 무슬림과 유대인은 지배자들이 "외부 세력"이라고 딱지 붙여서 속죄양 삼기 쉬운 대상이라는 공통점이 있기 때문이다.

제2의 홀로코스트를 막을 방법은 인종과 종교를 초월해 유대인과 무슬림 등 모든 노동계급이 단결해 파시즘에 맞서는 것이다. 이스라엘 국가와 시온주의는 그에 필요한 연대 건설에 걸림돌이 될 뿐이다.

함정을 피하기 ①
'유대인 로비'설은 편견에 따른 설명

미국과 영국 같은 서방 열강이 이스라엘을 확고하게 지원하는 것을 비판할 때, 그 지원이 '유대인 로비' 탓이라고 주장하는 것은 그릇됐다.

우선, '유대인 로비'라는 표현은 전 세계 모든 유대인이 단일한 이해관계를 갖는다고 전제한다. 이는 유대인에 대한 편견을 받아들이는 것이다. 거듭 말하지만, 실제 유대인들은 이스라엘 국가 문제를 포함해 많은 문제에서 상이한 이해관계와 견해를 갖고 있다.

또한 '유대인 로비' 주장은 로비의 위력을 터무니없이 과장하고 그런 과장을 뒷받침하려고 음모론에 기댄다. '유대인들이 정치·금융·언론 등에서 지나친 영향력을 행사하고 비밀리에 공모한다'는 논리 구조에서 벗어날 수 없기 때문이다. 그래서 '유대인 로비'는 극우와 파시스트의 단골 소재이기도 하다. '유대인 로비'라는 표현을 '시온주의 로비'로 바꾸더라도 사정은 바뀌지 않는다.

물론 미국 등지에는 시온주의 로비 단체들이 실제로 있다. 그러나 미국 등 서방이 이스라엘을 지원하는 것은 그런 로비나 외압 때문이 아니다. 그보다는 이스라엘이 서방의 중동 패권과 이익을 보존해 줄 "경비견" 구실을 한다고 보기 때문이다.

'유대인 로비' 주장은 현실과도 맞지 않고 무엇보다 유대인에 대한 편견에 기초한다는 점에서 배격돼야 한다.

함정을 피하기 ②
'홀로코스트 희생자가 가해자가 됐다'는 비판은 부적절하다

홀로코스트의 피해자인 유대인이 "거꾸로 집단 학살의 법정에 가해자로 불려 나왔다"(2024년 1월 28일 자 〈한겨레〉)는 등의 서술을 아주 흔하게 볼 수 있다. 이런 서술은 '이스라엘이 홀로코스트 피해자들을 대표한다'는 시온주의자들의 거짓 주장을 받아들인다는 난점이 있다.

그러나 어느 유대인이 홀로코스트로 희생당한 것과 그가 이스라엘을 지지했는지 여부는 전혀 별개 문제다. 나치는 가스실에서 유대인을 살해할 때 그가 이스라엘 건국 프로젝트를 지지하는지 따위에 전혀 관심을 두지 않았다. 또한 앞에서도 썼듯이 많은 홀로코스트 피해자들은 팔레스타인인들에게 연대해 왔다.

시온주의자들은 '홀로코스트가 팔레스타인 강점(과 강탈)을 정당화한다', '이스라엘이 세계 유대인의 대표다' 하고 주장한다. 이런 주장들은 참말이 아니다. '홀로코스트 희생자가 가해자가 됐다'는 논리는 시온주의자들의 이 두 거짓말 중 전자를 비판하면서도 후자는 받아들이는 것이다.

이스라엘의 팔레스타인인 억압을 비판할 때는 '이스라엘이 모든 홀로코스트 희생자들의 대표'라는 거짓말과도 분명하게 선을 그어야 한다.

함정을 피하기 ③
유대인은 숱한 홀로코스트 희생자의 일부일 뿐?

홀로코스트로 목숨을 잃은 사람들 중에는 분명 유대인뿐 아니라 로마인('집시'는 이들을 멸시하며 부르는 표현이다), 사회주의자, 동성애자, 장애인도 많다. 그러나 유대인 사망자 수는 '터무니없다', '놀랍다'는 말로는 제대로 형용할 수 없을 만큼 많았다. 예컨대, 나치 점령하 폴란드에서 유대계가 아닌 폴란드인은 약 300만 명이었는데 그중 9퍼센트가 홀로코스트로 살해당했다. 그런데 약 300만 명이었던 유대계 폴란드인들의 경우에는 92퍼센트가 살해당했다. 비슷한 일이 유럽 도처에서 재연됐다.

이처럼 유대인들이 집중적으로 살해됐다는 역사적 사실을 흐리면, 진짜 유대인 혐오자들인 파시스트의 입지를 의도치 않게 넓혀 줄 수 있다.

파시스트들이 홀로코스트를 정면으로 부정하기 어려울 때, 비슷한 주장을 종종 꺼내들기 때문이다. 그런 주장은 홀로코스트가 하나의 인종을 통째로 살해하려던 인종 학살이었다는 사실을 숨기려고, 그 인종 학살이 전쟁의 숱한 비극 중 하나일 뿐이라는 식으로 그 의미를 축소한다. 이런 주장과는 분명하게 선을 그어야 한다.

두 번째 나크바?

이스라엘군이 가자지구에서 자행한 학살은 상상도 할 수 없을 만큼 잔혹하다. 이는 팔레스타인인들이 지난 75년에 걸쳐 겪어 온 추방과 폭력이 더욱 격화된 것이기도 하다.[1]

이 글을 쓰는 2023년 12월 초 현재, 한 추산에 따르면 가자지구의 사망자는 2만 31명에 이르고, 그중 8176명이 어린아이이다.[2] 항공사진들을 보면 여러 주거지역이 폭격으로 초토화됐다.[3] 전체 주택의 약 절반이 일부 또는 전부 파괴됐다.[4] 가자지구에 투하된 폭탄의 총 위력은 TNT 2만 5000톤에 해당하는 것으로 추산된다. 비교를 위해 언급하자면 제2차세계대전 때 히로시마에 투하된 핵폭탄 "리틀 보이"의 위력이 1만 5000톤으로 평가된다.[5]

가자지구 거주민의 약 80퍼센트가 피란민이 됐다. 그중 다수는 이스라엘군이 가자 북부의 팔레스타인인 약 100만 명에게 와디가자 하천 이남으로 대피하라고 통보하자 가자 북부에서 빠져나온 사람들이다. 그렇지만 그 소개령은 그들에게 도움이 되지 않았다. "안전하다"던 가자지구 남부에서 전투 45일 차까지 총 3676명이 사망했다. 수용 한계에 이른 유엔 대피소에서는 "설사, 급성 호흡기 질환, 피부 감염, 이蝨 등의 위생 문제"가 창궐하고 있다.[6] 이스라엘군 퇴역 소장이자 이스라엘국가안보회의 의장을 지낸 지오라 아일랜드는 기뻐하며 "가자 남부에 심각한 전염병이 돌면 우리는 승리에 한 발짝 가까워지고 전사자도 덜 내게 될 것"이라고 기대했다.[7]

가자지구는 2007년부터 시작된 이스라엘의 봉쇄로 이미 서서히 교살당하고 있었다. 이제 이스라엘군은 10월 7일 이스라엘인 약 1200명을 사망케 한 하마스의 공격을 응징하려고 팔레스타인인들을 공동 처벌하고 있다. 목표는 가자지구의 팔레스타인인들을 모두 내쫓아 버리는 것인 듯하다. 이스라엘 전쟁 내각의 일원인 아비 디흐터는 이렇게 말했다. "우리는 가자판 나크바를 벌이고 있다. … 결국은 그렇게 될 것이다."[8] 아랍어로 재앙을 뜻하는 나크바는 1948년 이스라엘 건국 과정에 수반된 어마어마한 규모의 팔레스타인인 인종 청소를 일컫는 말이다. 이스라엘 공식 역사는 이 원조 "나크바"를 은폐·부인해 왔지만, 이스라엘 정치 지도자들은 이번 "가자판 나크바"를 공공연히 찬양하고 있다.[9]

이스라엘은 프로파간다를 적극 펴고 있지만, 그에 대한 호응은 갈수록 시들하다. 이스라엘 정부 대변인 중 한 명인 에일론 레비는 BBC 프로그램 〈투데이〉에서 일련의 특별 인터뷰를 했다. 레비는 가자지구에서 쌓이는 시신들에 대한 공격적 질문을 받자 그 사상자 수치가 거짓이라고 일축했다. 그리고 어찌 됐건 이스라엘군이 하마스의 공격에 "비례적으로" 대응하고 있다고 주장했다. 하마스가 아닌 팔레스타인 당국PA이 통치하는 서안지구에서 몇 주 사이에 수백 명이 살해당한 것에 관한 질문을 받자 레비는 답변을 거부했다.[10] 서안지구의 팔레스타인인들은 이스라엘군뿐 아니라, 나름의 방법으로 나크바를 실행하려는 무장한 이스라엘인 정착자들의 공격도 받고 있다.

> 이스라엘이 가자지구의 하마스를 상대로 전쟁을 선포한 저녁 시간에, 무장한 유대인 정착자들이 점령지 서안지구의 팔레스타인인 마을인 와디 알시크를 습격했다. … 정착자들은 팔레스타인인 남성 셋을 가족들 사이에서 끌어내 옷을 벗겨 속옷 바람으로 만들고 윗도리로 눈을 가린 후 번갈아 구타했다.
> 염소를 치는 58세 베두인족 노인 아부 하산이 자비를 호소하며 최근 심장 수술로 남은 흉터를 보여 주자 한 이스라엘인 정착자가 그 노인의 가슴을 개머리판으로 찍었다. 그런 뒤 정착자들은 하산에게 오줌을 갈겼다. 하산은 정착자들이 이렇게 소리친 것을 기억했다. "꺼져! 요르단으로든 어디로든 가 버려! 안 그러면 죽여 버릴 테니까."[11]

여기서 이스라엘이 말하는 "비례성"은 매우 기이한 개념이다. 이스라엘은 가자지구를 상대로 여러 차례 전쟁을 벌여 왔다. 2008~2009년 이스라엘의 폭격과 침공은 약 1400명의 팔레스타인인 사망자를 냈다.[12] 2012년 제2차 폭격은 174명의 사망자를 냈다. 두 공격보다 훨씬 유혈 낭자했던 2014년 제3차 공격은 공중폭격과 지상군 침공으로 2250명을 죽였다. 팔레스타인인들도 죽음을 슬퍼하고 정의와 복수를 바랄 권리, 이스라엘과 결코 대등할 수 없는 그들 나름의 방식으로 저항할 권리가 있지 않을까? 이스라엘 정부가 공식적으로 내세우는 "비례성" 원리에 따르면, 정당하게 복수할 권리는 오직 식민 점령자에게만 있다.

언제나 그렇듯 그런 논리의 귀결로서, 팔레스타인인들은 그저 살해당하기만 하는 것이 아니라 애도하고 동정할 가치가 없는 인간 이하의 존재로 취급된다. 식민 점령자의 인종차별적 언어는 이스라엘 정치인과 유명인, 군인에 의해 적나라하게 표현된다.

> 나는 가자지구의 완전한 봉쇄를 명령했다. 전기, 식량, 연료 등 모든 것을 끊을 것이다. 우리는 인간 짐승들과 싸우는 중이니 그에 걸맞게 대응해야 한다.
>
> — 요아브 갈란트, 이스라엘 국방부 장관

> 가자지구를 완전히 지워 버려라. 단 한 명도 살려 두지 마라.
>
> — 에얄 골란, 이스라엘 유명 가수

> 가자지구를 완전히 밀어 버리자고들 하는데 … 그것으로는 부족하다고 생각한다. 한 명 한 명 포획해서 고문해야 한다. 손톱을 뽑고 산 채

로 가죽을 벗겨야 한다. 비명 소리를 즐길 수 있도록 혀는 마지막까지 남겨 둬야 한다. 귀도 남겨 둬서 자기 비명 소리를 들을 수 있게 하고, 눈도 남겨 둬서 우리의 미소를 볼 수 있게 해야 한다.

— 치피 나본, 이스라엘 총리 부인 보좌관

가자지구에는 민간인이 없다. 250만 명의 테러리스트가 있을 뿐이다.

— 엘리야후 요시안, 전직 이스라엘군 정보장교

가자 북부는 어느 때보다 아름답다. 모든 것을 날려 버리는 것은 정말 놀라운 일이다. 이 일이 다 끝나면 가자 땅을 군인들과 구시카티프[가자 남부에 있었던 이스라엘인 정착촌 — 지은이]에 살았던 정착자들에게 넘겨줄 것이다.

— 아미하이 엘리야후, 이스라엘 문화유산부 장관

우리는 빛의 민족이고, 저들은 어둠의 민족이다.

— 베냐민 네타냐후, 이스라엘 총리[13]

인간 짐승들은 그에 걸맞게 대해 줘야 한다. 전기도 끊고, 물도 끊을 것이다. 파괴만이 있을 것이다. 지옥을 원하니 지옥을 줄 것이다.

— 가산 알리안, 이스라엘군 장교이자 이스라엘군 산하 '영토 내 정부 활동 관리단'[COGAT, 팔레스타인 점령지 군정청] 수장[14]

이렇게 팔레스타인인들의 인간성을 박탈하는 것이 이스라엘 사회에서는 지지를 받는다. 이스라엘민주주의연구소는 이스라엘군이 팔레스타인 민간인 피해에 유의하며 공격해야 한다고 보는지를 묻는 설문 조사를 했다. 유대계 이스라엘인 응답자 5분의 4가 그렇지 않다고 답변했다.[15]

식민 정착자 국가

현재 이스라엘은 식민 정착자 국가라고 불린다. "비정착 식민주의"가 "군사력, 식민 정부, 현지 지배계급의 협조"를 기반으로 식민지를 지배하는 것이라면, 정착자 식민주의는 식민지를 아예 자신들의 본국으로 전환시킬 의도를 가진 외부인들이 식민지에 정착하는 과정을 필수적으로 수반한다.[16] 이데올로기 면에서 정착자 식민주의는 원주민을 상대로 강탈과 추방을 지속하는 것에 대한 공통의 이해관계를 통해 식민 정착자들을 그들의 국가에 결속시킨다.

정착자 식민주의에는 여러 유형이 있다. 예컨대 오늘날의 호주와 미국을 건국한 유형이 있다. 이 경우에는 토착 원주민이 거의 절멸되다시피 했다. 유럽 정착자들이 오기 전까지 오스트레일리아 본토에는 원래 토착 원주민이 77만~110만 명 살고 있었다. 그러나 1788년 이후 영국은 오스트레일리아 땅 전체에 대한 영유권을 주장하면서 그 땅을 "무주지terra nullius"('아무에게도 귀속되지 않은 땅'이라는 뜻으로, 이는 원주민에 대한 강탈을 정당화하려는 속내가 빤히 보이는 법률적 장치였다)로 취급했다. 식민지 확장은 몇 세기에 걸쳐 지속됐고, 토착 원주민의 맹렬한 저항에 자주 부딪혔다. 아메리카 대륙에서는 유럽에서 건너온 전염병에 유럽인들의 폭력이 겹쳐 토착 원주민 인구가 감소했다.[17] 살아남은 사람들(현재 호주 인구의 3퍼센트가 조금 넘는 사람들이 토착 원주민 정체성을 갖고 있다)은 호주 사회에 강제로 편입됐고, 백인 정착자 사회로 여겨지는 그 나라에서 소수 인종으로 천대받았다. 북아메리카에서 유럽인들의 정착 과정은 이와 달랐지만 큰 틀에서는 비슷했다. 북아메리카의 경우, 토착 원주민들은 이러저러한 시점에 경제적 착취를 당했지만, 그들의 노동은 그곳에서 등장한 자본주의 경제가 작동하는 데서 중심적 구실을 하지 않았다.

정착자 식민 지배의 또 다른 유형은 남아프리카의 사례다. 남아프리카에서는 네덜란드와 영국에서 온 식민 정착자들이 그곳을 지배하려고 투쟁했고, 토착 원주민들의 저항과 충돌함은 물론 자기들끼리도 충돌했다. 그러다 마침내 1910년 남아프리카연방[남아프리카공화국의 전신]이 수립됐고 이는 흑인을 토지 소유에서 배제하고 흑인의 이동과 노동을 규제하기 위한 인종차별적 법 체계의 수립을 가속화했다. 1913년 원주민토지법은 인구의 다수인 흑인에게 전체 토지의 13퍼센트에 대한 소유만을 허용했고, 이 때문에 흑인들은 생계를 위해 백인 소유의 광산과 농장에서 일자리를 구해야 했다. 이후 도시에 산업이 성장해 대규모 흑인 노동계급이 형성됐다. 제2

차세계대전 종전 후 식민지 해방운동이 아프리카 전역에 퍼지자 집권 국민당은 인종 분리를 아파르트헤이트 체제로 공식화했다. 아파르트헤이트를 도입한 세력은 백인 농업·상업 자본가들의 정당이었지만, 백인 노동계급도 이를 지지했다. 그들도 흑인 배제에 기초한 상대적 특권을 누리고 있었기 때문이다. 오스트레일리아·북아메리카와 달리 남아프리카에서는 흑인이 여전히 전체 인구의 약 80퍼센트를 차지하는 다수였다. 흑인 노동자들은 경제에서 중심적 구실을 했고, 흑인 노동계급의 투쟁은 소수 백인의 지배에 맞선 거듭된 대중 저항의 기반이 됐다.[18]

이스라엘은 독특한 형태의 정착자 식민주의로, 앞에서 살펴본 호주·미국의 유형과 남아프리카의 유형 모두의 요소가 결합돼 있다. 한편으로, 이스라엘 건국의 동력이 된 시온주의 운동은 팔레스타인인을 몰아낸 유대인만의 배타적 국민경제를 추구한다. 그 결과 인종 학살을 추구하는 흐름이 이스라엘 정치를 이루는 한 줄기가 됐고, 그 흐름은 (다음 글 "이스라엘의 팔레스타인인 대학살 계획"에서 묘사하듯) 최근 몇 년 사이 이스라엘의 정치를 주도하게 됐다. 그러나 다른 한편으로는, 1948년 이스라엘 건국 이후에도 그 땅에는 많은 팔레스타인인들이 끈질기게 계속 남아 있었고 저항도 했다. 이스라엘 국경 안뿐 아니라 국경 바로 바깥의 난민촌에도 훨씬 많은 팔레스타인인들이 버티고 저항하고 있었다. 이것은 이스라엘 건국 이래로 줄곧 이스라엘을 괴롭혀 온 문제였다. 이 모순은 1967년 이스라엘이 서안지구와 가자지구를 점령하면서 더 심화됐다. 그 지역에 살던 팔레스타인인들을 통제하면서도 그들에게 이스라엘 정치에 대한 발언권을 주지 않으려면 결국 아파르트헤이트가 필요했다. 오늘날 역사적 팔레스타인 땅 전체에 뻗어 있는 이 인종차별적 지배 체제는 서안지구·가자지구의 팔레스타인인 450만 명과 1967년 이전의 이스라엘 국경 안에 사는 팔레스타인인 190만 명 모두를 상대로 작동하고 있다.[19] 후자의 집단에 관해 말하자면, 이스라엘 의회가 2018년에 통과시킨 민족국가법은 유대인이 아니라는 이유로 천대받는 그들의 지위를 그저 법률로 명문화한 것에 불과했다.[20]

팔레스타인인들을 말살하려는 욕구와 아파르트헤이트 체제하에 그들을 종속시키려는 욕구 사이의 긴장은 이스라엘의 정치와 팔레스타인인들의 저항 둘 모두에 갖는 함의가 있다. 남아공 아파르트헤이트 치하의 흑인 노동자들과 달리 팔레스타인 대중은 이스라엘 경제에서 중심적 구실을 하지 못하고, 따라서 그런 구실에서 비롯하는 잠재된 계급적 힘이 없다.[21] 팔레스타인인들의 저항은 10월 7일 하마스의 공격이 보여 줬듯이 이스라엘에 타격을 줄 수 있지만, 정교하고 값비싼 군사 장비로 무장하고 국민 대다수의 강력한 지지를 받는 이스라엘 국가를 타도하지는 못한다.

이스라엘이 팔레스타인인 노동력에 크게 의존하지 않기 때문에 — 예컨대 허가증을 받고 이스라엘로 일하러 오는 가자지구 팔레스타인인들에 대한 이스라엘의 의존도는 지난 몇 년간 매우 미미한 수준이었다 — 오히려 나크바를 완수할 가능성이 이스라엘 정치 내에 상존하는 것이다. 바로 그런 토대 위에서 2023년 10월 이스라엘 정보부가 가자 주민 전체를 이집트 시나이반도로 "이주"시킨다는 명백한 인종 학살 의도를 담은 "개요 문서"를 작성한 것이다.[22]

시온주의와 제국주의

이런 틀로 이스라엘을 보면, 이스라엘이 제국주의 질서라는 더 큰 맥락 속에서 하는 구실을 이해할 수 있다.

시온주의는 1880년대 말에 유대인 혐오에 대한 유대인들의 여러 대응의 하나로 등장했다. 당시 유대인 혐오는 인종차별 이데올로기로 굳어지고 있었고 그 과정은 결국 나치의 홀로코스트라는 야만을 낳았다.[23] 20세기 초 시온주의는 유대인들의 정치적 지지를 놓고 다른 이데올로기들과 경쟁했다. 그중에는 마르크스주의도 있었다. 유대인 활동가들은 마르크스주의의 발전에서 중요한 구실을 했으며, 마르크스주의는 유대인 해방을 노동계급 자력 해방이라는 더 큰 과업의 일부로 놓는 포괄적 비전을 제시했다.[24] 반면 시온주의는 유대인 혐오에 대한 비관적 대응이었다. 시온주의는 유대인 혐오를 근절 불가능한 것으로 취급하고는, 유대인들이 유럽을 떠나 자신들만의 조국을 만들어야 한다고 주장했다.[25]

오스트리아·헝가리제국의 시온주의 활동가이자 시온주의의 "아버지"라고 불리는 테오도르 헤르츨을 비롯한 시온주의의 중심 인물들은 얼마간의 논쟁 후 팔레스타인에 자신들의 조국을 세우기로 의견을 모았다. 팔레스타인을 고른 덕분에 그 운동은 유대교 경전의 신화를 이용해 대부분의 시온주의 운동 지도자들보다 더 종교적인 시온주의자들의 지지를 모을 수 있었다. 식민지 구축에 초점을 맞춘 헤르츨과 그의 동료 사상가들은 팔레스타인 땅을 자신들에게 선사해 줄 수 있는 지배적 제국주의 강대국들 사이에서 동맹 세력을 찾으려 애썼다. 처음부터 시온주의는 자신들이 구축할 식민지를 "아시아에 대항하는 유럽의 성과의 일부이자 야만주의에 대항하는 문명의 전초기지"로 구상했다.[26]

헤르츨은 오스만제국과 독일제국의 지배자들에게 구애하다가 영국으로 눈을 돌렸다.[27] 오스만제국이 몰락하고 제1차세계대전에서 영국의 경쟁자들이 패배하면서 영국제국이 팔레스타인을 지배할 기회를 잡았기 때문이다. 영국 내에서는 중동 정책을 둘러싸고 논쟁이 벌어지고 있었다. 몇몇 정치인들은 아랍 엘리트 일부와 동맹을 맺는 것을 선호했다. 그러나 팔레스타인 지역에서 영국에 우호적인 정착자 집단을 육성하는 방안은 분명 매력이 있었다. 이런 견해를 널리 드러낸 것이 1917년 당시 영국 외무부 장관 아서 밸푸어의 역사적 선언이다. "영국 정부는 팔레스타인에 유대인의 민족적 고향을 건설하는 것을 긍정적으로 본다."[28] 초대 예루살렘 총독 로널드 스토스는 영국제국이 시온주의에 갖는 이해관계를 적나라하게 설명했다. 스토스에 따르면, 시온주의 식민지는 "적대적 아랍 세계라는 바다 한복판에서 영국에 충성하는 유대인들로 이뤄진 작은 '얼스터'[아일랜드 독립 투쟁 이후 영국이 아일랜드에 대한 전략적 영향력을 유지하

려고 만들어 낸 지역]"가 될 것이었다.[29]

1917~1947년 사이 팔레스타인의 유대인 인구 비중은 10퍼센트 미만에서 30퍼센트로 늘었다. 그 증가세는 유럽에서 파시즘을 피해 도망쳐 온 유대인들이 유입되면서 가속됐다. 1920년대에 접어들면 토지를 매입해 저렴한 팔레스타인 노동력으로 환금작물을 재배하는 초기 정착 실험이 막을 내리고, 인종에 기반한 배타적 유대인 경제를 형성하려는 노력이 이를 대체했다. 키부츠 운동, 히스타드루트 '노동조합', 하가나 등의 초기 시온주의 무장 조직과 같은 '노동당식 시온주의' 기구들이 이를 관철시키는 데서 중심적 구실을 했다.[30] 히스타드루트는 통상적 노동조합이 전혀 아니었다. 히스타드루트와 그 연관 조직들은 이후 건국될 이스라엘 국가의 기초를 상당 부분 마련했다. 이스라엘 역대 총리 중 3명이 히스타드루트 지도자였다.[31]

식민주의에 저항하던 팔레스타인인들은 오래 지나지 않아 영국 지배자들뿐 아니라 유대인 정착자들과도 맞서 싸우게 됐다. 이런 상황은 영국 식민 점령 당국에 유용한 면이 있었다.[32] 한편으로는 시온주의를 계속 지원하면서도 다른 한편으로는 아랍 사회의 가장 반동적 부위와 손잡고 식민주의에 대한 반감을 유대인들에게 돌릴 수 있었기 때문이다. 그러다 1936년 팔레스타인인들이 항쟁을 일으켰다. 총파업이 6개월 동안 이어지고 시온주의 정착자들과 영국에 맞선 대중적 비협조 운동이 벌어졌지만, 이 항쟁은 잔혹한 탄압으로 분쇄됐다. 농촌 마을과 도시의 주거 지구를 파괴하고, 주민들을 재판 없이 구금하는 등 당시 탄압에 사용된 공동 처벌 등의 수법들은 훗날 이스라엘군이 계승하게 된다. 팔레스타인 항쟁 지도부는 1936년 가을에 항복했지만, 이후 게릴라 투쟁 물결이 이어졌고 이에 대응해 더 많은 마을이 파괴되고 즉결 처형과 공중폭격이 자행됐다.

팔레스타인인들의 항쟁은 배타적 유대인 정착자 경제에 커다란 추진력을 줬고, 영국 식민 당국이 시온주의 민병대의 일부를 자신의 보안 기구에 편입시키는 계기가 됐다. 예컨대 시온주의자들과 영국의 공동 순찰대인 "특수야간부대"가 창설돼 팔레스타인인 게릴라를 공격하고 요충지에서 경계 근무를 섰다.[33] 이는 다가올 거사[이스라엘 건국]를 준비하는 데서 필수적 과정이었다. 팔레스타인인들을 공격할 계획은 이미 착착 준비되고 있었다. 마을 조사(1936년 항쟁 참가 수준에 따라 마을의 "적성도"를 파악하는 작업)는 1930년대 말에 거의 완료됐다.[34] 1920년대부터 시온주의 운동의 지도자였고 훗날 이스라엘 초대 총리가 되는 다비드 벤구리온은 1937년 자기 아들에게 보낸 편지에 이렇게 적었다. "아랍인들은 떠나야 할 거야. 그러려면 전쟁과 같은 적절한 계기가 있어야겠지."[35]

나크바

제2차세계대전 무렵 정착자들은 영국 제국주의와의 관계를 통해, 유대인만으로 이뤄진 거의 배타적인 경제를 구축하고 효율적이고 잘 무장된 군사 조직(훗날 이스라엘군이 된다)을 갖추고 미래 국가의 토대를 마련했다. 팔레스타인 문제 해결을 위해 1946년에 설립된 '유럽계 유대인과 팔레스타인 문제에 관한 영미 조사 위원회'의 영국 측 위원 한 명은 당시 시온주의자들의 활동을 총괄하던 조직인 '유대인 기구'를 이렇게 묘사했다. "그 기구는 실로 국가 안의 국가이며 자체의 예산과 비밀 내각, 군대, 무엇보다 정보기관을 갖고 있다. 지금껏 내가 본 조직 중 가장 효율적이고 역동적이고 강인한 조직이며 우리[영국 — 지은이]를 두려워하지 않는다."[36]

당시 영국은 기력을 소진한 제국주의 국가였고 자신의 제국에 대한 통제력을 갈수록 잃고 있었다. 미국이 세계의 패권국으로 부상하고 있었다. 시온주의자들은 영국의 퇴출을 앞당기고, 1936년 반란이 분쇄돼 지도부가 치명적으로 약화된 팔레스타인인들을 쫓아내고, 자신들의 새 국가를 건설할 기회를 포착했다.[37] 1946년 6월 하가나 민병대에서 분열해 나온 더 과격한 이르군 민병대가 예루살렘의 킹데이비드 호텔을 폭파해 91명이 숨졌는데, 사망자들 중에는 그 호텔을 본부로 사용하던 영국 식민 정부 구성원들도 있었다. 영국의 지배력이 취약해졌음을 드러내는 사건이었다. 이듬해 2월 영국은 철수를 결정했고 "팔레스타인 문제"의 해법을 제시하는 과제는 당시 막 창설된 유엔의 몫이 됐다. 그 과제를 맡은 유엔이 제시한 분할안은 역사적 팔레스타인의 절반 남짓을 유대인 정착자들(이제 인구의 3분의 1가량을 차지하고 경작지의 5.8퍼센트를 소유하고 있었다)에게 넘겨주는 것이었다.[38]

당연하게도 아랍 세계 전체가 이런 분할안에 반대했고, 벤구리온은 이스라엘의 국경이 "분할 결의안이 아니라 힘으로 결정될 것"이라고 천명했다.[39] 그 대결은 대등한 세력 간의 대결일 수 없었다. 촉박하게 소집된 팔레스타인 전사들은 대체로 훈련도 제대로 받지 못했고 무기도 빈약한 데다 수천 명에 불과했다. 나중에는 이웃 아랍 국가들이 약 1만 5000명의 병력을 지원하기는 했다. 그러나 하가나 혼자서도 이들을 수적으로 능가했다. 대부분의 하가나 대원들은 더 잘 무장한 데다 제2차세계대전 개전 전과 그 전쟁 동안 영국군에게서 훈련을 받았다. 막 창설된 이스라엘군이 1948년 12월에 동원한 병력은 9만 6441명이었다.[40]

이런 상황이 팔레스타인인들에게 가져온 결과를 다룬 가장 방대한 연구는 이스라엘 역사가 일란 파페가 쓴 《팔레스타인 비극사》다. 그의 연구는 팔레스타인 역사가들이 나크바의 증거를 발굴하려고 기울인 갖은 노력을 바탕으로 한 것이다.[41] 시온주의자들의 공격으로 아랍 마을들은 지도에서 통째로 사라졌다. 하가나의 정보부대가 수립한 계획에 따르면,

> 이 작전들은 두 가지 방식으로 수행될 수 있다. 하나는 마을을 파괴하는 것(불을 지르거나, 폭파하거나, 잔해 사이에 지뢰를 심는 방식으로), 특히 상시적으로 통제하기 어려운 인구 중심지를 파괴하는 것이다. 다른 하나는 정밀 수색 후 장악하는 작전을 펴는 것이다. … 저항이 있으면 해당 무장 세력은 반드시 섬멸하고 주민들을 국경 밖으로 내쫓아

야 한다.[42]

데이르야신 학살이 이것의 사례였다. 원래 이 마을은 하가나와 불가침조약을 맺은 상태였고, 그래서 하가나보다 더 극단적인 이르군과 레히라는 무장 조직들이 투입됐다.[43] 그들은 마을에 진입하면서 가옥들을 향해 기관총을 쏴 많은 주민을 살해했다. 그런 다음 그들은 생존자들을 한데 모았다. 마을 주민들은 "냉혹하게 살해됐고 그 시신도 수모를 당했으며, 많은 여성이 강간당한 후 살해됐다." 당시 12살 소년이었던 파힘 자이단은 다음과 같이 증언했다.

> 그들은 우리를 한 명씩 불러내다가 한 노인을 쏴 죽였다. 그 노인의 딸 중 한 명이 오열하자 그녀도 쏴 죽였다. 그러더니 내 형제인 무함마드를 불러내 우리가 보는 앞에서 쏴 죽였다. 어머니가 (젖먹이 여동생 후드라를 안은 채) 소리를 지르며 무함마드를 안으려 하자 그들은 어머니도 쏴 죽였다.

자이단은 다른 어린이들과 함께 줄지어 서 있었는데, 군인들은 떠나기 전에 그 어린이들에게도 총을 난사했다. 자이단은 부상을 입고 간신히 살아남았다.[44] 또 다른 학살이 벌어진 아랍 마을 탄투라에서는 시온주의자들이 10~50세의 남성들을 한데 모은 뒤, 얼굴을 가린 정보원을 대동한 정보장교가 사전에 작성한 명단을 가지고 잠재적 반항자로 여겨지는 사람들을 색출했다. 이렇게 선별된 이들은

"소수 인원으로 나뉘어 멀찍이 떨어진 곳으로 끌려가 처형당했다." 여기서 "잠재적 반항자"는 많은 경우 1936년 항쟁에 가담한 이들을 뜻했다.[45]

"경비견" 국가

이스라엘은 이런 잔혹 행위와 이를 통해 공포를 심어 주는 방식으로 건국됐다. 팔레스타인인 약 75만 명이 살던 곳에서 쫓겨났는데 그중 일부는 요르단이 통제하던 서안지구로, 또 다른 일부는 이집트가 통제하던 가자지구로 갔다. 이제 이스라엘은 역사적 팔레스타인의 4분의 3 이상을 장악했다.

이내 이스라엘은 존립을 위해 새로운 제국주의 후견자에 구애하기 시작했다. 바로 미국이었다. 처음에 미국의 정책은 영국이 한때 그랬던 것처럼 모호했다. 미국의 핵심 관심사는 세계 최대의 매장량이 확인된 중동의 석유를 지배하고, 소련의 영향력 확대를 차단하는 것이었다. 1951년 이란에서 급진적 정권이 등장해서 석유를 국유화했는데, 이는 중동에 잔존하는 영국의 영향력을 주되게 위협한 사건이었고, 앵글로이라니언오일컴퍼니가 추방되는 결과를 낳았다. 그렇지만 이 사건은 향후 미국의 이익이 위협받을 가능성을 보여 주기도 했다. 1951년에 이스라엘 신문 〈하아레츠〉는 다음과 같이 설명했다.

서방은 중동 국가들과의 관계가 그다지 만족스럽지 못하다고 느끼고 있다. 그곳의 봉건적 정권들은 민족주의 운동에 너무나 많은 것을 양보해야 하는데, 그 민족주의 운동들은 때때로 사회주의적·좌파적 색채를 두드러지게 보였다. … 그런 만큼 이스라엘을 강화하는 것은 서방 열강이 중동의 균형과 안정을 유지하는 데 도움이 된다. 이스라엘은 경비견이 될 것이다. 이스라엘이 미국과 영국의 바람을 거스르면서까지 아랍 국가들을 적대하는 정책을 펼지도 모른다고 우려할 필요는 없다. 반면, 도를 넘어선 결례를 서방에 범한 이웃 국가들을 서방 열강이 어떤 이유에서든 못 본 체하기를 선호하는 때가 오면, 이스라엘은 그런 국가들을 응징하는 일을 듬직하게 맡을 수 있다.[46]

1952년 가말 압델 나세르가 이집트에서 권력을 장악한 사건은 미국의 이익이 처할 수 있는 위험을 더 분명히 보여 줬다. 그러나 미국이 이스라엘에 대대적 경제 지원과 군사 지원을 보내기 시작한 계기는 1967년 '6일 전쟁'이었다. 그 전쟁에서 이스라엘은 인근 아랍 국가들(이집트도 그중 하나였다)에 수모를 안겨 줬다. 그 전쟁 이후 이스라엘에 대한 미국의 지원은 이스라엘의 이익이나 미국의 이익에 대한 새로운 위협이 등장했다고 여겨질 때마다 급증했다.[47] 미국과 그 동맹국들이 지속적으로 이스라엘을 지원하는 것은 일각의 주장과 달리 "유대인 로비"의 결과가 아니라 여기서 설명한 것처럼 그것이 제국주의적 이해관계와 일치하기 때문이다.

팔레스타인인들의 저항

1936년 항쟁이 분쇄되고 1948년 나크바가 벌어진 직후 팔레스타인인들의 대對이스라엘 투쟁 역량은 잠시 약화됐다. 팔레스타인해방기구PLO는 1964년 아랍연맹의 주도로 설립됐지만, 새로운 팔레스타인 지도부가 등장한 것은 1967년 전쟁에서 아랍 국가들이 패배하고 나서부터였다. 장차 팔레스타인해방기구를 주름잡는 팔레스타인 민족주의 조직인 파타는 1959년에 결성됐다. 파타의 가장 저명한 인물인 야세르 아라파트는 그 창립자들의 특징을 전형적으로 보여 주는 인물이다. 아라파트는 유복한 재외 팔레스타인인 가족의 일원으로 카이로에서 대학을 나오고 쿠웨이트에서 건설 도급업으로 거금을 벌었다.

파타는 1967년에 팔레스타인해방기구에 합류했다. 1년 후 파타는 이스라엘을 상대로 한 일련의 게릴라 공격을 이끌며 팔레스타인인들의 긍지를 되찾았고, 이에 매력을 느낀 많은 청년 난민들이 파타의 대원이 됐다. 파타의 부상은 팔레스타인해방기구 1세대 지도부로부터의 전환을 나타냈다. 나세르가 선별한 자들로 이뤄진 1세대 지도부는 팔레스타인 문제 해결의 선결 조건으로서 아랍의 단결에 주력했다. 파타는 그런 접근에 대한 거부를 표방하며 아랍 지배자들에 그저 의존하기만 하지 않고 팔레스타인인들 사이에서 투쟁을 일으키는 것에 초점을 맞췄다. 그러나 파타는 아랍 정권들에 대한 의존에서 완전하게 벗어난 적이 결코 없었다. 아랍 국가들의 수도에 본부를 두고 팔레스타인인 난민촌 생활을 조직하는 한편, 유엔에서 옵서버 자격을 획득한 팔레스타인해방기구는 저항을 표현하는 것과 "예비 아랍 국가"로서 처신하는 것 사이에서 생겨나는 긴장을 헤쳐나가야 했다. 이는 서로 연관된 두 가지 문제를 낳았다.

문제의 한 축은 기존 아랍 국가들이 — 더 급진적인 민족주의 형태인 경우에도 — 여전히 자본주의 사회였다는 것이다. 이집트의 나세르주의가 단적인 사례다.[48] 나세르는 민족주의 장교들과 함께 친영 왕정을 타도하고 권력을 잡았다. 1948년 이집트 왕정이 팔레스타인에 지리멸렬하게 개입하면서 자아낸 염증이 그 쿠데타의 한 계기가 됐다. 왕정이 타도되자 노동자들과 학생들의 격렬한 투쟁이 일어났다. 그러나 오로지 그 운동의 지도자들이 머뭇거린 탓에 나세르의 자유장교단이 사태를 주도할 기회를 잡을 수 있었다. 자유장교단은 왕정을 끝장냈을 뿐 아니라 그 뒤 수년 동안 파업을 진압하고 야당인 공산당을 탄압하고 옛 왕정에 맞서던 다른 세력들, 특히 주요 이슬람주의 단체인 무슬림형제단과 충돌했다. 처음에 새 정권의 급진성은 토지개혁을 실시하고, 나세르가 이집트를 냉전의 양대 열강으로부터 독립적으로 만들려고 시도하는 것에 그쳤다. 1956년 영국과 프랑스가 이스라엘의 지원 아래 수에즈운하 장악을 기도하자 비로소 나세르는 어쩔 수 없이 이집트 좌파에게 지지를 구했다. 침공에 맞서려면 대중적 저항을 구축해야 했기 때문이다. 이것의 여파 속에서 나세르는 국가자본주의적 경제 개입과 사회 개혁을 내용으로 하는 야심 찬 강령을 대중에게 제시한 것이다.

그러나 그것은 위로부터 국가를 이용해 자본주의를 발전시키려는 시도였다. 민족주의 프로젝트로서 그 시도는 계급들의 "평화 공존"을 설파했다. 그러나 계급들은 여전히 존재했다. 나세르주의의 핵심 사회 기반은 옛 봉건 질서의 권력 구조에서 배제당하고 대자본과 연계된 권력 구조에서도 배제당하던 일부 중간계급이었다. 이들은 그런 권력 구조들에 맞서 싸울 의사가 있었지만 노동자들이 운동의 주체가 돼 자본주의 너머로까지 나아가는 것에는 반대했다. 그리고 노동자들의 독립적 투쟁이 발전하는 것을 막기 위해서라면 탄압도 서슴지 않으려 했다.[49] 그러나 모자라는 자원으로 국제 질서 속에서 입지를 확보하려는 이집트 국가의 국가 발전 노선은 금세 한계에 부딪혔다. 1970년대부터 나세르의 계승자 안와르 사다트는 이집트를 세계경제에 개방하면서 "인피타"(개방)로 알려진 경제 자유화 정책을 강하게 추진했고, 권력에 접근할 수 있었던 자들은 거기에서 어마어마한 혜택을 봤다.

아라파트를 중심으로 한 파타 지도자 세대는 자신들의 뜻대로 팔레스타인을 독립시키려면 이런 아랍 정권들에 기대어서는 안 된다고 봤다. 그럼에도 여전히 그들의 전략은 팔레스타인인들의 투쟁을 "아랍 정권들을 움직일 지렛대"로 이용하는 것이었다.[50] 이 점이 둘째 문제를 발생시켰다. 파타는 기성 아랍 국가들을 압박해서 움직이는 것이 가능하다는 견해에 따라 "불간섭" 노선을 추구했다. 이는 팔레스타인인들이 활동하는 나라들에서 그 나라의 통치에 차질을 주는 행위를 거부하겠다는 것이었다. 그 노선은 그런 사회에 걸

린 부유한 소수 팔레스타인인들의 이해관계를 건드리지 않겠다는 것이기도 했다.[51]

이와는 다른 대안이 가능했다. 중동 전역, 특히 이집트 등지에서 노동계급의 잠재력을 깨워서, 중동 전역에 새 질서를 수립할 혁명적 과정을 시작하는 것으로 이스라엘에 도전하는 대안이 있었다. 그러나 파타는 팔레스타인 해방을 위해 계급 전쟁을 일으키는 것에는 관심이 없었다.

오슬로로 가는 길

파타의 접근법에 내재한 모순들은 파타와 팔레스타인해방기구를 치명적으로 약화시켰다. 아랍 정권들은 하나둘씩 제국주의 질서에 타협하고 그 질서 내에서 자신의 위치를 받아들였다. 1977년 사다트는 예루살렘을 방문해 평화협정을 제안했다. 이듬해 체결된 캠프데이비드협정으로 이집트는 최초로 이스라엘을 인정한 아랍 국가가 됐다. 그 협정은 이집트가 미국과 가까운 관계를 맺는 기반을 마련하는 데에 도움이 됐다. 현재 가자지구 남부 국경을 통제하는 것은 다름 아닌 이집트로, 이집트는 오랫동안 가자지구 봉쇄에 참여해 왔다. 요르단은 1994년 이스라엘을 인정했고, 아랍에미리트연합국·바레인·모로코는 2020년 이스라엘을 인정했다. 그리고 사우디아라비아가 미국 정부의 중재로 이스라엘과 대사 교환을 논의하던 중에 하마스가 공격을 감행한 것이다.

팔레스타인해방기구는 거듭 이스라엘의 공격을 받았을 뿐 아니라 팔레스타인 난민들이 정착하고 있던 아랍 국가들의 정권들에게도 공격받았다. 1970~1971년 팔레스타인해방기구 지도부는 국왕 후세인의 군대와 충돌한 뒤 요르단에서 쫓겨났다. 후세인은 요르단의 대규모 팔레스타인 난민들이 자신의 통치를 위협한다고 여겼다. 요르단에서 쫓겨난 팔레스타인해방기구는 레바논에 새로 자리를 잡았지만 1975년 레바논의 그리스도교 우익과 좌파 세력들 사이에서 벌어진 내전에 휘말렸다. 팔레스타인인들이 좌파와 연대하면 레바논이 불안정해질 것이라고 우려한 인접국 시리아의 정권은 병력을 투입해 레바논군을 지원했다. 내전 과정에서 팔레스타인해방기구는 간신히 살아남았다. 그러나 1982년 이스라엘이 레바논 남부를 침공해서 베이루트를 봉쇄했다. 팔레스타인인 전사들은 두 달 동안 버티다가 바다를 통해 탈출해야 했다. 어떤 아랍 국가들도 그들을 실질적으로 지원하지 않았다.[52]

이런 탄압은 팔레스타인인들의 저항을 꺾지 못했고, 저항의 초점을 역사적 팔레스타인 내부로 옮겨 놓는 의도치 않은 결과를 낳았다. 이 변화를 보여 준 것이 제1차 인티파다의 분출이었다. 제1차 인티파다는 1987년 12월에 시작된 자발적 대중 항쟁으로, 가자지구 자발리야 난민촌에서 이스라엘군 차량이 팔레스타인인 4명을 치어 죽인 것을 계기로 시작됐다.[53] 제1차 인타파다는 6년간 이어졌고 이스라엘군의 극심한 탄압을 받았다.

1988년 1월 국방부 장관 이츠하크 라빈은 보안군에게 "무력, 위력, 폭력"을 사용하라고 명령했다. 그의 "철권" 정책에 따라 시위 참가자들의 팔과 다리를 부러뜨리고 두개골을 깨뜨리는 행위가 공공연하게 자행됐다.[54]

제1차 인티파다 동안 팔레스타인인 1376명이 목숨을 잃은 것으로 추정된다.[55]

그러나 팔레스타인 점령지[1967년 전쟁으로 이스라엘이 점령한 서안지구와 가자지구, 동예루살렘]에서 팔레스타인 어린이들이 이스라엘군 탱크에 돌을 던지는 와중에도 파타는 팔레스타인 독립국가라는 허상, 즉 "두 국가 방안"에 기초한 평화 프로세스에 몰두하고 있었다. 노르웨이 수도 오슬로에서 비밀리에 진행된 오슬로 평화 협상의 결과로 일단의 평화협정이 체결됐다. 1993년 9월 백악관 잔디밭에서 라빈(이제 이스라엘 총리가 됐다)과 아라파트가 그 협정서들에 서명했다. 팔레스타인해방기구는 이스라엘을 인정하고 일방적 휴전을 선언했다. 그 보상으로, 팔레스타인 점령지를 관할할 팔레스타인 당국이 세워졌다. 팔레스타인 당국은 진정한 국가와는 거리가 멀었다. 오히려 그 기구의 주요 기능 하나는 팔레스타인인들을 단속하는 것이다.[56] 팔레스타인 당국의 또 다른 주요 기능은 팔레스타인 점령지를 이스라엘 경제에 종속된 일부, 즉 이스라엘 상품 판매처와 저렴한 산업예비군 공급지로서 통합시키는 것이었다. 이스라엘은 점령지 출입을 계속 통제했고, 아무런 제재 없이 팔레스타인인들을 공격하고 살해할 수 있다. 게다가 서안지구에서 신규 정착촌 건설이 오슬로협정 이후 더욱 가속돼 1992~2000년 사이에 정착촌 인구가 갑절이 됐다. 이 무장한 유대인들의 집단 거주지는 팔레스타인 영토의 연속성을 일절 불가능하게 만들며, 이스라엘의 권력을 팔레스타인 지역으로 투사하는 수단이다.

팔레스타인 당국의 수립은 팔레스타인인들 사이의 계급 갈등을 드러내기도 했다. 재외 팔레스타인인들 중 많은 경우 걸프(페르시아만) 연안 국가들에서 부를 쌓은 유력 인사들은 팔레스타인 당국하의 경제에서 핵심 권력층으로 자리 잡았다. 건설 부문 등에서 신용에 기초한 호황이 일자 소수는 사치스러운 소비를 즐길 수 있게 됐고 팔레스타인 당국에는 극심한 부패가 들끓었다. 반면, 대부분의 팔레스타인인들은 어느 때보다도 더 경제적으로 배제됐다.[57] 최근의 한 연구는 다음과 같이 강조한다.

> 팔레스타인 정치 엘리트와 재계/자본가 엘리트의 관계는 언제나 긴밀했다. 실제로 팔레스타인해방기구는 재외 팔레스타인인 자본가들과 끈끈한 관계를 유지하고 있다. … 오슬로 프로세스는 정치권과 재계의 이런 관계망을 견고한 동맹으로 만들어 팔레스타인해방기구/파타의 상층부와 귀국 자본가들, 팔레스타인 당국의 기술 관료들과 보안 기구 지도자들을 한통속으로 만들었다. 이들의 이해관계는 정치권력과 경제권력의 중심부를 지배하는 데 있었다. 2007년 이후 팔레스타인 자본가들은 팔레스타인 당국 내 정책 결정자 서클 안에서 전례 없는 영

향력을 발휘했고 … 이스라엘 자본가들과도 특권적 관계를 발전시키기 시작했다. … 자본가들의 권력이 부상함에 따라 필연적으로 계급 분단과 사회경제적 불평등이 첨예해졌다.[58]

오슬로 프로세스의 파산에 대한 분노에 힘입어 2000년 9월 제2차 인티파다가 분출했다. 그 계기는 [1982년 이스라엘의 레바논 침공의 주역인] 아리엘 샤론이 예루살렘의 알아크사 모스크(이슬람에서 가장 중요한 성지의 하나다)를 방문한 것이었다. 제2차 인티파다는 제1차 인티파다보다도 더 유혈 낭자했다. 8년의 투쟁 동안 팔레스타인인 4916명이 이스라엘군과 정착자들에게 살해당했다.[59]

하마스의 부상

파타의 민족주의적 저항이 실패한 결과 이슬람주의적 대안인 하마스가 성장할 기회를 얻었다.[60] 하마스는 제1차 인티파다가 분출한 지 며칠 뒤에 창설됐지만, 그 조직의 기원은 1970년대에 가자지구에서 결성된 이슬람주의 복지 제공 조직으로 거슬러 올라간다. 그 조직은 이집트 무슬림형제단을 본보기로 삼았다. 이런 조직들은 처음에 이스라엘의 일정한 지원을 받았는데, 이스라엘이 이들을 파타 등의 세력을 견제할 균형추로 여겼기 때문이다.[61]

하마스는 무슬림형제단과 연계가 있는 더 광범한 초국가적 이슬람주의 운동의 일부를 표방하면서도, 민족주의를 자신의 이데올로기로 포함한 독자적 팔레스타인 세력을 표방하기도 한다. 팔레스타인해방기구 지도자들이 제1차 인티파다를 기회 삼아 (서안지구, 가자지구, 동예루살렘으로 이뤄진) 허울뿐인 팔레스타인 국가를 받아들이려는 의사를 드러낸 반면, 하마스는 "팔레스타인 해방을 위한 지하드는 의무"라고 선포했다.[62] 하마스는 이스라엘을 상대로 나름의 비대칭 전쟁을 벌였다. 예컨대 하마스는 팔레스타인 점령지 바깥에서 자살 폭탄 공격을 벌이기도 했다. 더 일반적으로 말해, 하마스는 이스라엘과 군사적 충돌을 벌였는데, 여러 면에서 이는 한때 파타와 팔레스타인해방기구의 다른 단체들이 대표했던 게릴라 투쟁의 전통을 복원하는 것이었다.

하마스는 이스라엘에 군사적으로 대항할 의지를 천명하고 자체의 사회적 네트워크와 자선 네트워크를 구축하는 것을 통해 팔레스타인인들 사이에서 상당한 지지를 얻을 수 있었다. 하마스에 대한 지지는 2005년 샤론이 가자지구에서 일방적 철수를 발표하면서 더 커졌다. 그 철수를 통해 샤론은 가자지구 정착촌을 지키던 이스라엘군의 부담을 덜고 서안지구로 더 깊숙이 침투하는 데 국가의 역량을 집중하려 했다. 이스라엘의 가자지구 철수는 하마스가 팔레스타인 당국의 정치에 더 많이 관여하는 것과 때를 같이했다. 그 전까지 하마스는 학생회와 직능인 선거에 후보를 출마시켰지만 팔레스타인 당국 선거와는 거리를 뒀다. 이는 오슬로협정을 인정하지 않는 노선을 따른 것이었다. 그러나 가자지구의 투표율이 높게 나오는 것을 보며 하마스는 자신의 지지자들도 많은 수가 선거에 참여하고 있다고 판단했다.[63] 2005년부터 하마스는 팔레스타인 당국 내에서 목소리를 내기 위해 "변화와 개혁"이라는 이름으로 선거에 도전해서, 파타의 부패와 대對이스라엘 협조를 비판했다.

2006년 총선에서 하마스는 132석 중 76석을 획득해 겨우 43석을 얻은 파타를 가뿐히 제쳤다.[64] 하마스는 선거 승리를 기회로 팔레스타인인들의 저항운동을 쇄신하고 오슬로협정의 논리와 단절하려 했다. 그러나 이는 이스라엘과 미국, 유럽연합뿐 아니라 팔레스타인 당국 수반 마흐무드 압바스의 맹렬한 반발에 부딪혔다. 미국과 유럽연합은 하마스가 비폭력 노선을 약속하고 기존 합의를 지지하고 이스라엘을 인정하지 않으면, 선거 결과를 인정하지 않고 팔레스타인 당국에 대한 재정 지원을 끊겠다고 위협했다. 압바스는 팔레스타인 당국의 보안군들을 자신의 직속 기구로 전환하며 쿠데타를 준비했다. 미국은 동맹국인 요르단과 이집트를 압박해 파타 전사들을 훈련시켰고 이집트는 가자지구 안으로 무기를 들여보냈다. 이내 하마스 지지자들과 팔레스타인 당국 사이에 충돌이 벌어졌다. 팔레스타인 당국을 통해 지원되던 자금도 끊겼다. 이 자금은 텅 빈 껍데기 같은 가자지구 경제에서 전체 임금의 37퍼센트를 지급하던 원천이었는데 말이다.[65] 하마스는 가자지구를 장악하는 것으로 응수했다. 2007년 6월 무렵 하마스는 가자지구 전역을 장악했고, 그때부터 하마스는 사실상 그곳의 정부 구실을 해 왔다.[66] 압바스는 오늘날 선거가 다시 치러지면 패배할 것이 확실하지만, 여전히 서안지구

에서 팔레스타인 당국을 장악한 채 전국 선거를 무기한 연기하고 있다.[67]

하마스가 장악한 가자지구는 이스라엘과 이집트에 의해 오랜 기간 봉쇄됐고, 그 결과는 재앙이었다. 2002~2018년 동안 가자지구에서 외부의 지원에 의존해야 하는 주민의 비율은 10퍼센트에서 80퍼센트로 늘었다. 이번 공격 전에도 가자지구 주민 62퍼센트가 식량을 안정적으로 구하지 못했고, 53퍼센트가 빈곤에 허덕이고 있었다. 2018년 청년 실업률은 무려 70퍼센트에 달했다.[68]

가자지구에서는 이스라엘군의 거듭된 공격으로 많은 사람이 목숨을 잃었을 뿐 아니라, 많은 사람이 정신적 내상을 입었다. 특히 어린이들이 그렇다. 2014년 이스라엘의 가자지구 공격 직후 6~15세 아동 1850명을 대상으로 한 한 연구는 다음과 같이 지적했다. "다수의 어린이가 폭격과 거주지 파괴를 경험하거나(83.51퍼센트), 집에만 머무르며 밖에 나가지 못하거나(72.92퍼센트), 모스크가 훼손되고 더럽혀지는 것을 목격하거나(70.38퍼센트), 교전 상황에 노출되거나(66.65퍼센트), 시신을 봤다(59.95퍼센트)."[69] 지붕 없는 감옥에 갇혀 그곳을 벗어날 기회도 주어지지 않고 폭격과 봉쇄로 파괴된 경제를 복구할 기회도 누리지 못하는 가자지구 주민들(약 절반가량이 18세 이하다)이 그런 경험에서 받을 정신적 타격은 너무나 자명하다.

알아크사 홍수

2023년 10월 7일 이스라엘을 향한 공격은 이스라엘의 권력 핵심부를 충격에 빠뜨렸다. 하마스와 또 다른 이슬람주의 단체 '팔레스타인 이슬람 지하드'에 소속된 약 1500명의 특공대원들이 가자지구를 에워싼 경비 지대를 돌파했고, 그러자 가자지구 주민들도 거기에 가세했다. 많은 수는 그때 생애 처음으로 가자지구 바깥 땅을 밟았다. 아담 샤츠는 이렇게 썼다.

> '알아크사 홍수'(하마스는 자신의 공격을 이렇게 부른다) 작전의 동기는 딱히 수수께끼라고 할 것이 없다. 그 공격은 팔레스타인인들의 투쟁이 국제사회의 관심을 잃어 간다고 여겨지던 중에 그 투쟁의 중요성을 다시 각인시키고, 정치수를 석방시킬 담보물을 확보하고, 이스라엘-사우디 관계 개선을 무산시키고, 무능한 팔레스타인 당국에 더한층 수모를 안기고, 서안지구 정착자들의 대대적 폭력에 항의하고, 종교적 유대인들과 이스라엘 관료들이 예루살렘의 알아크사 모스크에 와서 도발하는 것에 항의하려는 것이다. 그리고 특히, 이스라엘인들에게 그들이 결코 무적이 아님을 각인시키고 가자지구를 이대로 두는 것에는 대가가 따른다는 메시지를 주려는 것이다.[70]

잔혹한 식민 점령은 언제나 폭력적 반발을 배양하는 경향이 있었다. 점령자들과 달리 전투 헬리콥터나 탱크, 전투기와 같은 무기를 갖지 못한 저항 세력은 그나마 자신이 동원할 수 있는 수단을 모두 동원한다. 이스라엘군이 딱히 비폭력 시위를 북돋았던 것도 아니다. "2018~2019년 가자지구의 팔레스타인인들이 국경 지대에서 '귀환 대행진'을 벌였을 때 이스라엘군은 시위대 223명을 살해했다."[71] 지금 이스라엘이 가자지구에서 벌이는 파괴는 단기적으로 하마스의 공격 능력을 얼마나 약화시키든지 간에 또 다른 팔레스타인인 세대를 필사적 무장 저항에 나서게 할 것이다.

로니 카스릴스는 남아공의 아파르트헤이트 체제에 맞서 싸운 아프리카민족회의ANC의 무장 조직을 창설한 인물인데, 그는 하마스의 공격에 관해 이렇게 썼다.

> 민간인들에게 벌어진 일은 비극이지만, 우리 남아공 사람들이 잘 알듯이, 수십 년 동안 사람들을 억압하고도 … 냄비가 끓어넘치지 않을 거라 기대해서는 안 된다. 그리고 계획적으로든 우발적으로든 그런 일이 벌어질 때 그것이 억압자들의 구미에 맞게 신사적으로 감행된다는 보장은 없다. 성숙한 사람이라면, 그리고 역사에 대한 기본적 이해가 있는 사람이라면 누구나 이해할 수 있는 바다.[72]

알제리에 관해서도 비슷한 점을 지적할 수 있다. 알제리는 1830년부터 1962년까지 프랑스인 정착자 식민 지배를 겪었다. 프랑스가 수많은 알제리인을 학살한 것에 대응해 1954년부터 민족해방전선FLN이 프랑스군과 정착자들을 상대로 무장투쟁을 전개했다.[73] 샤츠는 하마스의 공격과, 1955년 8월 알제리 항구도시 필리프빌(오늘날의 스킥다)에서 민족해방전선이 감행한 공격의 유사성을 지적한다.

> 수류탄과 칼, 몽둥이, 도끼, 쇠스랑으로 무장한 소농들이 123명을 살해했고, 많은 경우 시신의 배를 갈라 내장을 꺼냈다. 공격 대상은 대부분 유럽인이었지만 무슬림도 여럿 있었다. 프랑스인들은 이것을 이유 없는 선제공격으로 여겼다. 그러나 그 공격에 나선 사람들에게 그 행위는 프랑스군이 정착자 민병대의 지원을 받으며 수많은 무슬림을 살해한 것에 대한 복수였다. … 필리프빌 공격에 대응해 프랑스의 자유주의자 총독 자크 수스텔은 … 탄압 작전으로 알제리인 1만 명 이상을 살해했다. … 수스텔은 민족해방전선의 함정에 빠졌다. 군대의 잔혹 행위는 더 많은 알제리인들을 반란에 가담케 했다. … 수스텔은 자신이 "피의 강물이 흐르는 해자[성 주위를 둘러 판 못]"를 파는 데 일조했다고 시인했다. 오늘날 가자에도 비슷한 해자가 만들어지고 있다.[74]

당시 알제리에 살았던 마르크스주의 철학자이자 정신과 의사인 프란츠 파농은 민족해방전선을 지지했고, 폭력을 자제하라며 멀찌감치 떨어진 채 훈계하는 자들을 비판했다. 파농에 관한 탁월한 연구에서 리오 질릭은 이렇게 설명한다.

> 1956년 10월 중순 파농은 [민족해방전선의 공격에 대한 — 지은이] 프랑스의 보복을 목격했다. 빌다 근처의 작은 마을에서 유럽인 정착자 민

병대가 남성 20명을 포위하고 사살했다. 파농은 분에 못 이겨 친구에게 하소연했다. "이것이 프랑스인들이 하는 짓이네. 그런데도 휴머니스트라는 내 지식인 친구들 몇몇이 나를 그 투쟁에 흠뻑 가담했다는 이유로 비판할 줄이야."[75]

질릭이 지적한 파농과 민족해방전선의 한계는 이번 하마스에도 적용되는 것이다. 파농은 알제리와 같은 아프리카 나라를 해방시키는 데서 노동계급이 결정적이고 역동적인 구실을 할 가능성에 회의적이었다. 파농은 노동계급이 식민 지배 질서에 대체로 통합돼 있다고 봤다.[76] 이런 회의적 견해는 민족해방전선의 기반이 알제리 노동계급 바깥에 있던 것을 고스란히 반영한 것이기도 하다. 위로부터의 방식으로 도시 대중을 끌어들이려는 민족해방전선의 시도는 프랑스의 탄압으로 단명했다. 당시 프랑스가 자행한 탄압은 질로 폰테코르보의 빼어난 리얼리즘 영화 〈알제리 전투〉에 잘 묘사돼 있다.[77]

하마스 지식인들의 세계관은 중동 전역의 노동계급을 혁명적 변화를 주도할 잠재력이 있는 세력으로 전혀 주목하지 않는다. 하마스 지식인들의 열망은 파타와 마찬가지로 팔레스타인인 자본가와 중간계급 일부의 열망을 반영한다. 그러나 중동 전역의 노동계급을 지향하는 관점이 없다면 하마스도 앞서 팔레스타인해방기구가 맞닥뜨린 것과 똑같은 난관에 부딪힐 것이다. 이스라엘을 꺾을 마땅한 전략이 없기에 하마스도 이스라엘을 공격하면서도, 정치와 외교라는 익숙하지 않은 영역에 실용적으로 발을 담근다. 오래전부터 하마스는 이스라엘을 1967년 이전 국경 밖으로 밀어내는 것으로 자신의 목표를 한정하는 것을 받아들였다. 또, 하마스는 이스라엘의 팔레스타인 점령지 철수를 대가로 한 휴전을 거듭 제안해 왔다. 하마스는 때때로 팔레스타인 당국과 화해를 시도하기도 했다.[78] 하마스는 팔레스타인 당국 선거에 출마하기 시작하면서 파타와 별반 다르지 않은 종류의 신자유주의를 기꺼이 수용했다.[79] 집권한 하마스에 대해서 역사가 타레크 바코니는 다음과 같이 주장한다.

> 하마스는 정치적 다양성을 탄압하고 보수적 사회질서를 유지했다. 그러면서도 현대적이고 실용적인 통치 방법을 채택하는 능력을 보였다. 인권 단체들과 소통 창구를 유지하고 있는 것이 그런 사례다. 하마스는 살라피주의 운동의 분노를 무릅쓰고 이슬람 율법의 시행을 회피해 왔다. … 하마스 통치의 또 다른 핵심적 요소는 저항을 중심으로 정체성을 구축하는 것이다. 포퓰리즘 정치와 권위주의의 결합은 1960년대와 1970년대에 팔레스타인해방기구가 자신의 기구들을 구축한 방법을 고스란히 빼닮았다.[80]

크리스 하먼이 이슬람주의 운동에 관한 선구적 연구에서 강조했듯이 이런 긴장과 동요는 이슬람주의 운동이 자주 보이는 특징이다. 이슬람주의 운동은 테러리즘과 타협 사이에서, 권위주의적 통치와 제국주의에 대한 도전 사이에서, 단일한 이슬람 공동체라는 유토피아적 열망과 계급으로 나뉜 자본주의 체제를 실용적으로 받아들이

는 것 사이에서 자주 긴장을 겪고 동요한다.[81]

제국주의 질서 속 팔레스타인

앞서 말했듯, 이런 난관을 돌파하려면 중동, 특히 이집트 같은 나라들에 있는 노동계급의 힘으로 중동 전역을 혁명적으로 재편해야 한다. 이것만이 팔레스타인인들에게 정의로운 결과, 즉 유대인이든 무슬림이든 그리스도인이든 종교가 없는 사람이든 누구에게나 공평하게 열려 있고 팔레스타인인 난민의 돌아올 권리를 온전하게 보장하는 비종교적 단일 민주국가를 실현할 가능성이 있다.

이 책의 4장에 수록된 "팔레스타인: 연속되는 전쟁 아니면 연속되는 혁명?"은 그런 과정이 어떻게 가능한지를 다룬다. 팔레스타인인들의 투쟁과 이스라엘군의 잔혹 행위는 이미 중동의 제국주의적 질서를 불안정하게 만들고 있다. 게다가 이 불안정은 더 광범한 제국주의의 위기의 일부다. 미국 패권의 장기적 쇠퇴와 중국의 부상은 세계 체제 전반에 무질서를 확산시키고 있다. 서방이 2001년 이후 아프가니스탄과 이라크에서 벌인 재앙적 개입은 그런 추세를 심화시켰다. 이런 맥락 속에서 사우디아라비아, 튀르키예, 이란, 아랍에미리트연합국 등의 "아亞제국주의적 열강"이 저마다 영향력을 키우려 들고 있고, 그 각축전은 지난 몇 년 동안 시리아와 예멘에서 보듯 끔찍한 결과를 낳고 있다. 중동에서 영향력을 키우려는 중국의 노력은 이 국가들이 미국으로부터 독립적으로 행동할 운신의 폭을 키워 준다. 2023년 봄 사우디아라비아와 이란의 관계 정상화를 중재한 것이 미국이 아닌 중국이었다는 점은 주목할 만하다.[82]

이스라엘은 최근 몇 년 동안 더 공세적으로 입지를 다지려 드는 이런 아亞제국주의 국가 중 하나다. 미국 등 다른 서방 열강과의 관계는 이스라엘에게 여전히 중요하지만, 그 관계들은 긴장이 커지고 있다. 역사적으로 미국의 지원은 이스라엘의 역동적 경제를 창출하는 데서 핵심적 구실을 했지만, 오늘날 이스라엘 경제는 이전만큼 외부의 원조에 의존하지 않고 있다. 여기에 더해 이스라엘 국내 정치가 우경화하고, 미국의 중동 장악력이 약화되면서 이스라엘은 더 공세적이고 난폭한 태도로 기울어 왔다.

이스라엘이 1년이나 그보다 오래 작전을 펼 계획이라는 2023년 12월 초의 보도들이 조금이라도 사실이라면, 미국은 줄타기를 하는 데서 갈수록 어려움을 겪을 것이다.[83] 조 바이든은 미국이 이스라엘을 계속 확고하게 지지할 것이라고 천명해 왔다. 그러나 바이든은 가자지구에서 자행되는 잔혹 행위가 세계 곳곳에서 분노를 자아내고 있다는 것을 안다. 게다가 이스라엘군의 공격은 중동 전반으로 충돌을 번지게 할 위험이 있다. 잠재적으로는 레바논의 헤즈볼라나 어쩌면 이란까지 전쟁에 끌어들여, 미국의 이익을 지키는 데 협조하고 있는 다른 정권들을 불안정하게 만들 수도 있다.

영국 총리 리시 수낙이 이끄는 취약한 영국 보수당 정부는 이스라엘의 학살을 서둘러 지지하고 나섰지만, 이에 반발하는 대규모

운동이 벌어졌다. 이 시위들은 역사적 규모를 자랑했다. 한번은 80만 명이 런던에서 행진하기도 했다. 이 운동은 2023년 11월에 첫 승리를 거두기도 했는데, 내무부 장관 수엘라 브래버먼을 끌어내린 것이다. 브래버먼은 영국에서 "문화 전쟁"을 심화시키고, 보수당 지도권 경쟁을 앞두고 기층 당원들 사이에서 입지를 다지려는 노력의 일환으로 팔레스타인인들의 고통을 이용하려 했다. 그러다 브래버먼은 무리수를 뒀다. 경찰이 극우 활동가들은 가혹하게 대하면서 팔레스타인 지지 행진은 그에 비해 관대하게 대한다고 불평한 것이다. 극우 활동가들은 브래버먼의 말을 행동 신호로 이해했고 그 결과 런던 거리에서 경찰과 극우 시위대가 충돌하면서 총리 수낙은 손을 쓰지 않을 수 없게 됐다. 브래버먼은 곧바로 해임됐다.

노동당 지도자 키어 스타머는 정확히 우려한 대로 한심하게 굴고 있고, 심지어 가자지구의 휴전을 촉구하는 것조차 거부하고 있다. 이런 행보는 팔레스타인을 지지한다는 이유로 전임 노동당 대표 제러미 코빈을 유대인 혐오자로 모는 비방 운동을 벌인 것의 연장선 위에 있다. 코빈과 대조적으로 스타머는 자신에게 대외 정책을 맡겨도 안전하다는 것을 영국 자본가계급에게 입증하는 데 열심이다.

그 결과 영국 노동당 예비 내각 성원들과 지방의원들이 무더기로 사임했다.[84] 이는 반가운 변화다. 더 일반적으로 말해, 많은 나라에서 등장하고 있는 대중운동은 매우 중요하다. 그 운동들은 팔레스타인 연대가 국제화하고 있다는 것을 보여 주며, 여기에는 젊은 팔레스타인인 활동가들이 2000년대에 기울인 노력도 중요한 기여를 했다. 그 활동가들은 팔레스타인 당국의 구조 바깥에서 활동하며 세계적 BDS(보이콧, 투자철회, 제재) 운동을 건설하는 데 기여했다.[85]

팔레스타인은 국제주의와 진정한 해방의 전통을 자처하는 모든 좌파의 시금석이 됐다.

후주

1 이 글의 초고를 읽고 의견을 준 앤 알렉산더, 리처드 도널리, 찰리 킴버, 필립 마플릿에게 감사를 표한다. 존 로즈가 여러 해 동안 나와 토론해 준 것이 큰 도움이 됐다. 존 로즈에게서 나는 팔레스타인에 관한 이 글의 주장들을 조리 있게 하는 법을 처음으로 배웠다.

2 https://twitter.com/EuroMedHR/status/1728506827225137241/photo/1을 보라.

3 BBC, 2023.

4 United Nations Office for the Coordination of Humanitarian Affairs, 2023a.

5 Duggal, Hussein and Asrar, 2023.

6 United Nations Office for the Coordination of Humanitarian Affairs, 2023b.

7 Levy, 2023.

8 Ruebner, 2023.

9 Pappé, 2006, chs 10 and 11을 보라.

10 Nicholson, 2023.

11 Srivastava, 2023.

12 B'Tselem data; Stead, 2018.

13 이 인용은 아부 바쿠르 후세인이 수집한 인용 모음에서 재인용한 것이다. 출처가 표시된 전체 인용 모음은 https://t.co/Q5tybQyghW에 있다.

14 Pacchiani, 2023.

15 이 수치는 "전혀 아니다"(47.5퍼센트)와 "별로 아니다"(35.9퍼센트)를 더한 것이다. 여론조사 결과 전체는 Israel Democracy Institute, 2023에서 볼 수 있다.

16 Englert, 2022.

17 Edmonds and Carey, 2017, pp372 and 375.

18 Callinicos, 1996을 보라.

19 이 체제의 발전에 관해서는 이 책의 4장에 실린 "팔레스타인에서 아파르트헤이트를 철폐하기 위한 전략"을 보라.

20 아달라 법률 센터의 "차별 법률 데이터베이스"에는 이스라엘 내의 법률적 차별들이 나열돼 있다. www.adalah.org/en/law/index를 보라. 이런 법률적 차별은 경제적·사회적 차별과 함께 작동한다. 국제앰네스티는 이스라엘 내 팔레스타인인들이 "그들을 고립된 거주지들로 … 분리시키려는 … 용의주도한 정책"으로 고통받고 있고, 그들의 90퍼센트가 "갈릴리와 삼각주 … 남부 네게브 지역에 있는 … 인구가 밀집된 마을 139곳"에 살고 있다고 전한다. 팔레스타인인들은 군 복무에서 제도적으로 배제되기 때문에 중요한 일자리에 진출할 수 없고, 주택 보조금 등의 복지도 누릴 수 없다. "아랍인 구역"의 평균 순수입은 "유대인 구역"의 3분의 2에 불과하다. Amnesty International, 2022, pp76, 83 and 167을 보라.

21 Alexander, 2022.

22 Teibel, 2023.

23 유대인 혐오에 맞선 투쟁에 관해서는 Gluckstein, 2023을 보라.

24 Rose, 2004, ch 6.

25 Rose, 2002, p38.

26 Herzl, 1917, p12.

27 Marshall, 1989, p32.

28 Khalidi, 2020, p27에서 인용.

29 Storrs, 1937, p405.

30 Englert, 2020, pp1660-1661. 하가나(현대 히브리어로 "방위"라는 뜻)는 영국령 팔레스타인에서 활동한 주요 시온주의 민병대였다.

31 Rose, 2002, p43.

32 Marshall, 1989, pp38-40.

33 Mashall, 1989, pp41-42; Rose, 2004, pp127-131.

34 Pappé, 2006, p19.

35 Pappé, 2006, p23에서 인용.

36 Richard Crossman. Marshall, 1989, p49에서 인용.

37 Pappé, 2006, pp17-28.

38 Pappé, 2006, pp29-32.

39 Pappé, 2006, pp36-37에서 인용.

40 Alexander and Rose, 2008, p9.

41 Pappé, 2006, chs 6-8을 보라.

42 Pappé, 2006, p82.

43 레히("스턴 갱단"이라고 불릴 때가 많다)는 강경 우익 민병대로 1940년 이르군에서 분열해 나온 조직이다.

44 Pappé, 2006, pp90-91.

45 Pappé, 2006, p134.

46 Marshall, 1989, pp76-77.

47 다음 글 "이스라엘의 팔레스타인인 대학살 계획"을 보라.

48 Alexander, 2005를 보라.

49 Cliff, 2001, pp46-47.

50 Marshall, 1989, p117.

51 Marshall, 1989, p103.

52 Marshall, 1989, p136. 마셜은 다음과 같이 덧붙인다. "이스라엘군은 계속 남아 사브라·샤틸라 학살을 감독했다. 사브라·샤틸라 학살은 레바논의 극우 그리스도교 민병대 팔랑헤가 천막 살이를 하던 팔레스타인인들과 레바논 시아파 3000~3500명을 잔혹하게 살해한 사건이다." 이 작전을 감독한 이스라엘 국방부 장관 아리엘 샤론은 훗날 총리가 됐다.

53 Khalidi, 2020, p164.

54 Khalidi, 2020, p165.

55 B'Tselem 자료.

56 서안지구에서는 이스라엘군과 정착자뿐 아니라 팔레스타인 당국도 이스라엘의 가자지구 공격에 항의하는 팔레스타인인들을 살해했다.

57 Abunimah, 2014, ch 4을 보라.

58 Dana, 2019.

59 Khalidi, 2020, p206.

60 하마스의 부상은 중동 전반에서 급진적 민족주의 조류가 쇠퇴하는 가운데 이슬람주의가 부상한 더 큰 변화의 일부로 봐야 한다. 스탈린주의와 마오쩌둥주의 형태의 좌파가 급진적 민족주의의 쇠퇴로 생긴 공백을 메우는 데 실패한 것에 관해 여기서 자세히 다루기는 어렵다. 그에 관해서는 Marshall, 1989를 보라.

61 Baconi, 2018, p17.

62 Baconi, 2018, pp22-23.

63 Filiu, 2014, pp281-282.

64 Baconi, 2018, p96.

65 Filiu, 2014, pp290-292; Goldenberg, 2008.

66 Milton-Edwards, 2008; Baconi, 2018, p132.

67 Robinson, 2023.

68 Hammad and Tribe, 2020.

69 Manzanero, Crespo and others, 2021.

70 Shatz, 2023, p5.

71 Shatz, 2023, p5.

72 Kasrils, 2023.

73 1954~1962년에 사망한 알제리인들의 수는 40만 명에서 150만 명 사이로 추산된다. 이스라엘군과 마찬가지로 프랑스도 희생자 수를 집계하지 않았다.

74 Shatz, 2023, p6.

75 Zeilig, 2016, p97.

76 Zeilig, 2016, pp140, 180, 187-188 and 197-200.

77 알제리 활동가 함자 함무신은 폰테코르보가 감독한 영화의 한 장면을 인용한다.

포로로 잡힌 한 민족해방전선 지도자가 기자회견장에서 이런 질문을 받는다. "여성의 바구니와 핸드백으로 폭탄물을 운반해서 그렇게 많은 사람을 죽이는 것은 비겁하다고 생각하지 않으십니까?" 그는 이렇게 답한다. "무방비 상태의 마을에 네이팜탄을 떨어뜨려 천 배나 많은 무고한 희생자를 내는 것이 더 비겁하다는 생각은 해 보지 않으셨습니까? 당신들이 폭격기를 넘기면, 우리도 바구니를 넘겨주겠습니다." Hamouchene, 2023를 보라.

78 예컨대 다음을 보라. Baconi, 2018, pp46, 51, 82, 142 and 179-180.

79 Burton, 2012에서 탁월한 설명을 볼 수 있다.

80 Baconi, 2018, pp239-240.

81 Harman, 2002.

82 Davidson and Hawkins, 2023.

83 Zilber, 2023.

84 Ringrose and Kimber, 2023.

85 BDS 운동과 그에 격분한 이스라엘 지도자들의 반응에 관해서는 Marfleet, 2019를 보라.

참고 문헌

Abunimah, Ali, 2014, *The Battle for Justice in Palestine* (Haymarket).

Alexander, Anne, 2005, *Nasser* (Haus).

Alexander, Anne, 2022, "Ending Apartheid in Palestine: The Case for a Revolutionary Strategy", *International Socialism* 173 (winter), https://isj.org.uk/ending-apartheid [국역: 이 책의 4장에 수록된 "팔레스타인에서 아파르트헤이트를 철폐하기 위한 전략"]

Alexander, Anne, and John Rose, 2008, *The Nakba* (Bookmarks).

Amnesty International, 2022, "Israel's Apartheid against Palestinians: Cruel System of Domination and Crime against Humanity" (15 February), www.amnesty.org/en/documents/mde15/5141/2022/en

Baconi, Tareq, 2018, *Hamas Contained: The Rise and Pacification of Palestinian Resistance* (Standford University Press).

BBC, 2023, "Gaza Before and After: Satellite Images Show Destruction", BBC News (27 October), www.bbc.co.uk/news/world-middle-east-67241290

Burton, Guy, 2012, "Hamas and its Vision of Development", *Third World Quarterly*, volume 33, number 3.

Callinicos, Alex, 1996, "South Africa after Apartheid", *International Socialism* 70 (spring), www.marxists.org/history/etol/writers/callinicos/1996/xx/safrica.htm

Cliff, Tony, 2001 (1967), "The Struggle in the Middle East", in *International Struggle and the Marxist Tradition: Selected Writings*, volume 1 (Bookmarks), www.marxists.org/archive/cliff/works/1990/10/struggleme.htm [국역: "중동에서의 반제국주의 투쟁", 《마르크스21》 23호]

Dana, Tariq, 2019, "Crony Capitalism in the Palestinian Authority: A Deal Among Friends", *Third World Quarterly*, volume 41, issue 2.

Davidson, Helen, and Amy Hawkins, 2023, "China has a History of Being Pro-Palestinian, But Now Faces Diplomatic Conundrum", *Guardian* (9 November), https://tinyurl.com/mudzttuy

Duggal, Hanna, Mohammed Hussein and Shakeeb Asrar, 2023, "Israel's Attacks on Gaza: The Weapons and Scale of Destruction", Al Jazeera (9 November), www.aljazeera.com/news/longform/2023/11/9/israel-attacks-on-gaza-weapons-and-scale-of-destruction

Edmonds, Penelope, and Jane Carey, 2017, "Australian Settler Colonialism over the Long Nineteenth Century", in Edward Cavanagh and Lorenzo Veracini (eds), *The Routledge Handbook of the History of Settler Colonialism* (Routledge).

Englert, Sai, 2020, "Settlers, Workers and the Logic of Accumulation by Dispossession", *Antipode*, volume 52, number 6.

Englert, Sai, 2022, *Settler Colonialism: An Introduction* (Pluto).

Filiu, Jean-Pierre, 2014, *Gaza: A History* (Oxford University Press).

Goldenberg, Suzanne, 2008, "US Plotted to Overthrow Hamas after Election Victory", *Guardian* (4 March), www.theguardian.com/world/2008/mar/04/usa.israelandthepalestinians

Gluckstein, Anna, 2023, "The Challenge of Antisemitism", *International Socialism* 180 (autumn), https://isj.org.uk/the-challenge-of-antisemitism [국역: "유대인 혐오라는 시험대", 《마르크스21》 48호]

Hammad, Jeyda, and Rachel Tribe, 2020, "Social Suffering and the Psychological Impact of Structural Violence and Economic Oppression in an Ongoing Conflict Setting: The Gaza Strip", *Community Psychology*, volume 48, issue 6.

Hamouchene, Hamza, 2023, "The False Equivalence of the Colonizer and the Colonised", Africa is a Country (21 November), https://tinyurl.com/578jemkk

Harman, Chris, 2002 (1994), *The Prophet and the Proletariat* (Bookmarks). [국역: 《이슬람주의, 계급, 혁명》, 책갈피, 2011]

Herzl, Theodor, 1917 [1896], *The Jewish State* (Federation of American Zionists). [국역: 《유대 국가: 유대인 문제의 현대적 해결 시도》, 비, 2012]

Israel Democracy Institute, 2023, "War in Gaza Public Opinion Survey (2)" (19 October), https://en.idi.org.il/media/21835/war-in-gaza-public-opinion-survey-2-data.pdf

Kasrils, Ronnie, 2023, "Saluting Hamas, or the Boring Routine of Being Labelled Antisemitic", Palestine Chronicle (1 December), www.palestinechronicle.com/saluting-hamas-or-the-boring-routine-of-being-labeled-antisemitic-ronnie-kasrils

Khalidi, Rashid, 2020, *The Hundred Years' War on Palestine: A History of Settler Colonialism and Resistance 1917-2017* (Henry Holt). [국역: 《팔레스타인 100년 전쟁: 정착민 식민주의와 저항의 역사, 1917-2017》, 열린책들, 2021]

Levy, Gideon, 2023, "Giora Eiland's Monstrous Gaza Proposal Is Evil in Plain Sight", *Haaretz* (23 November).

Manzanero, Antonio, María Crespo, Susana Barón, Teresa Scott, Sofián El-Astal and Fairouz Hemaid, 2021, "Traumatic Events Exposure and Psychological Trauma in Children Victims of War in the Gaza Strip", *Journal of Interpersonal Violence*, volume 36, issue 3-4.

Marfleet, Philip, 2019, "Palestine: Boycott, Localism and Global Activism", in David Feldman (ed), *Boycotts Past and Present: From the American Revolution to the Campaign to Boycott Israel* (Palgrave).

Marshall, Phil, 1989, *Intifada: Zionism, Imperialism and Palestinian Resistance* (Bookmarks). [국역: 《팔레스타인의 저항: 이스라엘과 제국주의에 맞서 해방은 어떻게 가능한가》, 책갈피, 2021]

Milton-Edwards, Beverley, 2008, "The Ascendance of Political Islam: Hamas and Consolidation in the Gaza Strip", *Third World Quarterly*, volume 29, number 8.

Nicholson, Kate, 2023, "BBC's Mishal Husain has a Tense Exchange with Israel's Spokesperson over Palestinian Deaths", Huffington Post (20 November), https://tinyurl.com/38sc7uk8

Pacchiani, Gianluca, 2023, "COGAT Chief Addresses Gazans: 'You Wanted Hell, You will Get Hell'", Times of Israel (10 October).

Pappé, Ilan, 2006, *The Ethnic Cleansing of Palestine* (Oneworld). [국역: 《팔레스타인 비극사: 1948, 이스라엘의 탄생과 종족청소》, 열린책들, 2017]

Ringrose, Isabel, and Charlie Kimber, 2023, "Starmer's Support for Israel is Tearing the Labour Party Apart", *Socialist Worker* (7 November), https://socialistworker.co.uk/palestine-2023/starmers-support-for-israel-is-tearing-the-labour-party-apart

Robinson, Kali, 2023, "What is Hamas?", Council on Foreign Relations (31 October), www.cfr.org/backgrounder/what-hamas

Rose, John, 2002 (1986), *Israel: The Hijack State — America's Watchdog in the Middle East* (Socialist Workers Party). [국역: 《강탈국가 이스라엘: 팔레스타인 강탈의 역사》, 책갈피, 2018]

Rose, John, 2004, *Myths of Zionism* (Pluto).

Ruebner, Josh, 2023, "Israel is Threatening a Second Nakba—But It's Already Happening", The Hill (17 November), https://thehill.com/opinion/international/4313276-israel-is-threatening-a-second-nakba-but-its-already-happening

Shatz, Adam, 2023, "Vengeful Pathologies", *London Review of Books*, volume 45, number 21 (2 November).

Srivastava, Mehul, 2023, "West Bank Palestinians Live in Fear of Settler Attacks", *Financial Times* (2 November).

Stead, Rebecca, 2018, "Remembering Israel's 2008 War on Gaza", Middle East Monitor (27 December), www.middleeastmonitor.com/20181227-remembering-israels-2008-war-on-gaza

Storrs, Ronald, 1937, *Orientations* (Ivor Nicholson and Watson).

Teibel, Amy, 2023, "An Israeli Ministry, in a 'Concept Paper', Proposes Transferring Gaza Civilians to Egypt's Sinai", Associated Press (31 October), https://apnews.com/article/israel-gaza-population-transfer-hamas-egypt-palestinians-refugees-5f99378c0af6aca183a90c631fa4da5a

United Nations Office for the Coordination of Humanitarian Affairs, 2023a, "Hostilities in the Gaza Strip and Israel—Reported Impact: Day 45" (20 November), www.ochaopt.org/content/hostilities-gaza-strip-and-israel-reported-impact-day-45

United Nations Office for the Coordination of Humanitarian Affairs, 2023b, "Hostilities in the Gaza Strip and Israel—Flash Update #51" (26 November), www.ochaopt.org/content/hostilities-gaza-strip-and-israel-flash-update-51

Zeilig, Leo, 2016, *Frantz Fanon: Militant Philosopher of Third World Liberation* (IB Taurus).

Zilber, Neri, 2023, "Israel Plans for 'Long War' and Aims to Kill Top Three Hamas Leaders", *Financial Times* (1 December).

이스라엘의 팔레스타인인 대학살 계획

이스라엘의 인종 학살 전쟁은 이스라엘 내 모든 세력이 정치 스펙트럼을 막론하고 인종차별과 인종 학살을 갈수록 거세게 선동하는 가운데 벌어졌다. 전 세계 수많은 사람들은 매시간 현장에서 전해지는 보도를 통해 이스라엘이 저지르는 전쟁범죄를 목격하고 있다. 세계 도처에서 팔레스타인인들과 연대하는 대중운동이 분출했다. 핵심적으로 중요한 중동 지역만이 아니라 제국의 심장부인 영국, 유럽, 미국에서도 대중운동이 분출했다. 이 항의 운동은 팔레스타인 연대 문제를 국제정치의 중심에 놓았고, 이스라엘을 옹호하는 것을 자신의 제국주의적 이익과 분리할 수 없는 것으로 여기는 지배계급을 난처하게 만들고 있다.

이스라엘이 가자지구에서 벌이는 끔찍한 전쟁은 시온주의 프로젝트의 근본적 특징을 잘 보여 준다. 그 특징은 바로 팔레스타인인들이 벌이는 모든 저항을 분쇄하려는 끝없는 욕구다. 이스라엘이 벌이는 민간인 공격은 단지 분노발작 같은 것이 아니라 팔레스타인인들의 저항의 기세를 꺾고 그들을 완전히 굴복시키기 위한 의도적 전략이다. 그러나 현 상황의 끔찍함과 이스라엘 국가의 막강한 힘에도 불구하고 이번 전쟁은 또한 시온주의 프로젝트가 위기에 처해 있고 그에 따라 중동 지역의 제국주의 질서가 위협받고 있음을 보여 준다.

시온주의 극우파의 부상

2022년 11월 크네세트(이스라엘 의회) 의원 선거에서 극우는 의회정치의 주변부에서 핵심부로 진출했다. 이들은 총리 베냐민 네타냐후가 이끄는 연립정부의 핵심 세력이 됐다. '민족종교당 — 종교적 시온주의당'의 지도자 베잘렐 스모트리치는 재무부 장관이 됐고, 유대인 우월주의 조직인 '유대인의 힘'의 지도자 이타마르 벤그비르는 국가안보부 장관이 됐다. 둘 모두 서안지구를 이스라엘로 완전히 병합하고 팔레스타인 당국을 폐지해야 한다고 주장한다. 이들은 2005년 이스라엘군을 가자지구에서 철수시킨 것을 비판하고 정착자 운동의 가장 극단적이고 무자비한 부위를 지지한다.[1] 이들은 사실상 [팔레스타인인들에 대한 조직적 폭력과 살인을 공식적으로 교사하는] 포그롬주의자들로서, 이스라엘군의 팔레스타인인 학살을 지지할 뿐 아니라 무장한 정착자들의 테러와 포그롬을 적극 부추긴다.

그들은 나크바, 즉 1948년 이스라엘이 팔레스타인인 75만명을 잔인하게 몰아낸 사건을 미완의 과업으로 여긴다. 스모트리치는 1948년 팔레스타인인 인종 청소를 지휘한 이스라엘 초대 총리 다비드 벤구리온이 "과업을 완수하지 못했다"고 주장한다.[2] 스모트리치는 또한 스스로를 "파시스트이자 동성애 혐오자"로 자랑스럽게 내세운다.[3]

벤그비르의 당은 카흐를 계승하는 당이다. 카흐는 메이르 카하네라는 랍비가 설립하고 1994년 이스라엘에 의해 활동을 금지당한 테러 조직이다. 선거에 출마하기 전, 벤그비르는 테러리스트인 바루흐 골드스타인의 초상화를 자기 집 거실에 걸어 놓았다. 골드스타인은 1994년 헤브론에 있는 이브라히미 모스크(유대인들은 '족장들의 동굴'이라 부른다)에서 예배 중이던 무슬림 29명을 살해한 자다.[4] 2021년 동예루살렘의 셰이크 자라 지구에서 팔레스타인 주민들이 강제 퇴거에 항의하고 나머지 팔레스타인인들이 이에 동조해 시위에 나서자, 벤그비르는 총을 들고 지지자들과 함께 나타나 돌을 던지는 어린아이들을 쏘라고 군인들에게 촉구했다.[5] 2022년 선거운동 기간에 벤그비르의 유세장에서는 "아랍인들에게 죽음을"이라는 구호가 연신 울려 퍼졌다.[6]

이스라엘의 종교적 우파는 대중적 기반이 날로 커지고 있다. 이들은 이스라엘 국가기구 내의 한 세력으로 자리매김하려 노력할 뿐 아니라 정착자와 군인, 그리고 그보다 더 폭넓은 인구 집단의 집단 폭력을 동원해 왔다. 종교적 우파가 선거에서 거둔 성공은 무슨 만행을 저질러도 처벌받지 않을 것이라는 기대를 군인들 사이에서 키웠고 무장 정착자 운동의 가장 극단적 성원들을 고무했다. 선거 직후, 포그롬의 물결이 서안지구를 휩쓸었다. 흔히 수백 명 정도인 무장한 정착자 무리가 팔레스타인 마을로 내려와 수십 채의 집과 차량에 불을 지르고 팔레스타인인들의 주택에 총을 쐈다. 벤그비르는 2023년 6월 포그롬 때 팔레스타인 마을을 불태운 정착자 청년 조직인 힐탑 유스를 "훌륭한 젊은이들"이라고 일컬었다.[7]

10월 7일 하마스의 공격 **이전에도** 이미 2023년은 유엔이 서안지구에서 집계를 시작한 2005년 이래 가장 많은 팔레스타인인이 사망한 해였다. 어린아이가 일주일에 한 명꼴로 사망했다.[8] 그러나 이는 더 장기적인 추세의 연장일 뿐이다. 한 해 전인 2022년 '중도-좌파' 연립정부하에서도 서안지구 팔레스타인인 사망자 수는 최고 기록을 갱신했다. 그해 사망자 수는 전해보다 82퍼센트 늘었고 2020년보다 500퍼센트 가까이 늘었다.[9]

분열된 정착자 인구: 2023년 이스라엘의 반정부 시위

시온주의 국가 전체가 팔레스타인인들을 상대로 한 전쟁으로 똘똘 뭉쳐 있는 상황과 비교하면, 2023년 10월 이전까지 내내 신문 헤드라인을 장식했던, 네타냐후의 연립정부에 반대한 대규모 시위대의 함성과 분노는 이제 희미한 메아리에 지나지 않는 듯하다.

그럼에도 불구하고 이 시위를 주의 깊게 살펴보는 것은 필요한 일이다. 그해 1월부터 10월까지 매주 유대계 이스라엘인들이 이스라엘 대법원을 정부의 직접적 통제하에 두는 법안과 네타냐후의 연정에 반대해 대규모 시위를 벌였고, 때때로 그 규모는 수십만 명에 달했다. 7월에는 다수의 공군 조종사들과 특수부대원들을 포함한 수많은 예비군이 자발적 복무를 거부하겠다고 위협하기도 했다(물론 그들은 10월 7일 이후 팔레스타인인들을 상대로 한 전쟁에 적극 자원했다).

경쟁하는 시온주의 진영들 사이에서 독설이 오고 갔다. 야당 지도자들은 연단에 올라 수만 명의 청중 앞에서 정부와 장관들을 "파시스트"라고 비난했다. 연립정부는 야당을 "테러리스트"이자 국가의 적이라고 비난하며 맞받아쳤다.

그러나 그 반정부 시위들은 눈에 띄는 점이 하나 있었다. 시위 주도자들이 시온주의 핵심 권력층에 속한 인물들이었다는 것이다. 팔레스타인인들에 대한 체계적 억압을 지속하는 데 앞장서 온 전직 국방부 장관이나 전직 법무부 장관 같은 자들이었다. 소수의 급진적 시위 참가자들은 팔레스타인 깃발을 들고 시위에 참가하려 했다가 깃발을 빼앗겼다. 그 시위에 팔레스타인인들이 없었던 것이 전혀 이상하지 않다.

네타냐후 연정에 반대하는 이스라엘 세력들과 그들을 지지하는 미국과 유럽의 자유주의자들이 퍼뜨리는 담론에 따르면, 네타냐후의 연립정부는 이스라엘의 "민주주의적 가치"와 건국 원칙으로부터의 일탈을 나타내고 대법원의 권한을 제한하는 법안은 이스라엘

"민주주의"의 주요 기둥을 직접 공격하는 것이라고 한다. 그러나 이런 묘사를 인정할 팔레스타인인은 거의 없을 것이다. 사실 이스라엘 대법원의 판결들은 지금까지 아파르트헤이트와 불법 점령, 불법 정착촌을 유지하는 데서 중요한 구실을 해 왔다. 대법원은 팔레스타인인의 주택을 철거하고 재판 없이 아동을 구금하고 특정 인사를 암살하는 것을 승인해 왔다.

이스라엘 대법원은 또한 2018년에 통과된 민족국가법을 인정했다. 이 법은 이스라엘 헌법의 인종차별적 원칙을 명시적으로 보장하고 비유대인의 자결권을 부정한다. 여기서 우리는 냉혹한 진실과 마주하게 된다. 바로 모든 유대계 이스라엘인이 팔레스타인인에게서 빼앗은 땅 위에 산다는 것이다. 유대계 이스라엘인의 많은 수가 팔레스타인 마을의 폐허 위에 세워진 집이나 1948년에 쫓겨난 팔레스타인인들의 집에 산다. 이는 단지 옛일이 아니다. 이스라엘의 시민권은 역사적 팔레스타인에 남아 있는 팔레스타인인들을 상대로 한 지속적 배제·강탈과, 팔레스타인 난민의 귀환권을 부정하는 것에 기초하고 있다. 이스라엘 국가는 끊임없이 정착자 인구를 늘리는 동시에, 팔레스타인인들을 상대로 한 강탈 과정을 자신의 영구적 속성으로 만들려 한다.

이스라엘 정착자 사회에서 불거진 분열에는 크게 두 가지 근원이 있다. 하나는 이스라엘의 식민 정착자 사회구조 자체다. 건국 이후 이스라엘은 여러 차례의 정착자 유입 물결을 통해 팔레스타인을 식민지화하고 팔레스타인 저항과 적대적 아랍 국가들의 위협에 대응할 병력을 충원했다. 최초의 대대적 정착자 유입 물결은 홀로코스트를 전후해 유럽에서 유대인 혐오를 피해 온 아슈케나짐 유대인들의 유입 물결이었다. 이 유럽 출신 유대인들 중에서 이스라엘 건국의 기초를 놓은 것은 세속적인 노동당식 시온주의 세력이었다.

그다음 정착자 유입 물결은 1940년대와 1950년대 중동·북아프리카 출신의 미즈라힘 유대인과 세파르딤 유대인의 유입 물결이었다. 이 유대인들은 아슈케나짐 엘리트에 의해 차별과 경멸을 받았다. 그러나 그들 또한 정착자로서 팔레스타인인에 대한 지독한 적대감을 공유했다. 정착자 유입 물결은 이후에도 여러 차례 이어졌고 그중 가장 중요한 것은 1980년대와 1990년대에 옛 소련에서 온 세속적 유대인들의 유입 물결이었다.

그러나 이 각각의 정착자 집단들은 식민 정착자 사회 내에서 저마다 상충하는 요구를 내놓았다. 그 결과 이스라엘 의회에 다양한 정당이 진출했고 각 정당은 특정 정착자 집단의 이익을 관철하고 특정한 타협과 특권을 얻어 내려 했다. 이 정당들은 종교적·세속적·정치적 노선들에 따라 나뉘어 있고 성소수자나 여성의 권리, 세속 대 종교, 심지어는 특정 혈통을 유대인이라고 할 수 있느냐 등의 쟁점을 두고 첨예한 긴장을 빚는다. 이런 정치적 다툼은 부수적인 것이 아니고 이스라엘 식민 정착자 사회구조에 내재한 분열을 반영한다. 그 결과 예컨대 이스라엘의 학교 시스템은 (아랍계와 분리돼 있음은 물론) 세속적 공동체와 종교적 시온주의 공동체, 초정통파[하레디] 공동체에 따라 분리돼 있다. 각 공동체의 학생들은 분리된 지역에서 생활하고 상이한 교육과정을 밟으며 다른 공동체들과 고립된 채 성장한다.

정착자 사회와 우파의 부상

이스라엘에서 불거진 혼돈의 둘째 근원은 이스라엘 사회 내의 우경화 추세로, 이는 인종차별과 인종 분리 체제, 폭력이 갈수록 공공연하고 두드러지는 결과를 낳았다. 이는 장기적 추세로서, 한편으로는 팔레스타인인들의 저항, 다른 한편으로는 자신들이 인식하는 외부 위협에 대한 반응에서 비롯한다.

노동당식 시온주의 정부가 30년 동안 집권한 후, 수정주의적 시온주의 세력인 리쿠드당이 1977년 선거에서 승리했다. 이는 미즈라힘 유대인들의 광범한 불만과 1973년 전쟁에서 아랍 국가들의 공세가 낳은 충격, 팔레스타인해방기구의 지도하에 계속된 팔레스타인 저항에 대한 분노에 힘입은 결과였다.

더 우익적인 종교적 시온주의는 1980년대 말 제1차 인티파다에 대한 반응으로 등장했고, 제2차 인티파다와 오슬로협정의 파산을 계기로 2000년대에 입지를 강화했다. 종교적 시온주의자들은 2021년 '단결 인티파다'라 불리는 팔레스타인 항쟁을 계기로 이스라엘 정치의 주변부에서 벗어나 이듬해 선거에서 큰 성과를 냈다. 1948년 이후 30년 동안 모든 이스라엘 정부를 이끌었던 노동당식 시온주의는 같은 선거에서 4퍼센트를 득표하는 데 그쳤다. '두 국가 방안'과 가장 흔히 결부되는 노동당식 시온주의 정당인 메레츠는 크네세트에서 단 한 석도 얻지 못했다. 스모트리치와 벤그비르가 이스라엘인 젊은이들에게서 가장 강력한 지지를 얻었다는 점은 의미심장하다. 이 젊은이들은 우익 시위와 집회에서 "아랍인들에게 죽음을!"이나 "아랍인의 마을을 불태우자!"와 같은 구호를 가장 열렬히 외쳤다. 이스라엘 사회에서 가장 우익적인 집단의 연령대는 18~24세다. 18~34세 유대계 이스라엘인 중 오직 20퍼센트만이 '두 국가 방안'을 지지하고 68퍼센트는 반대한다.[10]

위기에 빠진 시온주의 프로젝트

식민 정착자 사회의 우경화 추세의 근저에는 시온주의 프로젝트 자체의 위기가 있다. 시온주의 프로젝트는 팔레스타인인들을 상대로 한 강탈을 기초로 한다. 그러나 강탈은 1948년에 완수된 역사적 사건이 아니다. 여러 중요한 측면에서 나크바는 지금도 상시적으로 진행되고 있는 과정이다. 서안지구, 동예루살렘, 가자지구에 사는 팔레스타인인들을 상대로 한 강탈과 배제는 현재 진행형인 것이다. 또, 중동 전역의 난민촌과 세계 각국에 흩어진 700만 명의 팔레스타인인들이 있다. 이들의 귀환권도 여전히 팔레스타인 독립의 필수 조건이다.

1948년 이스라엘 건국 이후 20년 동안 팔레스타인인들은 굴복한 듯했다. 1969년 이스라엘 총리 골다 메이어는 다음과 같은 악명 높은 선언을 했다.

> 팔레스타인인은 존재하지 않았다. … 자신을 팔레스타인인이라고 여기는 사람들이 팔레스타인에 살고 있었는데 우리 이스라엘이 그들을 쫓아내고 나라를 빼앗은 것이 아니다. 그들은 처음부터 존재하지 않았다.[11]

그러나 팔레스타인인들이 저항하는 현실은 메이어의 인종차별적 선언이 거짓임을 드러냈다. 1967년 '6일 전쟁'에서 아랍 국가들이 이스라엘에 참패한 후 팔레스타인인들의 저항은 팔레스타인해방기구가 이끄는 무장 저항의 형태를 취했다. 팔레스타인해방기구의 무장 저항은 결국 1982년 레바논에서 분쇄됐고, 팔레스타인해방기구 지도부는 튀니스로 망명해 영향력이 크게 약화됐다. 그러나 팔레스타인인들을 상대로 한 '승리'는 전혀 성취되지 않았다. 5년 뒤 제1차 인티파다가 분출한 것이다. 이 항쟁에서는 서안지구와 가자지구의 팔레스타인 대중이 행동에 나섰다. 1990년대 초에 체결된 오슬로협정은 대중 항쟁을 누그러뜨리고 또 다른 인티파다가 되풀이되지 않게 하려는 시도였다. 그 협정은 향후 팔레스타인 국가 수립을 허용해 주겠다는 거짓 약속을 흔들어 보이고 팔레스타인해방기구 지도부를 부역 세력으로 포섭해 놓고는 서안지구에서 대규모 정착촌을 확장하는 수단이 됐다. 그러나 이는 2000년대 초 제2차 인티파다가 분출하고 하마스가 부상해 2006년 선거에서 승리하는 배경이 됐을 뿐이다.

연이어 들어선 이스라엘 정부들은 서안지구와 동예루살렘에서 팔레스타인 당국의 부역을 이끌어 내는 동시에, 대대적 정착촌 확장과 군사점령으로 팔레스타인인들을 찢어 놓고 그들의 저항을 잠재우려 했다. 이스라엘의 주기적 군사 공격과 봉쇄에 시달린 가자지구는 거대한 야외 감옥이 됐다. 팔레스타인계 이스라엘 시민들(이스라엘 국가의 1948년 공식 국경 안에 사는 팔레스타인인들)은 3등 시민 지위에 매여 국가와 법률에 의한 차별과 사회적 차별에 시달렸다.

이스라엘은 팔레스타인인 사회의 여러 부분을 이간질해서 각개 격파할 수 있을 것이라고 기대했다. 그러나 그 전략은 2021년 5월 역사적 팔레스타인 전역에서 팔레스타인인들이 들고일어난 '단결 인티파다'의 분출로 잿더미가 됐다. 마침내 2023년 10월 7일 하마스의 공격은 팔레스타인인들이 '진압'당했거나 굴복했다는 이스라엘 국가와 정착자들의 환상을 모두 산산조각 내 버렸다.

제국주의의 위기

이처럼 이스라엘은 끝없이 군사점령을 지속하며 저항에 부딪혀야

하는 처지가 됐다. 이는 이스라엘 국가만이 아니라, 이스라엘 국가에 무기와 자금을 지원하는 미국에도 중대한 문제를 안겨 준다. 이스라엘은 1945년부터 지금까지 미국의 원조를 가장 많이 받은 나라다. 1946년부터 2023년까지 미국이 이스라엘에 보낸 원조 규모는 2600억 달러로 추정된다.[12]

물론, 미국은 아랍 우방국들에도 의지한다. 그러나 이스라엘은 이웃 아랍 국가들이 결코 따라 할 수 없는 방식으로 미국에게 의지가 될 수 있다. 미국 제국주의의 기둥들은 중동 대중에 의해 여러 차례 쓰러졌고 이는 미국의 중동 장악력을 위태롭게 했다. 1979년 이란 혁명으로 이란 국왕(샤) 무함마드 레자 팔레비가 타도되고, 2011년 이집트 혁명으로 호스니 무바라크가 권좌에서 쫓겨난 것이 그런 사례다. 2010~2011년의 아랍 혁명은 여전히 중동과 북아프리카 정권들의 근심거리다. 혁명이 새로운 형태로 다시 분출해 제국주의 질서를 뒤흔들 위험이 있기 때문이다.

이런 맥락에서 이스라엘은 중요한 차별점이 있다. 역사상 어느 식민 정착자 국가도 정착자들 스스로에 의해 해체된 적이 없다는 것이다. 그래서 이스라엘은 중동에서 제국주의의 이해관계를 지키는 특별한 핵심 요새 구실을 할 수 있는 것이다. 경제, 군사, 사회, 정치 등 이스라엘 국가의 모든 측면이 미국 제국주의와의 관계에 지대한 영향을 받는다.

미국의 이스라엘 군사원조 패턴은 시사적이다. 이스라엘이 1967년 '6일 전쟁'으로 자신이 중동의 강자임을 입증하자 미국은 프랑스를 제치고 이스라엘의 최대 군사원조국이 됐다. 그러나 미국이 전례 없는 수준으로 군사원조를 늘린 계기는 더 나중에 일어난 사건들이다(그림 2). 최초로 군사원조가 급등한 계기는 1970년 요르단의 '검은 9월'이었다. 당시 요르단 왕정은 팔레스타인 난민과 자국 대중의 반란에 직면했고, 이스라엘은 시리아 군대가 오는 것을 막음으로써 사실상 요르단 정권을 도왔다. 미국의 군사원조는 1973년 10월 '욤 키푸르 전쟁'의 여파 속에서 또 한 번 급증했다. 이스라엘은 그 전쟁에서 이겼지만, 갑작스럽게 군사적으로 취약한 모습을 보이기도 했다. 이후에 지속된 높은 수준의 군사원조는 아랍 국가들에 대한 이스라엘의 "군사력의 질적 우위"를 유지시켜 주는 정책을 재정적으로 뒷받침했다. 그 정책은 버락 오바마 대통령 재임기에 아예 미국법으로 명시됐다. 군사원조가 역사상 가장 크게 늘어난 때는 1979년 이란 혁명으로 미국이 지원하던 샤 정권이 타도됐을 때다. 그 사건은 이스라엘과 이집트 사이에서 캠프데이비드협정이 체결된 것과 거의 때를 같이했다. 그때부터 이집트 또한 미국의 주요 원조 수혜국이 됐다.

팔레스타인인들의 저항과 독립을 위한 투쟁은 아랍 대중이 자국 정권에 맞서 벌이는 투쟁과 긴밀히 얽혀 있다. 팔레스타인인들의 투쟁은 2010~2011년 아랍 세계에서 혁명이 벌어지는 내내 행동의 자극제가 됐다. 2011년 5월 '나크바의 날'에는 레바논, 시리아, 이집트, 요르단에서 수많은 시위대가 이스라엘 국경에 접근하거나 그 국경을 돌파하려 했다. 2011년 9월에는 대규모 시위대가 이집트 카이로

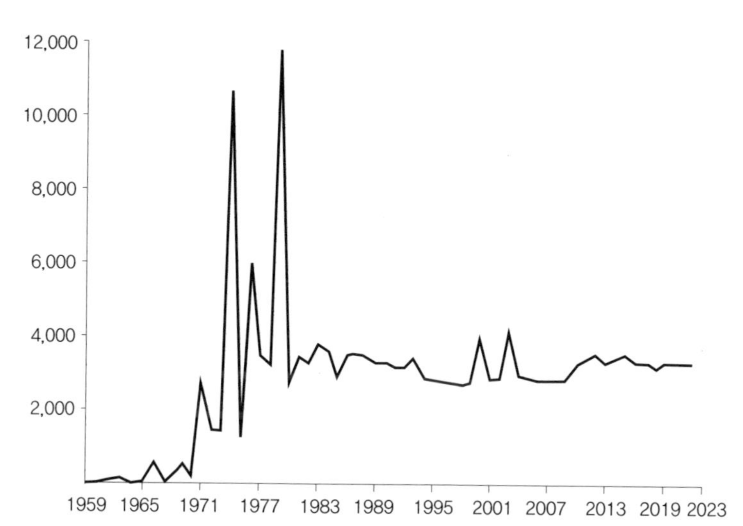

그림 2. 현재 달러 가치로 환산한 미국의 연간 이스라엘 군사원조액(단위: 100만 달러)

출처: 미국 정부 그린북(해외 차관과 증여) 자료와 https://sgp.fas.org/crs/mideast/RL33222.pdf

비교를 위해 현재 달러 가치로 환산했다. 원조는 차관과 증여를 모두 포함한다. 그러나 많은 경우 차관은 만기가 되기 전에 탕감된다. 미사일 방어 자금 제공은 자료에 포함돼 있지 않다.

주재 이스라엘 대사관을 포위했다. 수천 명이 보안 장벽을 무너뜨리고 이틀 동안 대사관을 점령하고 내부를 들쑤셨다. 대사관 직원들은 구조대를 기다려야 했고 이스라엘 대사와 85명의 외교관들은 텔아비브로 도망쳤다. 시리아와 같은 적대적 정권보다 아랍 혁명이 이스라엘과 서방 국가들의 이익을 더 크게 위협한다는 네타냐후의 선언이 놀랍지 않다.

이를 보면 이스라엘이 중동의 미국 동맹국들과 체결한 '아브라함 협정'(또는 '이브라힘 협정')의 중요성을 알 수 있다. 하마스의 공격과 가자지구에서 이스라엘이 벌이는 전쟁이 낳은 결과 하나는 비슷한 협정을 사우디아라비아와 이스라엘의 협정으로 확대하려는 시도가 좌절된 것이다. 아랍 국가들은 자국 대중을 두려워하며 이스라엘과 거리를 둘 수밖에 없었다.

팔레스타인인들의 투쟁이 더 광범한 반란의 기폭제가 될 잠재력을 보면 제국주의의 요새 구실을 하는 이스라엘과 미국 사이에서 발전할 수 있는 긴장을 이해할 수 있다. 어떤 결정적 시점이 되면 이스라엘에게는 팔레스타인인들의 저항을 진압하는 것이 지상 과제가 된다. 이스라엘의 군사력과 인종 분리 장벽, 가자지구 봉쇄, 팔레스타인 당국의 부역 행위에도 불구하고 거듭되는 팔레스타인인들의 저항은 종교적 시온주의자들과 세속적 극우의 성장을 자극했다. 물론 미국, 영국, 유럽 강대국들은 자신들의 제국주의적 이해관계를 지켜 주는 보루인 이스라엘을 언제나 방어할 것이다. 그들은 이스라엘에서 누가 정권을 잡든, 그 정권이 어떤 전쟁범죄와 인권침해를 자행하든 이스라엘을 방어할 것이다. 그러나 그러면서 그들은 한 가지 문제에 직면할 것이다. 팔레스타인인들의 투쟁이 더 광범한 반제국주의 반란의 기폭제가 되는 것을 어떻게 막느냐는 것이다. 식민 정착자 국가의 관심은 어떻게 해서든 팔레스타인인들의 저항을 분쇄하는 것이지만, 제국주의 강대국들은 아랍 정권들과 중동 제국주의 질서의 안정성을 걱정해야 한다. 이런 긴장은 예상치 못한 방식으로 발전할 수 있다.[13]

누구의 해결책인가?

진정한 해방은 역사적 팔레스타인에 사는 팔레스타인인과 팔레스타인 난민 모두를 위한 민족 해방이 이뤄질 때에만 가능하다. '두 국가 방안'은 언제나 신기루였다. 지금까지 어떤 이스라엘 정부도 독립된 팔레스타인 국가가 수립되는 것을 용인하려 하지 않았다. 심지어 그런 시늉조차 한 적이 없다. 1967년 이래로 모든 이스라엘 정부는 서안지구 내 정착촌 확장과 인종 청소, 아파르헤이트 강화를 주재해 왔다. 어떤 이스라엘 정부도 서안지구, 동예루살렘, 가자지구에 대한 통제권을 포기하지 않을 것이다. '요르단강에서 지중해까지' 존재하는 것은 하나의 정착자 식민주의 지배 체제뿐이다. 이것은 명목상으로만 일시적이고 실제로는 상시적인 갈등과 군사점령을 뜻한다. 정착자 식민주의 지배 체제의 관점에서는 팔레스타인인의 존재 자체가 상시적 위협이다. 그리고 그 위협은 해결 불가능한 것으로 드러났다.

극우는 이 딜레마에 대한 나름의 해법이 있다. 2017년에 극우 정당 '유대인의 조국'의 당원이었던 스모트리치는 이른바 "결정적 계획"을 작성했다. 스모트리치는 자신의 기본 전제를 이렇게 제시한다.

> 유대인 국가의 존재와 팔레스타인인의 민족적 열망 사이의 모순은 본질적인 것이다. … 팔레스타인 민족운동은 시온주의의 부정적 거울상이다. 그러므로 시온주의와 평화를 이룰 수 없다.

"평화"를 이룰 유일한 길은 이스라엘이 모든 팔레스타인 땅에 대한 영구적 영유권을 선포하고 서안지구 깊숙한 곳에 새로운 도시와 정착촌을 건설하는 것이라고 스모트리치는 주장했다. 팔레스타인인들에게 주어진 "선택"은 그들의 동등한 권리를 부정하는 대大이스라엘을 받아들이거나, 돈을 받고 떠나거나, 죽임을 당하는 것뿐이라는 것이다. 이스라엘은 더는 미국과 "국제사회"의 명령에 따르지 않을 것이고, 오히려 나머지 세계가 새로운 현실을 받아들여야 할 것이라고 스모트리치는 주장했다.[14]

스모트리치는 "대이스라엘"이 신의 뜻대로 유대인의 국가가 될 것이라고 믿는다면서도 자신의 "결정적 계획"이 종교 이데올로기에 근거한 것이 아님을 강조하는 데 상당한 분량을 할애한다. 스모트리치는 유대인과 팔레스타인인의 민족적 열망이 낳은 교착 상태를 해결할 실용적 방안으로 자신의 계획을 제시한다. 이런 제시 방식은 종교적 시온주의자들과 세속적 극우 사이의 동맹이 강화된 것을 반영한다.

종교적 시온주의자들은 대중적 기반을 갈수록 키우고 있으며 국가기구 내의 어엿한 세력으로 자리매김하려 한다. 동시에 그들은 그런 기구에 얽매이기를 거부하며 정착자 운동과 군대의 기층, 더 광범한 인구 집단 사이에서 아래로부터의 대규모 폭력을 동원하려 한다. 2023년 6월 팔레스타인인에 대한 조직적 폭력의 물결이 일었을 때 벤그비르는 정착자들에게 "고지로 달려가라"고 주문했다. 이는 가장 폭력적인 정착자 단체인 힐탑 유스['고지의 청년들']를 넌지시 이르는 말이었다. 벤그비르는 이렇게 말했다. "우리는 '이스라엘의 땅'에 정착하고 건물을 무너뜨리고 테러리스트들을 제거해야 한다. 그저 한두 명이 아니라 수십이나 수백 명, 필요하다면 수천 명을 죽여야 한다."[15]

이 세력들은 기존 상황을 더는 받아들이지 않으려 한다. 그래서 벤그비르, 스모트리치와 그 지지자들이 일부 이스라엘군 참모들, 일부 경찰 참모들과 격한 비난을 주고받는 것이다. 2023년 여름에는 이스라엘군과 경찰이 합동 성명서를 발표해, 팔레스타인 민간인에 대한 이스라엘인들의 폭력적 공격이 "모든 도덕적 가치와 유대인의 가치에 반하고" "민족 테러리즘"에 해당한다고 비난하는 기이한 광경이 펼쳐졌다.

어떤 점에서 이것은 그저 자신들을 그럴싸하게 포장하려는 시도인 것만은 아니다. 이는 팔레스타인인들을 상대로 강탈을 수행할 **방법**을 둘러싸고 시온주의 프로젝트 지지자들 사이에 분열이 있다는 것을 보여 준다. 이스라엘군은 정착자들이 팔레스타인인들에게 휘두른 폭력을 지지했지만 정치적 통제력은 유지하고 싶어 한다. 이스라엘의 핵심 권력층과 미국은 팔레스타인 당국이 서안지구 일부를 계속 관할하고 팔레스타인인들을 제어하도록 할 전략적 이해관계가 있다. 그래서 네타냐후가 2023년 6월 이스라엘 의회 외교안보위원회에서 이렇게 말한 것이다. "팔레스타인 당국이 제대로 작동하는 곳에서는 팔레스타인 당국이 우리에게 이로운 일을 하고 있다. 그러므로 우리는 팔레스타인 당국을 무너뜨릴 이해관계가 없다."[16]

시온주의 핵심 권력층과 이스라엘군 장성들은 유약하고 진정한 국가로 기능할 수 없는 팔레스타인 당국을 계속 유지하길 바란다. 어쩌면 팔레스타인 당국을 가자지구에서 하마스를 대체할 수단으로 이용하고 싶어 할지도 모른다. 반면, 스모트리치와 벤그비르는 팔레스타인 당국을 해체하고, 서안지구를 병합하기를 바란다. 그렇게 해서 팔레스타인인들을 이스라엘에 사느냐, 가자지구에 사느냐, 서안지구에 사느냐에 따라 달리 대우하는 가식을 벗어던지고, 이스라엘이 '요르단강에서 지중해까지' 인종 우월주의가 지배하는 국가가 됐다고 당당하게 선언하기를 바란다.

10월 7일 이후

2023년 7월에 쓴 다른 글에서 나는 이렇게 주장했다.

> 이스라엘은 팔레스타인인들을 굴복시키는 데 실패하자 어느 때보다도 대대적인 폭력과 공공연한 인종차별에 의지하고 있다. 현상 유지는 유대인 국가를 계속 위협받게 내버려 두는 불필요한 타협으로 갈수록 여겨지고 있다. … 그러나 역사적 팔레스타인 전체에 대한 영유권 주장을 뒷받침하는 종교적 이데올로기는 제국주의 질서를 불안정하게 만들 가능성이 있고, 정착자들 사이의 깊은 적대도 부추기고 있다.[17]

위 인용문의 두 가지 논지는 여전히 중요하다. 10월 7일 하마스의 공격에 대응해 이스라엘이 벌이고 있는 인종 학살을 생각하면 "어느 때보다도 대대적인 폭력"에 관해서는 설명이 필요 없을 것이다. 우리는 네타냐후의 연정과 극우 장관들이 이스라엘 건국 원칙으로부터의 단절을 나타낸다는 주장을 철저히 논파해야 한다. 네타냐후의 연정과 극우 장관들은 시온주의 프로젝트로부터의 일탈이 아니다. 그들은 그 프로젝트의 산물이자 추진자들이다.

10월 7일 공격 이후 인종 학살을 부추기는 언사는 이스라엘 내 정치 스펙트럼을 아우르는 공통된 특징이 됐다. 가자지구에 인도적 지원을 들여보내라는 촉구에 맞서 벤그비르는 이렇게 선언했다. "가자지구로 들여야 할 유일한 물품은 공군이 퍼붓는 수백 톤의 폭탄뿐이다. 한 줌의 인도적 지원도 들여보내서는 안 된다."[18] 벤그비르의 정당 '유대인의 힘'에 소속된 또 다른 장관은 가자지구 핵폭탄 투하가 "여러 가능성 가운데 하나"였다고 인터뷰에서 말했다.[19] 스모트리치의 해결책은 "가자지구의 아랍인들을 전 세계의 다른 나라들로 자발적으로 이주시키는 것이다. … 이것이 난민과 빈곤, 위험으로 점철된 75년을 뒤로하고 가자지구 주민과 이 지역 전체에 이로울 올바른 인도적 해법이다."[20] 그런 이주가 "자발적으로" 이뤄질 수 있다는 것은 물론 역겨운 발상이다.

그러나 인종 학살적 언사는 극우인 종교적 시온주의자들의 전유물이 아니다. 네타냐후와 같은 리쿠드당의 당원인 국방부 장관 요아브 갈란트는 이렇게 말했다. "우리는 인간 짐승을 상대로 싸우고 있다. … 우리는 모든 것을 섬멸할 것이다."[21] 전 총리이자 '중도' 야당의 지도자이자 반정부 시위의 스타인 야이르 라피드는 가자지구에서 1만 2000명의 민간인이 학살당한 것에 대해 어떻게 생각하느냐는 질문에 이렇게 답했다. "죽은 사람은 대부분 하마스 테러리스트였다. … 속이 시원하다!"[22] 이스라엘 대통령이자 저명한 노동당식 시온주의자인 이츠하크 헤르초그는 이렇게 선언했다. "거기 있는 민족 전체가 책임이 있다. … 민간인은 몰랐다거나 관여하지 않았다는 것은 순전한 거짓말이다."

이렇게 살기등등한 선언들은 현실에 대한 뒤틀린 인식을 바탕으로 한다. 팔레스타인인들의 저항은 그들이 강탈당하고 억압당하는 현실 자체에서 기인한다. 최근 한 여론조사에서는 89퍼센트의 팔레스타인인들이 10월 7일 공격을 현재와 과거의 억압에 대한 대응으로 본다고 답했다. 75퍼센트는 하마스 주도하에서 여러 팔레스타인 저항 세력이 벌인 그 공격을 지지했다. 단 13퍼센트만이 그 공격에 반대했다. 하마스의 10월 7일 공격에 대한 지지가 가장 높은 곳은 서안지구였다.[23]

팔레스타인인들의 저항을 진압하고 억제하면서 아랍 지배자들과 거래하는 이스라엘의 전략은 실패했다. 그리고 그 실패가 이스라엘 정착자 이데올로기에 내재한 인종 학살적 역학을 자극하고 있다. 그 역학에 따르면 모든 팔레스타인인은 "하마스"다. 이런 논리는 극단으로까지 밀어붙여지지 못할 수도 있지만 현재 이스라엘의 공격을 추동하고 있고 우리를 몸서리치게 하기에 충분하다.

이스라엘의 지배 체제

2022년 이스라엘 선거에서 극우가 집권 세력으로 부상한 것은 이스라엘 지배 체제의 성격에 관한 물음을 제기한다. 많은 이들이 이스라엘의 지배 체제를 "파시스트"로 여기는 것은 전적으로 이해할 만한 일이다. 팔레스타인인들이 그런 견해를 보이는 것은 더더욱 이해할 만한 일이다. 그러나 이는 여러 면에서 잘못된 견해다. 그런 규정은 특히 이스라엘 사회 전체를 관통하는 정착자 식민주의를 비껴간다는 문제가 있다. 네타냐후의 '반대파'가 "파시스트"라는 용어를 시도 때도 없이 쓰는 것은 결코 우연이 아니다(이스라엘을 지지하는 세계 도처의 자유주의자들도 마찬가지다). 그런 용어를 통해 극우가 시온주의 지배 체제의 유기적 일부임을 부인할 수 있기 때문이다.

그러나 파시스트 지배 체제는 **자국 대중**과 자국 노동계급을 상대로 한 대중적 폭력의 동원을 특징으로 한다. 물론, 역사가 보여 주듯이 정착자 식민주의도 파시즘 못지않은 인종 청소와 학살을 자행할 수 있지만 정착자 식민주의는 파시즘과는 다른 역학으로 작동한다. 시온주의 지배 체제를 "파시스트"로 규정하지 않는다고 해서 팔레스타인인들이 75년 동안 겪은 인종차별과 폭력, 인종 청소를 축소하는 것은 아니다. 시온주의 이데올로기의 인종 학살적 요소를 부정하는 것도 아니다. 우리는 제국주의가 지원하는 식민 정착자 국가에 맞서고 있고 정착자 식민주의는 피로 물든 긴 역사가 있다.

앞에서 인용한 내 주장에 담긴 둘째 핵심도 여전히 중요하다. 10

월 7일 하마스의 공격에 대한 시온주의자들의 단결된 대응에도 불구하고 이스라엘 국가 내의 분열과 긴장은 그대로 남아 있다는 것이다. 미국과 서구 제국주의 강대국들, 중동 지배자들에게 현 상황은 위험천만한 상황이다. 아랍 혁명이 돌아올 가능성은 제국주의 정부들을 근심케 하고 있다. 그래서 국제적 대중 항의 운동과 시위가 매우 중요한 것이다. 미국 대통령 조 바이든이 서안지구에서 팔레스타인 당국이 하는 구실을 유지해야 한다고 강조하고 어쩌면 그것을 가자지구로까지 확장해야 할지도 모른다고 하는 것도 아랍 혁명의 귀환을 우려하기 때문이다. 이스라엘이 가자지구를 영구 점령하거나 가자지구에서 팔레스타인인들을 추방하면 안 된다고 바이든이 말하는 것도 마찬가지 이유에서다. 미국은 중동 전역의 안정이 위태로워지는 것을 두려워하기 때문에, 이스라엘이 '민주주의' 국가라는 환상과 미국이 팔레스타인 국가 수립에 진심이라는 환상을 유지하려 하는 것이다.

팔레스타인인들의 투쟁을 지지하고 그들의 저항이 승리하길 바라는 것은 국제 연대의 기본이다. 그러나 여기에는 더 큰 의미가 있다. 팔레스타인 독립이라는 대의는 중동의 제국주의 질서에 맞선 투쟁, 해방과 사회주의를 위한 더 광범한 혁명적 투쟁과 분리될 수 없다. 팔레스타인 독립을 위한 투쟁은 제국주의, 전쟁, 인종차별, 아파르헤이트, 민족 억압이 없는 세상을 쟁취하기 위한 투쟁이기도 하다. 그런 세상에서 팔레스타인은 '요르단강에서 지중해까지' 해방될 것이다.

후주

1 Times of Israel, 2019.

2 Shpigel, 2021.

3 *Haaretz*, 2023.

4 Kingsley, 2023.

5 Times of Israel, 2022.

6 *Haaretz*, 2022.

7 *Jerusalem Post*, 2023.

8 ReliefWeb, 2023; Shakir, 2023.

9 Euro-Mediterranean Human Rights Monitor, 2023.

10 Robbins, 2023.

11 Soussi, 2019.

12 Congressional Research Service, 2023.

13 더 자세한 내용은 이 책의 4장에 실린 "팔레스타인: 연속되는 전쟁 아니면 연속되는 혁명?"을 보라.

14 Smotrich, 2017.

15 Shezaf, 2023. '이스라엘의 땅'은 시온주의자들이 역사적 팔레스타인 전체를 가리키는 개념이다. 그러므로 여기에는 서안지구가 포함된다. 이스라엘 당국은 서안지

구를 '유다와 사마리아'라는 '성서적' 이름으로 칭한다.

16 *Jewish Chronicle*, 2023.

17 '마르크시즘 페스티벌 2023' 발제문에서 발췌함.

18 Al Jazeera, 2023.

19 Camut, 2023.

20 Reuters, 2023.

21 Nereim, Rubin and Ward, 2023.

22 다음을 보라. www.tiktok.com/@middleeasteye/video/7304726125790432545

23 Arab World for Research and Development, 2023.

참고 문헌

Al Jazeera, 2023, "What is Israel's Narrative on the Gaza Hospital Explosion?" (18 October), www.aljazeera.com/news/2023/10/18/what-is-israels-narrative-on-the-gaza-hospital-explosion

Arab World for Research and Development, 2023, "Wartime Poll: Results of an Opinion Poll Among Palestinians in the West Bank and Gaza Strip" (17 November), www.awrad.org/en/article/10719/wartime-poll-results-of-an-opinion-poll-among-palestinians-in-the-west-bank-and-gaza-strip

Camut, Nicholas, 2023, "Israel Minister Suspended After Calling Nuking Gaza an Option", Politico (5 November), www.politico.eu/article/israel-minister-amichai-eliyahu-suspend-benjamin-netanyahu-nuclear-bomb-gaza-hamas-war

Congressional Research Service, 2023, "US Foreign Aid to Israel", Project on Government Secrecy (1 March), https://sgp.fas.org/crs/mideast/RL33222.pdf

Euro-Mediterranean Human Rights Monitor, 2023a, "Pulling the Trigger is the First Resort: Palestinians Killed by Israeli Army and Settlers in 2022" (30 January), https://reliefweb.int/report/occupied-palestinian-territory/pulling-trigger-first-resort-palestinians-killed-israeli-army-and-settlers-2022-enar

Haaretz, 2 November, 2022, "Kahanist Ben-Gvir Celebrates: I Am Not PM Yet" (2 November), www.haaretz.com/israel-news/elections/2022-11-02/ty-article/

kahanist-ben-gvir-celebrates-i-am-not-pm-yet/00000184-3596-d636-a9ed-fdb786c70000

Haaretz, 2023, "Israel's Far-right Finance Minister Says He's 'A Fascist Homophobe' but 'Won't Stone Gays'" (16 January), www.haaretz.com/israel-news/2023-01-16/ty-article/.premium/israels-far-right-finance-minister-im-a-fascist-homophobe-but-i-wont-stone-gays/00000185-b921-de59-a98f-ff7f47c70000

Jerusalem Post, 2023, "Ben-Gvir: Settlers who Torched Palestinian Villages are 'Sweet Boys'" (27 June), www.jpost.com/israel-news/article-747954

Jewish Chronicle, 2023, "Benjamin Netanyahu: 'Palestinian Authority Cannot Be Allowed to Collapse" (26 June), www.thejc.com/news/israel/benjamin-netanyahu-palestinian-authority-cannot-be-allowed-to-collapse-yad28d38

Kingsley, Patrick, 2023, "Who is Itamar Ben-Gvir?", *New York Times* (27 March).

Nereim, Vivian, Alissa J Rubin and Euan Ward, 2023, "US Response to Israel-Hamas War Draws Fury in Middle East", *New York Times* (17 October).

Palestine Chronicle, 2023, "Amid Gaza Genocide, New Poll Gauges Palestinians' Views on Coexistence with Israel" (17 November), www.palestinechronicle.com/amid-gaza-genocide-new-poll-gauge-palestinians-views-on-coexistence-with-israel

ReliefWeb, 2023, "2023 Marks Deadliest Year on Record for Children in the Occupied West Bank" (18 September), https://reliefweb.int/report/occupied-palestinian-territory/2023-marks-deadliest-year-record-children-occupied-west-bank

Reuters, 2023, "Israeli Minister Calls for Voluntary Emigration of Gazans" (14 November), www.reuters.com/world/middle-east/israeli-minister-calls-voluntary-emigration-gazans-2023-11-14

Robbins, Claire Porter, 2023, "How Israeli Youth Helped Usher in the Farthest Right-wing Government Ever", Vox (23 February), www.vox.com/world-politics/2023/2/23/23609584/israel-right-wing-young-voters-palestine

Shakir, Omar, 2023, "While a Fire Rages in Gaza, the West Bank Smolders", Human Rights Watch (22 November), www.hrw.org/news/2023/11/22/whilefire-rages-gaza-west-bank-smolders

Shezaf, Hagar, 2023, "'Run to the Hilltops': Ben-Gvir Calls on Settlers to Establish More Illegal Outposts", Haaretz (23 June), www.haaretz.com/israel-news/2023-06-23/ty-article/.premium/israeli-settlers-establish-several-west-bank-outposts-with-officials-knowledge/00000188-e79c-df52-a79d-ffbf94910000?lts=1700834974211

Shpigel, Noa, 2021, "Arabs 'Are Here by Mistake, Because Ben-Gurion Didn't Finish the Job,' Far-right Leader Tells Lawmakers", *Haaretz* (13 October), www.haaretz.com/israel-news/2021-10-13/ty-article/.highlight/arabs-are-here-by-mistake-ben-gurion-didnt-finish-the-job-far-right-leader-says/0000017f-dedb-d3a5-af7f-feffd1af0000

Smotrich, Bezalal, 2017, "Israel's Decisive Plan", Hashiloach (7 September), https://hashiloach.org.il/israels-decisive-plan

Soussi, Alasdair, 2019, "The Mixed Legacy of Golda Meir, Israel's First Female PM", Al Jazeera (18 March), www.aljazeera.com/features/2019/3/18/the-mixed-legacy-of-golda-meir-israels-first-female-pm

Times of Israel, 2019, "Former Shin Bet Deputy Chief Said to Claim MK Smotrich Planned Terror Attack" (18 March), www.timesofisrael.com/former-shin-bet-deputy-chief-said-to-call-hardline-mk-smotrich-a-terrorist

Times of Israel, 2022, "Extremist MK Ben Gvir Pulls Out Gun During Sheikh Jarrah Clash" (14 October), www.timesofisrael.com/extremist-mk-ben-gvir-pulls-out-gun-during-sheikh-jarrah-clashes

2장
미국의 이스라엘 지원

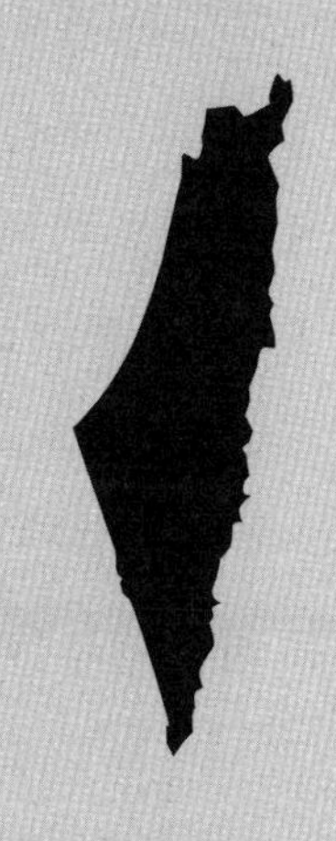

중동에서의 제국주의

이스라엘-팔레스타인 전쟁이 장기화되면서 팔레스타인뿐 아니라 중동 전반에 불안정이 번지고 있다.

이런 불안정은 제국주의가 겪고 있는 더 광범한 위기의 일부다. 미국 패권이 장기간에 걸쳐 약화되고 중국이 부상하면서 세계 체제 전반에 위험이 커져 왔다.

2001년 9·11 공격 이후 서방이 아프가니스탄과 이라크에서 벌인 전쟁 때문에 중동에서 미국 등 서방 제국주의의 영향력이 약화되는 추세는 심화됐다.

이 글에서는 이스라엘-팔레스타인 전쟁의 배경이 된 2000년대 이후 중동 질서의 변화를 살펴보고, 그것이 팔레스타인 해방 전망과 글로벌 팔레스타인 연대 운동에 주는 함의를 살펴본다.

중동과 제국주의

그에 앞서, 2000년대 이전에 제국주의가 중동을 지배한 과정을 개략적으로 짚어 보겠다.

19세기 말부터 20세기 초에 걸쳐 영국과 프랑스 등 유럽 강대국들은 중동을 분할해 각자의 제국주의 세력권에 편입시켰다. 유럽 강대국들은 기존 지배자인 오스만제국을 밀어내고 중동에서 원료, 영토, 시장을 장악했다. 이로써 중동 사람들은 유럽 제국들의 직간접적 지배를 받게 됐다.

제1차세계대전이 벌어질 무렵에 석유는 자본주의에 중요한 자원이 됐고 그 후 수십 년 동안 자본주의의 석유 의존도는 더 높아져 갔다. 그래서 제국주의자들에게 중동의 전략적 가치는 훨씬 더 중요해졌다.

제1차세계대전 종전 후 영국은 팔레스타인, 오늘날의 이라크와 요르단 등 중동의 주요 지역들을 차지했다. 그리고 영국 정부는 팔레스타인에서 시온주의자들의 정착을 지원했다. 팔레스타인인들의 반식민 저항을 제압하는 데에 시온주의 운동이 도움 될 것이라고 봤기 때문이다.

그렇지만 제2차세계대전을 거치며 중동을 식민 지배하던 유럽 제국들의 힘은 쇠퇴했고, 미국이 중동에서 유력한 제국주의적 강대국으로서 입지를 세우게 됐다. 미국은 직접적 식민 지배에 의존하지 않았고, 현지 국가들과의 군사동맹 체결, 미군 기지 건설 등을 통해 중동에 비공식 제국을 건설하고 지배력을 행사하려 했다.

미국은 제2차세계대전 이후 중동에서 강력하게 일어나고 있던 아랍민족주의 운동을 제압해야 했다. 그리고 제국주의 경쟁자인 소련이 중동 지역과 그 석유에 접근하는 것도 막아야 했다.

미국은 주되게 사우디아라비아와 이란 같은 현지 친미 정권들을 후원하는 형태로 중동에 개입했다. 그러나 여기에는 불안한 점이 있었다. 현지의 아랍 동맹국들은 미국의 이해관계에 중요했지만, 1979년 이란 혁명 때 그랬던 것처럼 이 친미 정권들은 대중 저항에 흔들리거나 무너져 버려서 미국 지배자들을 당혹스럽게 만들곤 했던 것이다.

미국 전략가들은 중동 석유를 통제하려면 강력한 지역 동맹이 필수적이라고 봤는데, 그런 점에서 이스라엘의 존재는 미국에 특별했다. 식민 정착자 국가로서 이스라엘 국가는 적대적 아랍 세계 한복판에서 서방 제국주의의 이해관계를 지켜 줄 결정적 요새였다. 이스라엘은 1967년 중동 전쟁에서 이집트 나세르 정권을 패퇴시키며, 아랍민족주의 등 서방에 대한 도전을 제압하는 능력을 입증했다. 그래서 미국은 "경비견"을 자처한 이스라엘에 막대한 원조를 제공하기 시작했다. 그 과정에서 이스라엘은 서방 제국주의의 전략에 중요한 일부가 돼 경제·군사·정치 등 이스라엘의 거의 모든 것이 미국과 긴밀한 관계를 맺게 됐다.

그렇다고 미국이 현지 아랍국들을 배제한 것은 아니었다. 가령 1970년대 미국은 이집트와 동맹을 맺었고, 1978년 이집트와 이스라엘이 캠프데이비드협정을 맺도록 주선했다. 이후 이집트는 팔레스타인인들을 배신한 대가로 미국의 많은 원조를 받았다. 미국은 이런 투 트랙으로 중동에서 영향력을 유지하려 했다.

'테러와의 전쟁'

1991년 소련이 붕괴하면서 미국은 냉전 제국주의 경쟁의 승자가 됐다. 당시 많은 관찰자들은 앞으로 미국이 유일무이한 패권국의 지위를 안정적으로 누릴 것이라고 봤다.

그러나 냉전 해체로 제국주의 국가들 간의 경쟁은 더 유동적으로 변해 가고 있었다. 근본적으로 미국의 경제적 지위가 점차 약화되고 경쟁자들이 떠오르고 있었다. 서방에서는 독일과 일본 경제가 성장해 미국의 경제적 경쟁자가 됐고, 중국도 잠재적 라이벌로 부상하고 있었던 것이다.

이에 대한 대응의 하나로 미국은 압도적 군사력을 이용해 전보다 더 적극적인 군사개입으로 중동 지배력을 강화하려 했다. 군사개입을 통해 중동 석유에 대한 다른 국가들의 접근을 통제할 수 있는 힘을 보여 주고자 했던 것이다. 그래서 조지 W 부시 정부는 2001년 9·11 공격을 계기로 '테러와의 전쟁'을 시작하며 아프가니스탄과 이라크를 점령했다.

그러나 미국의 대대적 전쟁 몰이는 대실패로 끝났다. 미국은 현지 저항에 부딪혀 아프가니스탄과 이라크를 '안정화'하는 데 실패했고, 이 나라들에 미국의 역량이 블랙홀처럼 빨려 들어가면서 다른 지역에 개입할 능력도 약화됐다. 그래서 '테러와의 전쟁'은 중동 상황을 미국이 의도했던 바와는 다르게 바꿔 놨다.

첫째, 이란이 전쟁의 의도치 않은 수혜자가 됐다. 이란은 유력한 지역 경쟁자인 이라크 후세인 정권의 위협에서 벗어나 영향력을 키울 기회를 잡았다. 그리고 후세인 몰락 이후 이라크에서 시아파가 정치적으로 부상한 덕분에 시아파에 기반을 둔 이란 정권이 이라크에서 영향력을 행사할 수 있게 됐다. 그리고 이란 정권은 그 영향력을 레바논, 시리아 등지로 확대해 갔다.

둘째, 사우디아라비아나 이스라엘 같은 다른 지역 강국들은 이란의 부상을 우려의 눈길로 바라봤다. 그래서 중동에서 지역 강국들 간의 각축전이 본격화됐다. 페르시아만을 사이에 두고 사우디아라비아와 이란이라는 대립 축의 갈등이 점점 커졌다. 이스라엘도 이란의 부상이 중동에서 자국의 입지를 위협한다고 보고 적극적으로 맞섰다.

셋째, 미국이 조장한 종파·부족 간 이간질 등 혼돈 속에 이라크 중앙정부의 통제력은 매우 약해졌다. 그리고 이 틈을 비집고 반동적 세력인 '이라크·시리아 이슬람국가ISIS'(이하 아이시스)가 이라크 내에서 자리 잡을 수 있었다.

요컨대 미국의 의도와는 정반대로 '테러와의 전쟁'을 거치며 중동에 대한 미국의 통제력은 약화됐다.

2011년 아랍 혁명

이런 상황 속에서 2011년 중동과 북아프리카에서 혁명이 분출했다. 튀니지와 이집트에서 시위대가 거리로 쏟아져 나왔고, 노동자들의 파업은 경제의 주요 부문을 마비시키면서 독재자들을 몰락시켰다. 혁명은 리비아, 바레인, 시리아, 예멘 등지로 빠르게 번졌다.

중동에서 혁명적 위기가 벌어진 배경에는 지정학적 불안정과 함께 신자유주의 문제가 있었다. 1970년대 이후 세계경제가 위기에 빠지자, 중동 정부들은 구조조정 프로그램과 국제통화기금IMF 차관을 적극 받아들이며 신자유주의 정책을 폈다. 경제 자유화는 중동 사회에서 극심한 경제·사회 양극화를 초래했고, 대중의 경제·사회적 불만들은 정권 맨 꼭대기를 향하게 됐다.

아랍 혁명의 분출은 중동에서 제국주의와 독재에 맞서 해방의 가능성을 보여 줬다. 아랍 지역의 지배계급들은 심각한 위협을 받았고, 그들의 협력에 의존하는 미국과 이스라엘도 마찬가지였다.

혁명은 중동의 지정학적 구도를 바꿀 잠재력을 보여 줬다. 가령 2012년 11월 이스라엘이 가자지구를 공격했을 때 이집트 새 대통령 무함마드 무르시는 이전 독재 정권과는 달리 이스라엘에 협조하지 않고 휴전을 중재하려 했다. 미국 오바마 정부도 이스라엘의 가자 공격이 아랍 혁명에 미칠 파장을 우려해 이스라엘이 물러나도록 종용했다. 결국 이스라엘은 8일 만에 휴전에 동의해야 했다.

아랍 혁명은 팔레스타인에도 영향을 미쳤다. 무바라크가 퇴진하자, 가자 주민들은 기뻐하며 거리로 쏟아져 나와 혁명의 구호를 따라 외쳤다. 팔레스타인인들이 아랍의 혁명적 대중과 단결해 시온주의를 무너뜨릴 가능성이 보였던 것이다.

미국은 아랍 혁명에 곤혹스러워하며 혁명이 더 확대되고 심화되지 않도록 동분서주했다. 그래서 당시 대통령 오바마는 이집트 독재자 무바라크의 퇴진을 뒤늦게 지지한다며 위선을 떠는 한편, 이집트 군부와 소통하며 상황을 반전시킬 기회를 노렸다.

혁명을 패퇴시키려는 시도가 곳곳에서 일어났다. 그리고 이 반혁명 국면은 군사적 모험주의, 지역 강대국들과 제국주의 강대국들 간의 지정학적 대립과 대리전 양상과도 결합됐다. 2011년 미국은 나토를 앞세워 리비아를 폭격했다. 그래서 리비아에서 혁명이 내전으로 뒤틀리게 만들었다. 사우디아라비아를 비롯한 걸프 연안국 지배자들도 반혁명에 앞장섰다. 이들은 바레인 등 일부 나라에 무력 개입하는 한편 수니파와 시아파 사이의 종파 분쟁을 조장해 대중운동을 분열시키는 방법도 결합시켰다.

가장 중요한 곳인 이집트에서는 2013년에 군부가 반혁명 쿠데타에 성공했다. 사우디아라비아 등 걸프 연안국 지배자들은 이집트 군부를 적극 후원하며 반혁명을 도왔다. 그 덕분에 군부는 무르시 지지자들을 학살하며 권력을 회복했다.

그러나 이것은 예정된 결과가 아니었다. 무슬림형제단의 개혁주의가 약점을 드러냈다. 무르시 정부는 국제통화기금과 국제 투자자들에게 믿을 만한 파트너로 보이려 애썼고, 국가권력의 핵심인 군부와 타협했고, 이스라엘과의 캠프데이비드협정도 파기하지 않았다. 대중의 개혁 염원이 실행되지 않자 무르시 정부에 대한 민심 이반이 급속히 일어났다. 군부는 이 틈을 이용해 쿠데타에 나섰는데, 혁명 진영은 이에 제대로 맞서지 못했다.

시리아·리비아·예멘에서는 지배자들이 조장한 종파주의, 제국주의와 지역 강국들이 뛰어든 대리전으로 인해 혁명이 좌절됐고 그 나라들은 말 그대로 생지옥이 됐다. 수많은 사람들이 죽거나 다치고 난민이 됐다. 가령 시리아에서는 아사드 정권이 러시아와 이란의 지원을 받으며 혁명을 종파 간 내전으로 뒤틀어 버렸다. 걸프 연안국들도 자신들 입맛에 맞는 반동적 수니파 이슬람주의 단체들을 지원하며 시리아 내전에 개입했다. 이 때문에 2018년까지 시리아인 50만 명이 살해됐고, 1200만 명이 넘는 사람들이 국내외 피란민이 됐다.

결국 2013년 이후 아랍 지역에서 혁명 물결은 한동안 잠잠해졌다. 현지 지배자들과 제국주의자들은 잠시 안도할 수 있었다. 그러나 이것이 중동 질서의 안정이나 서방 제국주의의 통제력 회복을 뜻하는 것은 아니었다.

지역 갈등의 증대

지금까지 얘기한 2000년대 이후의 변화로 중동이 얼마나 혼란스

러운 각축장이 됐는지와 그 함의를 살펴보겠다.

제국주의적 전쟁과 반혁명 내전으로 시리아와 이라크 같은 아랍 세계의 핵심 국가들이 사실상 해체 지경이 됐다. 나토가 개입한 리비아, 사우디아라비아와 아랍에미리트연합국이 개입한 예멘도 대리전으로 엉망진창이 됐다.

사우디아라비아, 튀르키예, 이란, 이스라엘 등 중동의 지역 강국들은 미국과 중국·러시아 같은 제국주의 국가들이 충돌하는 와중에 나름대로 책략을 부리며 득을 보려 해 왔다. 그러면서 지역 강국들 사이의 쟁투가 치열해졌다.

이런 혼란의 증대는 미국의 중동 관리 능력을 더 저하시켰다. 가령 미국은 중동에서 또 다른 전쟁에 휘말리는 것을 꺼려, 시리아 내전에 깊이 관여하는 데 내내 신중했다. 반면 이란, 사우디아라비아, 튀르키예, 이스라엘 등은 미국의 약화로 생겨난 공백을 경쟁적으로 메우려는 과정에서 시리아 내전에 관여했다. 헤즈볼라도 시리아에서 아사드 정권을 지원했는데, 사실 2006년 이스라엘과의 전쟁에 앞장섰던 헤즈볼라가 시리아의 반혁명을 도운 것은 비극적인 일이었다.

반면 제국주의 강대국인 러시아와 중국의 영향력이 중동에서 커졌다. 러시아는 미국이 관여를 꺼리는 틈에 시리아에 뛰어들었고, 이를 통해 중동에서 옛 소련이 가졌던 영향력을 일부 회복했다.

중국의 입김이 중동 내에서 커지고 있다는 것은 2023년 중국이 이란과 사우디아라비아의 관계 개선을 중재한 일로 극명하게 드러났다. 이 두 지역 강국들의 앙숙 관계는 미국도 어찌하지 못하는 일인데, 중국이 중재에 성공하면서 중동의 유력한 지정학적 행위자가 됐음을 보여 준 것이다. 특히 사우디아라비아가 중국과 거리를 좁힌 것은 미국에 큰 충격인데, 여기에는 아랍 혁명 당시 미국 오바마 정부가 아랍 독재자들을 끝까지 지켜 주지 않았다는 사우디아라비아 권력자들의 불만도 반영돼 있다.

중국은 오늘날 중동 경제의 중심지인 걸프 연안 국가들의 가장 큰 투자자이자, 가스·석유의 최대 수출 시장이며, 5G 등 첨단 기술 제공자다. 중국은 사우디아라비아, 아랍에미리트연합국 등 중동 산유국들을 브릭스BRICS에 가입시키기도 했다. 그만큼 중동에서 중국의 영향력과 이해관계가 커져 온 것이다.

이런 상황에서 미국은 중동 질서를 안정시키려고 크게 두 가지 수단을 동원해 왔다.

우선, 미국은 중동을 통제하는 데서 이스라엘의 구실을 더 중시하게 됐다. '테러와의 전쟁' 패배로 그 자신의 힘이 약화된 데다가 현지 정권들이 뒤흔들리는 2011년 아랍 혁명을 경험하면서 미국에게 "경비견" 이스라엘의 존재는 더더욱 중요해진 것이다. 이런 맥락 속에서 미국 트럼프 정부는 예루살렘을 이스라엘의 수도로 인정하고 서안지구의 유대인 정착촌 건설을 지지하는 등 시온주의 프로젝트를 적극 후원하기도 했다.

그다음으로, 미국은 아랍 동맹국들과 이스라엘의 관계 개선을 촉진해 중동 통제력을 강화하려 했다. 그래서 트럼프 정부의 주선하에

2020년 아랍에미리트연합국과 바레인이 이스라엘과 '아브라함 협정'(또는 '이브라힘 협정')을 체결했다.

트럼프에 이어 미국 대통령이 된 바이든도 아브라함 협정의 전략을 더한층 발전시키려 했다. 그래서 사우디아라비아와 이스라엘의 수교 협상에 적극 관여했다. 바이든 정부는 이를 통해 이란을 견제할 뿐 아니라, 미국과 중국·러시아 사이에서 줄타기를 하는 사우디아라비아를 자기 쪽으로 더 견인할 수 있으리라 기대했다. 사우디아라비아도 이스라엘을 이란의 위협에 함께 대응하는 파트너이자 기술·경제 협력 대상으로 여기며 수교 협상에 적극 임하고 있었다.

2023년 9월 미국, 사우디아라비아, 인도 등은 '인도·중동·유럽 경제회랑IMEC 양해각서'도 체결했다. 이 '경제회랑'은 중국의 일대일로를 견제하면서, 인도양에서 중동과 유럽까지를 항구와 철도 등으로 연결하는 구상이다. 중동에서는 아랍에미리트연합국, 사우디아라비아, 요르단, 이스라엘 하이파 항구를 육로로 연결하는 것이다.

이렇게 아랍 국가들과 이스라엘의 협력을 증진하는 과정에서 팔레스타인의 대의는 뒷전으로 밀렸다. 사우디아라비아의 실권자 빈 살만은 "이스라엘인은 자신의 땅에 대한 권리가 있다"고 노골적으로 말하기도 했다. 걸프 연안국 지배자들은 팔레스타인 문제가 자국 대중의 불만과 연결되지 않도록 단단히 단속하길 원했던 것이다.

그래서 2023년 10월 7일 하마스의 공격이 갖는 각별한 의미가 있다. 즉, 사우디아라비아와 이스라엘의 수교 협상이 중단되고 '경제회랑'의 건설 여부가 불투명해지는 등 미국의 중동 안정화 전략을 망쳐 놓은 것이다.

장기화된 전쟁과 그에 맞서기

한편, 중동 질서의 변화에 대응해 이스라엘은 최근 몇 년 동안 더 공세적이 되고 있었다. 이스라엘도 역내 강국으로서 나름의 입지를 다지기를 원하는 것이다.

미국과 이스라엘의 유착은 여전히 굳건하지만, 과거와는 달라진 점도 있다. 역사적으로 미국의 원조는 이스라엘의 경제성장에 큰 구실을 했지만, 2020년 현재 미국의 직접적 원조가 이스라엘 경제에서 차지하는 비중은 1퍼센트에 불과하다. 오늘날 이스라엘 경제는 더는 미국의 원조에 크게 의존하지 않게 된 것이다.

물론 미국과 이스라엘의 군사 협력은 꾸준히 강화돼 왔다. 미국의 군사 지원은 이스라엘의 군국주의를 키웠고 경제구조에도 큰 영향을 미쳤다. 이제 이스라엘은 중동 최고의 군사 강국이자 세계 12위의 무기 수출국이고, 군사 부문과 결합된 첨단산업은 지난 20년간 이스라엘 경제의 엔진 구실을 해 왔다. 그래서 이스라엘은 사이버 보안 분야에서 전 세계 벤처 자본 투자의 15퍼센트를 유치하는 등 세계 디지털 시장의 강자로 발돋움할 수 있었다.

이스라엘 경제의 위상 변화는 미국 제국주의의 약화, 이스라엘 국내 정치의 우경화와 맞물려 이스라엘이 더 공세적인 태도를 취할 수 있게 만들었다. 그래서 이스라엘 국내에서는 팔레스타인인들과 타협하지 말고 그들을 모두 쫓아내 1948년 나크바 때 못다 한 과업을 완수해야 한다는 극우의 목소리가 커져 왔다. 2023년 하마스의 10월 7일 공격 며칠 전에, 이스라엘 총리 네타냐후는 유엔 총회장에 가자지구와 서안지구가 표시되지 않은 '대이스라엘' 지도를 갖고 나왔다. 이는 삼척동자도 눈치챌 수 있는 노골적 인종 청소 의지 표명이었다.

지금까지 살펴봤듯이 이스라엘-팔레스타인 전쟁은 중동에서 제국주의의 위기와 모순이 심화되는 가운데 벌어진 일이다. 그리고 전쟁의 장기화는 불안정과 모순을 더 악화시키고 있다. 이스라엘군의 공격이 장기화되면서 중동 전반으로 전쟁이 확대될 위험이 커져 왔다. 시간이 지날수록 미국과 이스라엘 관계의 모순과 긴장도 드러나고 있다.

물론 미국 바이든 정부는 이스라엘을 계속 지원하고 있다. 이들도 팔레스타인인들의 저항과 중동의 대중 반란을 제압해야 한다고 여기기 때문이다. 그렇지만 중동 전체의 제국주의 질서를 지키려 하는 미국의 이해관계가 시온주의 프로젝트 완수를 가장 중요하게 여기는 이스라엘과 완전히 똑같지는 않다. 미국은 이스라엘의 '선을 넘는' 행동이 아랍 대중의 반란을 촉발해 미국이 중동 헤게모니를 유지하는 또 다른 축인 아랍 정권들이 위험에 빠지는 것을 원하지 않는다.

그래서 전쟁 수행 방식 등을 두고 미국과 이스라엘 사이에 긴장이 일고 있는 것이다. 그러나 바이든은 민간인 보호 대책을 촉구하면서도 무기 공급 중단 등 이를 이스라엘에 강제할 수 있는 수단은 동원하지 않고 있다. 중동에서 대체 불가능한 제국주의의 요새 구실을 하는 이스라엘이 전쟁에서 패배하는 것은 미국한테도 돌이킬 수 없는 손실이 되기 때문이다. 즉, 미국은 이스라엘의 학살을 지원하는 것이 사태를 더 악화시킬 수 있음을 알면서도 다른 길을 찾지 못하고 있는 것이다.

우리는 중동에서 서방 제국주의가 처한 위기와 모순을 잘 알아야 한다. 이스라엘과 미국이 막강하지만은 않다.

미국과 이스라엘의 장기 전쟁은 앞으로 더 큰 재앙을 낳을 것이다. 그렇지만 아랍 민중의 반란은 이런 상황을 바꿀 수 있다. 이는 미국 지배자들이 가장 우려하는 시나리오를 현실화시킬 것이다.

중동에서 그런 반란이 일어날 조건이 형성되고 있다. 팔레스타인에서 벌어지는 불의에 대한 분노와 더불어, 물가 인상으로 인한 생계비 위기로 인해 대중의 불만이 커지고 있다. 인플레이션 문제는 바로 2011년에 아랍 혁명이 폭발한 중요한 배경의 하나였다.

요르단에서는 정권의 탄압을 무릅쓰고 전투적 팔레스타인 연대 운동이 분출했다. 이런 운동이 이집트 같은 곳까지 번진다면 상황은 정말 달라질 수 있다.

국제 팔레스타인 연대 운동은 이런 상황 전개를 자극하는 촉매 구실을 할 수 있다. 미국과 이스라엘을 지지하는 각국 정부들을 압박해 이스라엘의 전쟁 수행을 어그러뜨리는 데 효과를 낼 수 있다.

한국에서 벌어지는 팔레스타인 연대 운동은 바로 그런 글로벌 운동의 일부다. 그런 의미를 인식하면서 팔레스타인 연대 운동을 성장시키기 위해 뚜벅뚜벅 전진해야 한다.

'유대인 로비' 때문에 미국이 이스라엘을 지원하는가?

이스라엘 국가의 만행과 이에 맞선 팔레스타인 사람들의 용감한 저항은 국제적 연대 운동을 고취했다. 수많은 사람이 대중 행진과 대중 집회, BDS(보이콧, 투자철회, 제재) 운동에 참여했다.

그러나 국제적 연대 운동은 공격도 받아 왔다. 예컨대 2021년 이스라엘군이 서안지구의 제닌 난민촌을 공격하는 동안 영국 국회의원들은 공공 기관의 BDS 참여를 금지하는 법안을 통과시켰다. 어떻게 하면 우파의 공격에 맞서 팔레스타인 해방을 위한 투쟁을 더욱 진전시킬 수 있을까?

운동을 공격하는 주된 무기로 쓰이는 주장은 '이스라엘 반대는 유대인 혐오'라는 주장이다. 여러 이유로 터무니없는 주장이다. 어떤 국가나 정부를 비판하거나 반대하는 것은 그 치하에 사는 사람들을 인종차별적으로 천대하는 것이 아니다. 대다수의 유대인은 이스라엘에 살고 있지 않으며, 많은 유대인이 이스라엘 국가와 그 국가가 저지르는 일에 전적으로 반대한다. 그러나 단순히 이스라엘 비판이 유대인 혐오가 아니라고 강조하는 것만으로는 충분치 않다. 그것이 아무리 사실일지라도 말이다.

적잖은 활동가들은 서방이 로비 때문에 이스라엘을 지지한다고 주장하는 함정에 빠진다. 이런 함정을 피하려면 이스라엘의 본질과, 이스라엘과 서방 제국주의의 관계에 대한 폭넓은 분석이 필요하다. 그런 분석이 없으면 서양의 오랜 속담처럼 선의로 깔아 놓은 길이 지옥으로 이어질 수 있다.

이를 입증하는 사례는 많은데, 그중에서도 팔레스타인 저술가 가다 카르미의 최근 저서가 모든 사례를 대신할 수 있다. 팔레스타인 문제에 관한 가장 빼어난 저술의 하나이기 때문이다.

"'한 국가' 방안: 팔레스타인-이스라엘 문제의 유일한 민주적 해법"이라는 그 책의 제목과 전체 결론은 전적으로 옳다. 그러나 그 책은 유대인 혐오적이지 않은 주장에 어떻게 유대인 혐오적이라는 의혹이 제기될 여지가 있는지를 보여 준다. 그 문제는 이스라엘이 테러를 벌일 수 있게 하는 원동력을 설명하는 방식에서 비롯한다.

그 책은 이스라엘에 적용되는 이중 잣대를 상세히 폭로한다. 예컨대 러시아의 우크라이나 침공과 이스라엘의 팔레스타인인 추방은 완전히 딴판으로 취급된다. 러시아가 저지른 불의는 즉각 비난받고 그에 맞서 수많은 무기가 지원된다. 반면 이스라엘은 "어떤 범죄를 저질러도 공모하고 지지해 주는 서방 세계라는 혜택"을 누린다. 이스라엘은 "서방 국가들, 특히 미국의 변함없는 지지"를 받고, "유럽연합은 이스라엘을 회원국처럼 취급하며 무역과 유럽연합 연구 지원 프로그램 참가에서 특권적 지위를 부여해 왔다."

이런 사실들은 의심할 여지가 없다. 그런데 카르미의 책은 이것이 "시온주의자들의 선전 활동 … 이스라엘을 옹호하는 대대적 홍보, 설득, 강압 운동을 끊임없이 벌인 결과"라고 설명한다. 이는 "특히 (홀로코스트에 대한 집단적 죄책감을 이런 식으로 씻어 내려 한) 미국에서" 두드러졌다고 한다.

그 책은 이어서 이렇게 설명한다. "특히 미국 유대인 공동체는 열렬한 시온주의 세력임을 스스로 입증해 왔다. 그들은 이스라엘에 대한 주요 직접 기부자일 뿐 아니라 미국 사회와 정치권 내에서 적극적으로 이스라엘을 지지해 왔다." 그 책은 지미 카터가 미국 대통령 재임 시절에 이스라엘을 비판하지 말라는 "국무부, 이스라엘, 미국 시온주의 로비 단체의 강력한 압력"을 받았다는 사례를 든다.

미국과 영국의 권력자들이 유대인을 특별 대우하는 다른 동기로 카르미의 책이 유일하게 제시하는 것은 나치의 홀로코스트다. "박해받는 유대인들에게 피란처가 필요하다는 점을 서방의 시온주의 후원자들에게 설득하는 임무가 [나치의 홀로코스트를 통해 — 지은이] 완수됐다. … 그 이후로 서방에서 이 명제에 진지하게 이의를 제기한 사람은 거의 없었다."

이런 설명은 부지불식간에 적들을 이롭게 할 뿐 아니라 정확하지도 않다. 이런 설명은 전적으로 선의에 기초한 것이고 유대인 혐오의 흔적이 전혀 없지만, 카르미 자신이 반대하는 바로 그 유대인 혐오 세력에게 유용한 수단이 될 수 있다.

그 까닭을 이해하려면 유대인 혐오 세력의 핵심 단골 메뉴가 무엇인지 떠올려 봐야 한다. 그것은 유대인이 자신들의 이기적 이익을 위해 배후에서 막강한 권력을 행사하는 소수 집단이라는 것이다. 전혀 의도하지는 않았지만 카르미의 설명도 바로 그런 식으로 풀이될 수 있다. 역시 카르미의 의도는 아니지만, 홀로코스트의 충격을 이스라엘 지원의 동기로 제시하는 것도 유대인이 정서적 협박까지 동원해 이익을 관철시키고 있다는 식으로 풀이될 수 있다. 팔레스타인 지지자들은 분별력과 신중함을 발휘하지 못하면 그저 겉보기만이 아니라 실제로 유대인 혐오로 부지불식간에 빠질 수 있다.

유대인 로비가 문제라는 주장을 거부하며 시온주의 로비 내지 친이스라엘 로비를 가리킬 수도 있다. 그렇지만 그것으로 서방이 이스라엘을 지지하는 이유가 설명될까? 모든 정부는 자국의 이익을 위해 로비를 한다. 따라서 친이스라엘 로비의 존재만으로 이스라엘이 누리는 특별 대우를 설명할 수는 없다.

이스라엘 국가의 대의를 지지하는 이스라엘 식민 정착자 900만 명이 있다고 해도, 이스라엘을 둘러싼 5억 명의 아랍인들을 통치하는 정권들 또한 로비를 할 수 있다. 카르미는 미국 유대인들이 대부분 이스라엘을 지지한다고 주장하는데, 미국 유대인은 약 800만 명이다. 그러나 미국인의 62퍼센트인 2억 6000만 명이 '로 대 웨이드 판결'[임신중단권을 헌법상 권리로 인정한 판결] 폐기에 반대했음에도 미국 연방대법원은 그 판결을 폐기했다. 미국에는 4200만 명의 흑인이 있지만 이들은 국가기관의 우대를 받지 못한다. 이 집단들은 자신들의 목적을 위해 미국 정부를 설득하는 데 실패해 온 것이다. 그런데 이스라엘만 로비에 성공해 왔다고 가정하는 까닭은 무엇인가.

홀로코스트에 대한 죄책감도 이스라엘을 지원하는 동기가 아니다. 헝가리 총리 빅토르 오르반 등의 오늘날 주요한 유대인 혐오 정치인들은 이스라엘을 지지한다. 그들이 그러는 것은 유대인 천대에 분노해서가 아니다. 게다가 정부는 사실 죄책감을 느끼는 존재가 아니다. 유럽의 정부들이 죄책감을 느꼈다면 지중해에서 숱한 난민들이 익사할 일은 없었을 것이다. 그리고 1930년대에 히틀러를 피해 도망쳐 온 유대인들을 뿌리친 것과 똑같이 오늘날의 난민들을 비인간적으로 뿌리치지도 않았을 것이다.

친이스라엘 로비 때문이라는 설명의 문제점은 팔레스타인의 비극을 전체 맥락 속에서 파악하지 못한다는 데 있다. 팔레스타인인들과의 연대가 이스라엘의 만행에 대한 저항으로 촉발된다는 점에서 이런 약점은 이해할 만한 것이다. 그렇지만 그렇게만 설명하면 퍼즐의 중요한 조각들을 놓치게 된다.

어떻게 쉽고 상식적으로 보이는 문구가 오해를 낳을 수 있는지를 보이는 것으로 시작해 보자. 이스라엘을 비난한다는 차원에서 이스라엘을 '종족에 기반한 아파르트헤이트 국가'라고 비난하는 것은 전적으로 옳다. 아파르트헤이트는 남아공에서 시행된 끔찍한 인종 분리 정책을 뜻한다.

그러나 다른 의미에서 이 용어는 부정확하다. 1948년 남아프리카에서 아파르트헤이트를 도입한 아프리카너 정부는 보어인들의 지지를 받았다. 보어인들은 네덜란드 동인도 회사가 흑인 노동력을 착취하려고 데려온 [백인] 농장주들이었다.

반면, 1948년 이스라엘을 건국하기 전 시온주의자들은 정반대의 목적에서 완전히 분리된 유대인 경제를 구축했다. 그 목적은 바로 팔레스타인 노동력을 배제하는 것이었다. 그 결과 아랍인과 유대인의 약 97퍼센트가 서로 분리된 경제에서 활동했다. 시온주의를 아파르트헤이트와 동일시하면 팔레스타인의 유대인과 보어인 사이의 본질적 차이를 놓치게 된다. 이 차이는 오늘날에도 여전히 중요한 함의가 있다.

부정확한 규정이 잘못된 결론으로 이어질 수 있다는 것을 보여주는 또 다른 사례는 다음과 같은 카르미의 주장이다. "아랍인들은 이스라엘 건국에 다양한 방식으로 대응할 수밖에 없었다. … 모든 방식이 유해했다. 그중에서도 군사화가 가장 유해했다. 아랍 국가들은 자국의 정치·사회 발전에 집중했어야 했지만, 최전방 국가들은 전쟁에 끌려 들어가 군비와 감시 활동에 자원을 쏟아부었다."

그 결과 이 국가들의 2021년 국내총생산GDP에서 군비 지출의 비중은 평균 5.7퍼센트로 전 세계 평균인 2.2퍼센트보다 훨씬 높다. 그런데 카르미는 이집트, 요르단, 아랍에미리트연합국, 바레인, 모로코, 수단, 튀니지, 모리타니, 카타르, 사우디아라비아 등의 아랍 국가들과 이스라엘 사이에 여러 거래와 교류가 이뤄지고 있다는 점도 언급한다.

이것은 모순처럼 보인다. 이스라엘에 대항해 무장하면서 이스라엘과 친하게 지낸다는 것이기 때문이다. 따라서 그 문제를 이스라엘의 존재 탓으로만 돌리는 것은 부지불식간에 적들을 이롭게 하는 것이고 부정확하기도 하다.

아랍 정부들은 주로 자국민을 억압하려고 군비를 증강한다. 수단과 이집트, 시리아가 그런 사례다. 외부의 적에게 무기를 사용할 때에도 그 적이 반드시 이스라엘이었던 것은 아니다. 1980년대와 1990년대에 이라크가 이란과 쿠웨이트를 상대로 전쟁을 벌인 것이나, [사우디아라비아, 아랍에미리트연합국 등이 개입하고 있는] 예멘 전쟁이 그런 사례다. 이스라엘에 대한 반대가 아랍 정권들의 군비 지출의 주요 원인이라면, 이스라엘에 우호적인 아랍 국가들을 그렇게 길게 나열할 수 없었을 것이다.

또 다른 잠재적 혼란은 시온주의에 대한 이해에 있다. 시온주의가 인종차별적이고, 정착자 식민주의라는 등의 비판은 전적으로 옳다. 그렇지만 더 많은 설명이 필요하다. 이스라엘 국가는 이스라엘이 유대인의 역사적 숙명에 따라 건국됐다고 주장하지만, 이것은 전혀 사실이 아니다. 이스라엘은 세계 자본주의가 전적으로 공모한 유대인 학살의 산물로서 등장했다. 시온주의에 대한 지지는 유대인 대중의 자유로운 선택이 아니라 비극의 결과였다.

오랫동안 유대인은 모든 유럽 국가에 흩어져 소수집단으로 살았다. 그래서 분열 지배 전략의 희생양이 됐는데, 이것은 오늘날 이주민들이 당하는 인종차별과 똑같은 것이었고 그 목적 또한 같았다. 바로 계급 체제가 낳은 불행과 고통에서 엉뚱한 데로 주의를 돌리려는 것이었다.

그 결과는 폭력과 차별이었다. 19세기 러시아에서는 산업화 시기에 대규모 유대인 탄압과 학살이 급증했다. 1890년대 프랑스의 드레퓌스 사건과 오스트리아와 폴란드의 유대인 혐오적 정치 운동들도 또 다른 사례다. 히틀러를 1933년 독일 총리에 임명한 것은 집권 군부 세력이었고, 당시 영국 총리 네빌 체임벌린은 "나는 유대인에 대해서는 조금치도 신경 쓰지 않는다"고 썼다. 유대인들이 나치 독일에서 탈출하기 시작하자 모든 대륙의 모든 정부는 문을 걸어 잠갔다. 홀로코스트가 진행되는 동안 서방의 연합국은 아우슈비츠와 같은 학살 시설의 가동을 저지해 달라는 요청을 물리쳤고, 유대인을 국내에 들이지 않을 방법을 마련하느라 초조해했다. 그 후 연합국은 생존자들의 유입을 막기 위한 장벽을 세웠다.

1930년대 이전에는 대다수 유대인이 시온주의자들의 팔레스타인 식민지화에 무관심했고 적대감을 보이기도 했다. 그들은 비非유대인 사이에서 계속 살기를 원했기 때문이다. 1881년의 유대인 대학살(포그롬) 이후 60년 동안 유대인 4명 중 1명이 유럽을 떠났지만 대다수는 미국, 캐나다, 아르헨티나, 호주, 남아공 등으로 갔다. 실로, 팔레스타인을 제외한 모든 곳으로 간 것이다. 미국이 문을 걸어 잠그기 시작한 1901~1925년에는 겨우 27명 중 1명꼴로 팔레스타인행을 택했다.

정치 활동가들 사이에서는 사회주의 운동(유대인 분트와 다양한 좌파 정당으로 나타났다)이 시온주의 운동보다 더 인기 있었다. 당시 미국 유대인의 2퍼센트만이 시온주의를 지지했다. 모든 희망이 사라져 군사화된 작은 식민 정착자 국가에 희망을 걸게 된 것은 자본주의 국가들의 대량 학살과 무관심 때문이었다.

오늘날 이스라엘의 만행은 모두의 자유와 모두를 위한 정의를 쟁취하려고 싸운 수많은 노동계급 유대인을 배신하는 행위다. 그들의 이름과 대의를 들먹이며 벤그비르나 베냐민 네타냐후가 자신들의 행동을 정당화한다는 사실을 알게 된다면 그들은 분명 분노할 것이다. 이런 상황에 대한 궁극적 책임은 자본주의와 제국주의에 있다.

오늘날 이스라엘이라는 꼬리가 미 제국주의라는 개를 흔들고 있는 것이 아니다. 미국은 세계에서 가장 많은 군비를 지출하는 나라이며, 세계 군비 지출의 39퍼센트를 차지하고 있다. 미국은 군대에 8770억 달러를 지출하며, 그 덕분에 미국은 세계 최강 국가다. 이스라엘은 200억 달러를 지출하며 세계 군비 지출에서 차지하는 비중은 0.9퍼센트에 불과하다. 아랍 국가들의 군비 지출 수준이 높다는 카르미의 지적은 옳다. 아랍 국가들의 지출은 이스라엘의 6배가 넘는 1120억 달러로 이는 미국과 중국에 이어 셋째로 큰 액수다. 이스라엘이 미국을 조종해서 아랍 국가들보다 자신을 더 편애하도록 만들 수 있다고 시사하는 것은 터무니없다.

미국의 군사원조 금액을 보라고 반론을 제기할 수 있지 않을까? 분명 이스라엘은 33억 달러에 달하는 막대한 원조를 받고 있다. 그러나 여기서도 더 많이 받는 쪽은 아랍 국가들이다. 중동·북아프리카 지역의 아랍 국가들에 대한 미국의 군사원조를 통틀면 47억 달러에 달해 훨씬 많다. 이는 도널드 트럼프 정부 시절에도 마찬가지였다. 레바논, 요르단, 이집트 등 이스라엘과 국경을 접한 아랍 국가들만 합쳐도 이스라엘과 같은 액수를 지원받는다. 시온주의자들의 로비가 결정적 요인이라는 관점으로는 이런 수치를 설명할 수 없다. 다른 접근 방식이 필요하다.

이스라엘은 미국이 주도하는 제국주의 블록의 한 구성 요소로 봐야 한다. 석유 때문에 중동은 미국에게 중요한 지역이 되고, 이스라엘은 그곳에서 미국이 신뢰할 수 있는 세력으로 기능하는 것이다. 이스라엘이 미국 제국주의의 한 축인 것이지 그 반대가 아니다. 영국·독일 등의 정부들도, 전쟁 동맹 나토를 보면 알 수 있듯이 서방 블록의 하위 구성 요소이지 이스라엘의 졸이 아니다.

이 권력 관계는 미국으로부터 하향식으로 작동하지만, 그렇다고 위성국가들이 자국의 독자적 이익을 추구하지 않는 것은 아니다. 이스라엘 정부는 가능한 모든 방법으로 자국의 입지를 확보하려고 분투한다. 이스라엘은 미 제국주의의 돈을 받는 경비견이고, 팔레스타인 사람들에게 달려들려고 안달이 나 있는 상태인 것이다. 팔레스타인인들의 대의를 옹호하려면 이런 권력 관계를 이해하는 것이 중요하다.

유대인의 과거를 이해하는 것은 시온주의에 면죄부를 주는 것이 결코 아니며, 오히려 시온주의를 더 큰 맥락 속에 자리매김할 수 있게 한다. 팔레스타인에서 학살이 벌어지는 동안 전 세계적으로 극우가 부상하고 유대인 혐오가 정치 의제로 돌아오고 있다. 팔레스타인 연대 운동 지지자들이 유대인 혐오자들의 주장을 분명하게 거부하지 않으면, 그 운동을 유대인 혐오라고 비방하는 자들에게서 운동을 효과적으로 방어할 수 없다. 유대인 혐오자들의 주장에 신빙성을 주면 우리의 운동은 비방꾼들의 손쉬운 표적이 된다.

중동의 상황을 이스라엘의 로비 탓으로 돌리면 중동 전역에 걸친 제국주의와 지배의 체제를 전복한다는 해법을 추구하기 어려워진다. 그런 관점은 미국에 면죄부를 줄 수 있다. 그리고 팔레스타인을 배신한 아랍 지배계급에게도 면죄부를 줄 수 있다. 서방과 동맹한 몇몇 아랍 정부들은 팔레스타인 문제에 관해 립서비스를 하지만, 그들이 실제로 하는 일을 보면 그들은 팔레스타인인들의 대의에 무관심하며 이스라엘의 팔레스타인 지배를 인정할 태세가 돼 있다.

팔레스타인인들의 영웅적 저항은 놀랍고 끈질기다. 우리는 팔레스타인 연대의 적들에게 불필요하게 총알을 건네줘서는 안 된다. 우리는 진짜로 책임이 있는 자들에게 책임을 물어야 한다. 그 세력은 중동 지배를 위해 이스라엘이라는 경비견의 만행을 지지하고 있는 미국 제국주의다.

밀당 관계인 미국과 이스라엘

2023년 3월 25일 미국 바이든 정부가 처음으로 유엔 안보리에서 가자지구 휴전 결의안에 거부권을 행사하지 않자 미국과 이스라엘 사이의 긴장이 매우 뚜렷이 드러났다.

이스라엘 총리 베냐민 네타냐후는 예정돼 있던 대표단의 방미 일정을 취소시켰다. 그 대표단이 논의하려던 주제도 바이든의 또 다른 골칫거리였는데, 이스라엘군이 가자지구에서 더한층의 학살을 벌이지 않으면서 공세에 나설 방안을 찾겠다는 것이었다.

이런 갈등은 그간 미국과 이스라엘 두 국가가 본질적으로 한몸이라고 여겼던 사람들을 당황케 했다. 그런 사람들은 이스라엘이 미국의 꼭두각시에 불과하다거나, 이스라엘의 강력한 로비가 미국 대외 정책을 좌우한다고 생각한다. 그러나 둘 다 진실이 아니다.

이 둘은 이해관계가 서로 수렴되고, 한 국가[미국]가 다른 국가[이스라엘]보다 훨씬 더 강력한 관계다. 그러나 두 국가의 이해관계가 같지는 않다.

이스라엘은 식민 정착자 국가로, 시온주의 정치 프로젝트의 산물이다. 이스라엘의 건국자들은 팔레스타인에 유대인만의 배타적 국가를 건설하려면 현지 주민의 것을 빼앗고 그들을 내쫓아야 하고 그러려면 중동에서 패권을 행사하는 세력의 지지를 얻어야 한다는 점을 분명히 알았다.

1917년까지 팔레스타인을 지배한 오스만제국은 시온주의에 관심이 없었다. 그러나 제1차세계대전 종전 무렵 팔레스타인을 비롯해 아랍 세계의 동쪽 지역을 차지한 영국은 시온주의자들을 지원하기로 했다. 영국의 예루살렘 총독을 지낸 로널드 스토스는 냉소적으로 이렇게 말했다. "그 프로젝트는 그 땅을 받는 자들뿐 아니라 그 땅을 주는 영국에게도 이익이 된다. 잠재적으로 적대적인 아랍 세계라는 바다 한복판에 영국에 충성하는 유대인들로 이뤄진 작은 '얼스터'가 생기는 것이기 때문이다."

그런데도 제2차세계대전 종전 후 시온주의 무장 단체들은 영국을 팔레스타인에서 철수시키려고 각종 테러 공격에 나섰다.

1951년 '자유주의적' 시온주의 일간지 〈하아레츠〉의 편집자는 이렇게 썼다. "이스라엘을 강화하는 것은 서방 열강이 중동의 균형과 안정을 유지하는 데 도움이 된다. 이스라엘은 경비견이 될 것이다. … 도를 넘어선 결례를 서방에 범한 이웃 국가들을 서방 열강이 어떤 이유에서든 못 본 체하기를 선호하는 때가 오면, 이스라엘은 그런 국가들을 응징하는 일을 듬직하게 맡을 수 있다."

바로 이에 기초해 이스라엘은 쇠락하던 식민 제국인 영국·프랑스와 공모해 1956년 10월 이집트를 침공했다. 그러나 미국 대통령 드와이트 아이젠하워는 "아랍 세계 전체를 잃을 수 있다"고 우려하며 침공국들에 철군을 강요했다. 이제 미국이 중동에서 새로운 패권국이 됐음을 누구도 부인할 수 없었다. 당시 이스라엘 총리 다비드 벤구리온이 시나이반도와 가자지구에서 철군하기를 거부하자 아이젠하워는 지원을 모두 끊고 유엔 제재를 가할 수 있다고 벤구리온을 위협했다.

그러나 1967년 6월 이스라엘이 이집트·시리아와 전쟁을 치른 후 미국은 이스라엘의 핵심 무기 공급자가 됐고, 그 덕에 이스라엘은 중동 최강 군대를 가진 국가의 지위를 확고하게 굳혔다.

그렇다고 양국 간 충돌이 사라진 것은 아니었다. 1982년 8월 당시 미국 대통령 로널드 레이건은 이스라엘 총리 메나힘 베긴에게 전화를 걸어 이스라엘이 레바논 수도 베이루트를 무차별 폭격하는 데에 "분노"를 표했다. 그 통화에서 레이건은 이스라엘의 민간인 학살을 "홀로코스트"로 일컬었다. 30분 후, 베긴은 레이건에게 다시 전화해서 전투 전면 중지를 명령했다고 전했다. 레이건은 이스라엘의 베이루트 공격으로 중동 전체가 불안정해질까 봐 우려한 것이다. 그러나 가자지구에서 지금 자행되는 인종학살은 그보다 더 끔찍하다.

《포린 폴리시》에는 "이스라엘은 미국의 전략에 짐이 되고 있다"는 제목의 글이 실렸다. 그러나 바이든이 네타냐후를 꾸짖은 것은 모두 상징적인 것에 그쳤다. 바이든은 이스라엘 군사 지원 패키지를 또다시 승인했는데, 그 안에는 가자지구에서 대학살을 일으킨 2000파운드짜리 대형 폭탄 MK84가 1800개 이상 포함됐다.

십중팔구 가장 중요한 요인은 미국 제국주의가 전에 비해 상대적으로 약화됐고, 이스라엘 경제가 (그간의 미국 지원 덕에) 이제는 훨씬 강력하다는 것이다. 네타냐후는 미국 정부에 공공연히 반기를 들 만큼 자신감이 있고, 미국 기독교 우익에게 지원을 호소하며 미국 국내 정치에 개입하고 있다.

미국 제국주의는 수세에 처해 있다. 미국 제국주의의 관리자들은 지금 위험에 노출된 자신의 교두보(유럽의 우크라이나, 태평양의 대만, 중동의 이스라엘)를 떠받치는 것 외에는 달리 도리가 없다고 느낀다. 앞으로 재난이 더 많이 펼쳐질 것이다.

3장

이슬람, 이슬람주의, 하마스

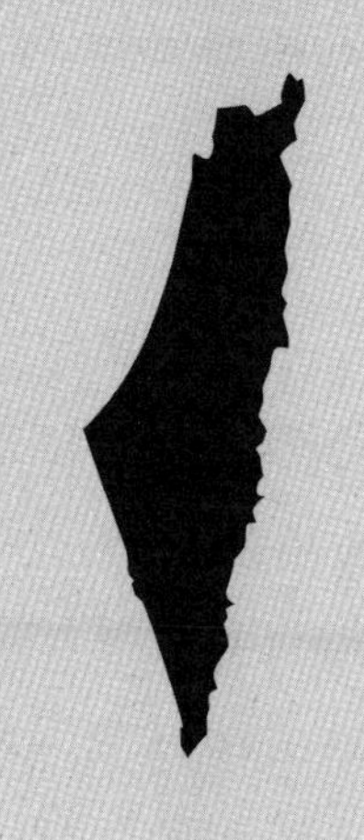

마르크스주의와 종교: 이슬람 사례를 중심으로

중동에서 이스라엘이 팔레스타인인들을 공격해서 대량 학살하고, 후티의 개입을 이유로 미국과 영국이 예멘을 폭격하고, 혹시 어쩌면 헤즈볼라도 참전할지 모르는 상황이 전개되고 있다.
그러자 서구에서는 무슬림 공포증도 더 두드러지고 있다. 서구에서 무슬림에 대한 공격은 흔히 '세속주의'를 내세우는 형태를 취한다. 그럼으로써 그 공격을 종교(특히, 이슬람)의 반계몽주의에 맞서 보편적 가치를 옹호하는 것으로 포장한다. 그리고 서구의 많은 좌파들도 여기에 동조하며 무슬림에 대한 공격에 제대로 대응하지 못하고 있다.
마르크스주의는 종교에 비판적이지만, 이런 무슬림 공격은 마르크스주의의 접근법과는 상관없는 것이다. 이 글에서는 종교에 대한 마르크스주의의 기본적 접근법이 무엇인지 살펴본다.

'마르크스주의와 종교' 하면 거의 누구나 "종교는 인민의 아편"이라는 마르크스의 유명한 말을 떠올린다.

그러나 이 말을 당시의 맥락과 앞뒤 문맥 속에서 봐야 한다. 아편은 오늘날 끔찍하고 무시무시하게 느껴지지만 마르크스 시대에는 합법이었을 뿐 아니라 저렴하고 가장 효과적인 진통제였다. 당시 노동계급 사람들에게는 아편이 종종 필요했다. 마르크스 자신도 종기 같은 피부병 때문에 자주 고생해, 아편을 자주 복용했다. 그러므로 '인민의 아편'이라는 마르크스의 말을 현대식으로 옮기면 종교는 '대중의 타이레놀'이라고 말할 수 있을 것이다.

이제 마르크스 말의 앞뒤 문맥을 살펴보자.

> 인간의 본질이 참된 실재를 획득하지 못했으므로 종교는 인간 본질의 환상적 현실화다. 그러므로 종교에 반대하는 투쟁은 간접적으로는, 그 영혼의 향기가 종교인 세계에 반대하는 투쟁이다. 종교의 고통은 현실의 고통을 표현하는 것이자 현실의 고통에 대한 항의이기도 하다. 종교는 천대받는 사람들의 탄식이요, 몰인정한 세계의 인정이요, 영혼 없는 상황의 영혼이다. 종교는 대중의 아편이다. 행복에 대한 환상을 대중에게 주는 종교를 폐지한다는 것은, 대중의 현실 행복을 요구하는 것이다. 자신의 조건에 대한 환상을 버리라고 대중에게 요구하는 것은 환상이 필요한 조건을 버리라고 요구하는 것이다. 그러므로 종교에 대한 비판은 종교와 그 후광인 현세에 대한 비판인 것이다.

이 구절은 포이어바흐나 브루노 바우어 같은 마르크스 당시 계몽주의자들의 종교 비판을 염두에 두고 쓴 것임을 반드시 유념해야 한다. 계몽주의는 종교 지도자들이 대중을 속여 신앙을 갖게 만든다고 봤다. 종교 지도자들이 대중의 머릿속에 교리를 주입하고 대중이 그에 순응하므로 종교가 계속 존속하는 것이라고 한다.

오늘날에는 크리스토퍼 히친스나 리처드 도킨스 같은 사람들이 바로 계몽주의의 계승자다. 그래서 만약 마르크스가 오늘날 되살아나서 위의 말을 한다면, 그것은 도킨스와 히친스에게 일갈하는 것이라고 읽는 것이 마르크스의 말을 가장 정확하게 해석하는 것이다.

계몽주의적 종교 비판에 반대해 마르크스는 종교를 경멸하고 비난하는 것이 아니라 종교를 설명하고 있다. 종교의 사회적 원인을 지적하고 있다.

대중은 왜 진통제를 원하는가? 통증이 있기 때문이다. 몸과 마음이 아프기 때문이다. 마르크스는 역사유물론자였으므로 이 고통의 사회적 원인에 주목했다.

고통의 사회적 원인은 소외, 차별, 억압, 빈곤, 착취 등이다. 이런 조건에 있는 사람들 가운데 많은 사람이 신앙에 기댄다.

마르크스 종교 분석의 함의

마르크스의 말을 더 자세히 살펴보면 다음 세 가지 점을 함축하고 있음을 알 수 있다.

첫째, 종교의 호소력은 마르크스가 '소외'라고 부른 사회적 조건 때문이다.

둘째, 종교를 인위적으로 억압해선 안 된다.

셋째, 종교는 현실의 고통에 대한 항의다.

이를 차례차례 살펴보자. 첫째, 종교의 호소력은 소외 때문이다.

역사유물론의 요점은 인간의 의식이나 사상이나 관념 — 신 관념 자체를 포함해 — 이 인간의 사회적 조건에서 비롯한다는 것이다. 역사유물론에 따르면, 종교는 인간이 만든 것이다.

인간이 종교를 만든 것이라면, 종교를 분석하는 출발점은 하늘이 아니라 땅이 돼야 한다. 여기, 피와 살을 가진 인간이 바로 종교 분석의 출발점이 돼야 한다.

인간이 종교를 만들었다는 것은 또한 여기, 땅에서는 소망과 갈망이 채워지지 않는다는 것을 반영하는 것이다. 인간이 꿈과 희망을 땅이 아니라 하늘에 둔다면 그것은 꿈과 희망이 현세에서 실현되지 못하는 현실을 반영하는 것이다.

그래서 종교가 존재한다는 것은 소외의 징후인 것이다.

소외 때문에 사람들은 무력감을 느끼며 살아간다. 그래서 사람들은 확실성과 강력함, 통제력을 제공하는 듯한 믿음(가령 '신의 힘', '신의 영원성' 등)에 끌린다.

대중은 경쟁과 배제와 차별과 편견 등으로 점철된 사회에서 또한 위안을 갈구한다. 그리고 공동체 귀속감을 갈구하고 연대감을 느끼고 싶어 한다.

이런 상황에서 종교 신앙은 어떤 면에서는 정의와 인간적 관계에 대한 갈구를 표현하는 것일 수 있다.

그래서 부당하고 억울하게 느끼며 살아가는 사람들이 많이 종교에 끌릴 수가 있다. 그래서 종교는 사회적으로 천대받는 사람들의 염원을 표현하는 것이라고 할 수 있다.

그런데 소외는 단지 기층 대중에게만 영향을 미치는 게 아니다. 소외는 사회 상층의 사람들에게도 영향을 미친다. 물론 그 영향의 정도는 훨씬 약하지만, 영향을 미치는 것만큼은 사실이다. 그러므로 단지 기층 대중만이 종교에 의지하는 것은 아니다. 사회 상층 사람들도 종교에 의지할 수 있다.

둘째, 종교를 인위적으로 억압해서는 안 된다.

마르크스는 환상이 필요한 조건이 사라져야 비로소 종교도 사라질 수 있다고 했다. 다시 말해, 소외와 차별, 억압이 사라질 때만 신앙도 사라질 수 있다.

그러므로 종교를 정치적으로 억압하는 것은 되레 신앙을 굳게 지키는 효과만을 낸다. 프랑스 국가는 무슬림 여성이 공공장소에서 히잡과 아바야 등 전통 복장 착용하는 것을 금지하기로 했는데, 이는 크게 잘못된 것이다.

사실 이슬람 경전 꾸란은 여성이 가슴 외에는 몸을 가리라고 전혀 지시하지 않는다. 그리고 전통 복장 착용을 지역 관습에 맡겨 둔다. 무슬림 여성은 자기가 입고 싶은 대로 입을 자유와 권리를 이슬람 전통 안에서도 갖고 있는 것이다. 그런데도 왜 프랑스 국가는 그런 일에 참견하고 드는가?

무슬림 여성 복장 문제에 대한 프랑스 좌파의 태도는 나쁘거나 기껏해야 애매모호했다. 그러나 사실 여성에 대한 무슬림들 자신의 견해는 결코 일률적이지 않다. 일부는 보수적이지만 다른 일부는 좌파적이다.

마르크스주의자는 신앙생활의 자유, 특히 천대받는 종교 집단의 신앙의 권리를 옹호해야 한다. 레닌은 이렇게 말했다. "국가는 종교에 간섭하지 말아야 하고 종교 단체가 국가에 매여서도 안 된다. 그리고 누구든 자기가 좋아하는 종교는 어느 것이든 절대적으로 자유롭게 믿고 실천할 수 있어야 한다. 또, 무종교임을, 무신론자임을 절대적으로 자유롭게 고백할 수 있어야 한다. 모든 사회주의자가 보통 그렇듯이 말이다.”

셋째, 종교는 현실의 고통에 대한 항의다. 종교는 사회 모순들의 해결책을 피안으로 투사하기도 하지만, 또한 어떤 상황에서는 사회운동의 수단이 될 수 있다. 이 점은 급진적 이슬람주의와 민중신학, 해방신학 등의 사상을 이해하는 데 매우 중요하다.

또한 16세기 독일 농민 전쟁과 17세기 영국 혁명 같은 위대한 사회적 투쟁들이 지상에 신의 통치를 구현한다는 대의명분에 의해 이데올로기적으로 정당화됐다.

신앙인이 사회운동에 참가하기 시작하면 자신의 신앙을 새롭게 해석하기 시작한다. 그래서 그의 신앙은 급진적 또는 진보적 신앙으로 바뀔 수 있다.

종교 사상의 다의성

이렇게 급진적 종교 운동이 성장하게 되면 기존의 보수적 종교 지도자들과 충돌을 빚게 된다.

대체로 종교 지도자들은 사회 상층 인물들과 밀접한 관계를 맺고 있다. 그래서 종교 지도자들은 대중의 염원과 유대감 추구를 기존 체제를 정당화하는 사상과 섞어 희석시키는 경향이 있다. 그래서 종교는 부당한 세계에 대한 반대와 동시에, 부당한 세계와의 화해도 함께 표현한다.

그리스도교의 사례로 신약성경 루가복음서 6, 20-25를 보면 이렇게 씌어 있다. "행복하여라, 당신들 가난한 사람들. 하나님 나라가 그대들 것이니. … 불행하여라, 부자들. 이미 위로를 받았으니!" 엄청난 계급 증오가 표현돼 있다. 그러나 똑같은 구절이 마태오복음서 5장에는 "마음이 가난한 사람은 행복하다. 하늘 나라가 당신들 것이니"라고 변형돼 있다. "마음이"라는 말을 슬쩍 끼워 넣은 것이다.

종교적 다의성의 사례를 이슬람에서 몇 개만 들자. 첫째, 이슬람을 받아들이라고 강요할 수 있는가 하는 문제가 있다. 일단 대체로 이슬람은 신앙의 자유를 들어 그래서는 안 된다고 한다(꾸란 2:256, 109:6). "하나님의 명령이 있을 때까지 그들을 용서하고 간과할지니."(2:109) "하나님과 내세를 믿고 선행을 행하는 유대인과 그리스도인 … 에게는 주님의 보상이 있을 것이며 그들에게는 두려움도 슬픔도 없을 것이라."(2:62, 또한 5:69)

그럼에도 평화협정을 위반하면 그들에게는 이슬람을 강요해야 한다고 한다. 그들이 "투항해서 전쟁 배상금을 물 때까지는 그들과 싸워야 하고,"(9:29) "그들이 회개하고 신에게 기도하고 빈민 구제 세금을 내도록 만들어야 한다."(9:5)

둘째, 무신론자에 대한 태도 문제다. 꾸란의 여러 구절에서 무신론자를 죽이거나 처벌하는 것은 의견과 표현의 자유를 인정하는 신의 율법에 어긋난다며 그들에 대한 처벌은 신에게 맡겨 두라고 한다(가령 18:29). 반면, 꾸란의 어떤 곳에서는 신이 무신론자를 죽이라고 말한다(4:89).

물론 구약성경의 신명기가 우상숭배자를 "죽여야 한다"(13: 5, 9, 15 등과 17:5)고 강조함에도 다른 종교인을 살해하려 드는 유대인이나 그리스도인이 없듯이, 무신론자를 살해하려 드는 무슬림은 현실에서는 없고 무슬림 공포증을 퍼뜨리는 인종차별적 문화 콘텐츠에서나 볼 수 있다(1989년 이란의 당시 지도자 호메이니가 살만 루슈디에 대한 사형선고를 내린 것은 후자를 겨냥한 특수한 경우로 마녀사냥의 형태다).

셋째, 소위 "악의 문제"(무고한 사람들에게 사악하고 나쁜 일들이 닥치는 것을 말함)다. 전능하면서도 자비롭기 그지없는 신이라는 관념 자체가 문제 된다. 이 문제를 어떤 학자는 이렇게 예시한다. "당신은 신이 사랑과 능력이 많다고 주장한다. 그렇다면 어머니를 위해 꽃 몇 송이를 손에 들고 집으로 걸어가던 어린 소녀가 음주 운전자의 차에 치여 즉사했고 신이 그것을 가로막지 않은 것에 대해 당신은 설명해야 한다."

악을 발생케 했거나 악의 발생을 허용한 자가 신이라면, 그런 신은 자비로울 리가 없다. 반면 악을 발생시킨 게 인간이라면, 전능한 신은 인간이 자유의지를 갖고 악을 행할 수 있음을 미리 알고 그걸 막기 위해 뭔가 해야 한다. 그러지 않는다면 신은 실제로는 전지전능하지 않든지 아니면 전지전능하지만 미리 막고 싶어 하지는 않는다는 모순이 된다.

이 난제에 대해 (그리스도교처럼) 이슬람도 모순된 말을 한다. 가령 꾸란 4:78은 악이 신에게서 온다고 하는 반면 바로 뒤 구절인 4:79는 그렇지 않다고 부인한다.

악의 원천이 신 자신에게 있다는 믿음은 내세에서의 신의 심판과 정의를 갈망하며, 정치적 수동성을 조장하는 숙명론으로 이끌리기 쉬운 사람들의 정서를 반영한다. 반면, 악의 원천이 인간 자신, 특히 인간 사회에 있다는 믿음은 사회 변화를 위한 행동을 할 태세가 돼 있는 사람들의 정서일 수 있다.

종교와 종파의 다양성

지금까지 봤듯이, 종교에는 이렇게도 해석되고 저렇게도 해석되는 다의성이 있다. 그래서 서로 다른 사회 세력이나 정치 세력들은 자신들의 이익과 희망을 정당화하기 위해 종교의 다의성을 이용할 수 있다.

다른 한편, 종교는 종교대로 다의성 덕분에 상충하는 계급적 이익과 정치적 계획을 위한 수단이 될 수 있다. 그래서 지배계급에게도 매력을 줄 수 있고, 천대받는 계급에게도 매력을 줄 수 있다.

같은 이유로 또한 똑같은 종교를 가진 두 집단이 서로 반목하고 적대하고 심지어 살육한 사례가 역사상 비일비재하다.

이처럼 종교는 어떤 맥락 속에, 어떤 상황에 처해 있고 그 상황에 어떻게 반응했느냐에 따라 색조가 달라진다.

무릇 종교의 다의성 때문에 종교와 종파는 매우 다양하다. 자기 신앙이야말로 '진정한' 이슬람이라느니, '진정한' 기독교('예수를 배반한 기독교'와 대비되는)라느니 하는 식으로 말하기도 한다. 경전이나 전통이 이렇게도 해석될 수 있고, 저렇게도 해석될 수 있기 때문이다.

종교의 다양성에는 정치적 보수와 급진, 또 그 중간에 여러 스펙트럼이 있다. 보수 복음주의만이 개신교를 대표하는 것이 아니고, 바티칸만이 가톨릭 교회를 대표하는 것이 아니다. 이슬람에도 급진적 경향과 보수적 경향이 모두 있다.

그러므로 종교를 싸잡아 매도하는 태도를 삼가야 한다. 이슬람 공포증이 그런 태도의 일종이고, 도킨스와 히친스 같은 현대판 계몽주의자들도 그렇다.

이슬람 공포증은 일종의 인종차별주의로, 이슬람이 민주주의, 인권, 여성 평등, 성소수자 평등 같은 서구의 계몽주의적 가치와 양립할 수 없다는 견해다. 그런 견해에 따르면, 무슬림은 관용이 부족하고 폭력적이며, 이슬람에는 딱히 꼬집어 말하기는 어려워도 뭔가 후진적인 면이 있어서 자유주의적 가치와 양립 불가능하다는 것이다. 그래서 자유주의자의 인종차별 반대는 무슬림 앞에서 멈춘다.

언론을 통해 퍼진 이슬람에 대한 잘못된 편견 하나는 무함마드의 얼굴을 그리는 게 이슬람에서 금지된 모욕 행위라는 것이었다.

그러나 꾸란 어디에도 그런 규정은 전혀 없다. 그저 수니파의 일각에서만 그럴 뿐이다.

맺음말

마르크스주의자와 신앙인 사이에 차이가 없지 않다. 두 사람이 같은 편에서 투쟁을 하더라도 마르크스주의의 고유한 방법, 특히 역사유물론이 핵심 차이점일 것이다.

신앙인이 마르크스주의 정치사상을 일부 받아들이더라도 역사유물론의 핵심, 즉 사상이 — 신 관념 자체도 — 사회의 물질적 조건에서 비롯한 것이라는 견해를 받아들이기는 쉽지 않을 수 있다.

그럼에도 역사유물론은 사회에 대한 과학적 분석이나 사회 변화를 위한 효과적 전략을 발전시키는 데 도움이 된다.

반면, 역사유물론이 아니라 (그리스도교처럼) 생명에 관한 형이상학적 교리에 기대면 임신중단이나 가족의 가치 등의 문제들을 놓고 보수적인 입장으로 기울기 쉽다.

그럼에도 마르크스주의자는 반제국주의적인 이슬람주의자 같은 급진적 신앙인들과 함께 투쟁해야 한다. 낙원을 갈망해서가 아니라 지상의 지옥을 분쇄하기 위해서.

역사유물론에 따르면, 사람들의 관념은 투쟁 속에서 변한다. 투쟁이 크고 성공적일수록 투쟁 참가자의 사상은 좌경화할 가능성이 커진다. 레바논 사회주의자이자 마르크스주의자인 질베르 아슈카르가 이슬람에는 그리스도교의 해방신학 같은 것이 있을 수 없다고 생각하는 것은 이해하기 어려운 일이다.

세속주의를 조건처럼 내세우는 일부 프랑스 좌파(사회당계는 물론이고 가령 노동자투쟁LO 같은 트로츠키 정설주의자들)가 그러듯이, 함께하는 것이 가능하고 필요한 종류의 공동 활동에서 이슬람주의자들을 배제해선 안 된다.

팔레스타인인들과의 연대 운동에서처럼 좌파는 이스라엘과 제국주의에 맞서 많은 무슬림들과 함께 싸울 수 있고, 아마도 더 나아가 자본주의에도 함께 맞설 수 있을 것이다.

무슬림·이슬람 혐오는 인종차별이다

미국 플로리다주 올랜도의 펄스 게이 클럽 대학살 사건은 정말 충격적인 끔찍한 참사다.* 피살된 성소수자들이 죽기 전에 가족이나 친구에게 보낸 문자 메시지 얘기를 들으면 가슴이 먹먹해진다.

대학살범 오마르 마틴은 아프가니스탄계 이민자 2세이자 아이시스 지지자였던 것으로 드러났다. 그는 원래는 디즈니랜드를 노렸었다고 한다. 그는 미국인 전체를 교전국의 충성 국민으로 여겼음이 틀림없다.

이런 비뚤어진 인식은 그가 겪은 인종차별을 반영하는 것이다. 서구의 무슬림·이슬람 혐오(이하 이슬람 혐오)는 인종차별이고, 인종차별은 계급 분열을 은폐하고 적대 계급에 속한 성원들을 동일

* 이 글은 2016년 6월 15일에 발표됐다. 올랜도 펄스 게이 클럽 대학살 사건은 그 해 6월 12일에 벌어졌다.

인종이라는 카테고리 속에 한데 뭉뚱그리도록 이끈다.

이희수 한양대 문화인류학과 교수에 따르면, 한국인의 무슬림·이슬람 이해는 OECD 평균은커녕 제3세계 수준에도 못 미치고, "이슬람=테러리스트"식 이슬람 혐오도 광범하다(이희수, "이슬람 문화의 이해: 편견과 오해를 넘어", 인터넷 문서). 한국인의 편견과 오해는 미국과 서구의 여론을 여과 없이 전달하는 국내 언론의 국제 보도 관행 탓이 크다.

미국의 한 자유주의적 인터넷 신문이 실시한 여론조사를 보면, 절반이 넘는 미국인(55퍼센트)이 무슬림과 이슬람교에 우호적이지 않은 것으로 나타났다(미국 〈허핑턴 포스트〉, 2015년 4월 10일 자). "약간 우호적" 또는 "매우 우호적" 태도를 갖고 있다고 대답한 사람은 합쳐서 21퍼센트밖에 안 된다. 또, 이슬람교에 대해 "잘" 또는 "매우 잘" 안다고 대답한 사람은 13퍼센트밖에 안 된다.

물론 좀 더 보수적인 여론조사는 이보다 더 부정적인 결과를 보여 준다. 2015년 5월 28일 AFP통신이 보도한 미국 여론조사 전문기관 퓨리서치센터의 조사 결과를 보면, 미국인의 60퍼센트가 무고한 민간인 피해 우려에도 불구하고 드론(무인기)을 이용한 "이슬람 극단주의자" 공격에 찬성하는 것으로 나타났다.

프랑스의 여론도 미국과 비슷하다. 2015년 1월 〈르몽드〉가 실시한 여론조사 결과를 보면, 프랑스인의 51퍼센트가 이슬람교가 "프랑스 사회의 가치와 양립할 수 없다"고 답한 것으로 나타났다.(도대체 "프랑스 사회의 가치"라는 게 있나?)

독일에서는 '서구의 이슬람화를 반대하는 애국적 유럽인들'이라는 명칭의 우익 정당 '페기다'가 자주 이슬람 혐오 집회를 열고 "우리가 국민이다"라는 구호를 외친다. 피부색이나 종교가 다른 사람들은 독일인이 아니라는 것이다.

테러 공포만이 이슬람 혐오의 원인은 아니다. 경기 침체가 여러 해 지속되면서, 무슬림 이민자들을 속죄양 삼아 그들에게 증오와 분노를 돌리는 감정적 거짓 선동이 준동한다. 이 우익 데마고그들은 "무슬림 유입으로 유럽 문화가 훼손되고 있다"고 주장해 2015년 1월 여론조사 기관 포르사의 조사 결과 독일인 29퍼센트의 지지를 받았다.

이슬람 혐오 범죄도 종종 일어난다. 스웨덴에서는 2014년 말과 2015년 초의 일주일 휴가 기간에 세 차례나 이슬람교 사원 방화 사건이 발생했다. 영국에서는 2014년 6월 이슬람교 복장인 아바야를 입은 사우디아라비아계 여성이 산책하다가 살해당하는 사건이 일어났다.

서구의 이슬람 혐오가 적잖은 서구인의 지지를 받는 데는 '자유주의적 가치들이 (이슬람의) 위협을 받는다'는 생각이 깔려 있다. '자유주의적 가치들'은 이슬람 혐오의 암호명이 됐다. 자유주의적 가치들 가운데 특히 '관용'이라는 가치가 두드러지는데, 우월성과 합리성을 암시하는 암호가 돼 있다. 이와 대조적으로 '광신'은 비합리성과 반지성주의를 뜻하는 암호다.

'관용 대 광신'의 이분법은 계몽주의 이래 3세기 반 동안 자유주의자들이 꾸준히 애용해 온 논법이었다. 그렇지만 2001년 알카에다의 9·11 공격 이후 다시금 급부상했다. 동시에 이슬람 혐오도 급등했다. 한 가지 요인은 '이슬람' 하면 '원리주의'나 '극단주의', 심지어 '테러리스트'라는 말들을 떠올리게끔 된 것이다.

이슬람 혐오의 핵심 성분은 이슬람교가 단일한 동질적 믿음 체계이고 이 믿음 체계는 서구와 공유하는 가치가 없다는 믿음이다. 즉, 서구의 (자유주의적) 가치는 문명, 합리성, 평화, 여성의 권리 등인데 반해 이슬람의 가치는 야만성, 비합리성, 폭력성, 정복, 성차별이라는 것이다.

이런 자유주의적 믿음은 이슬람의 믿음 체계와 전통을 모르고 또 오해한 데서 비롯한 것이다(자유주의자들의 무지와 오해가 어디 이뿐이랴만은).

이슬람교의 초기 이상은 분명 종교·정치 공동체(움마)를 세워 공평한 부의 분배를 이루는 것이었다. 그러나 다른 모든 종교처럼 이 이상과 현실 사이에는 커다란 격차가 있었다. 현실은 이슬람 제국의 건설이었고, 이 제국은 왕조의 지배를 받았다. 결국 이런 격차로 말미암아 이슬람교 안에 내분이 일어났고 종파들이 성장했다. 무슬림들은 지배적 정치 구조 바깥에서 종교 공동체를 건설해야 한다고 생각하게 됐다. 사실 그러는 도리밖에 달리 어쩔 수도 없었다.

이런 과정은 종교개혁 과정에서 박해를 받은 아나뱁티스트들의 일부와 영국 국교회의 박해를 받은 청교도들의 일부가 아메리카 대륙으로 이민 가기 전에 겪은 경험과도 유사하다. 사실 그보다 훨씬 전인 4세기에 로마제국의 일부 신실한 그리스도인들이 그리스도교의 국교화로 빚어진 고위 성직자들과 제도교회의 부패에 반발해 수도원 운동을 펼친 것도 비슷한 경험이었다. 이슬람 혐오에 동조하는 일부 그리스도인들은 "개구리가 올챙이 적 생각 못 한다"는 속담을 곱씹어 봐야 할 것이다.

오늘날 이슬람은 둘째로 큰 세계종교가 돼 있다. 프랑스와 영국 같은 주요 유럽 나라에서도 그렇다. 유럽 무슬림들은 유럽식 무슬림 문화를 계발해 왔다. 그러나 이는 좌절을 겪어 왔다. 자유주의자들의 과도하고 무례한 요구 때문이었다. 자유주의자들은 무슬림 이민자들에게 '유럽인이 되려면 이슬람교 믿음에 충실하지 말라'고 말한다. 불관용과 폭력성을 버리고 그리스도교처럼 돼야 한다는 말을 이렇게 에둘러 하는 것이다.

그렇지만 잘 알려져 있듯이 무슬림 제국들은 그리스도인들에게 개종을 강요하지 않았다. 심지어 그리스도인은 (유대인과 함께) 흔히 '딤미(피보호 백성)'로 규정돼 그들에 대한 공격이 법규로 금지되기도 했다. 특히 오스만제국은 그리스도인, 유대인, 아랍인, 투르크인, 아마지그(베르베르)인 등이 자기네 전통을 유지하면서 서로 평화적으로 공존 공생하며 사회에 기여할 수 있는 제도적 틀을 마련해 줬다(카렌 암스트롱, 《이슬람》, 을유문화사, 2012, 154쪽). 수세기에 걸쳐 마녀사냥으로 적어도 수만 명의 여성을 고문하고 살해한 그리스도교 유럽보다 훨씬 관용적이었다.

자유주의자들이 흔히 제기하는 문제가 히잡 착용이다. 그들은 무슬림 여성이 손위 남자들의 강요로 어쩔 수 없이 히잡을 착용하는 것이라고 가정한 채 얘기한다. 그래서 국가가 공공장소에서의 히잡 착용을 법으로 금지하는 것은 여성해방적 조처라고 옹호한다. 그런데도 무슬림 여성이 히잡 착용을 지지한다면, 그런 '자발적 복종'은 서구 페미니즘의 가치를 모욕하는 셈이라고 덧붙인다.

그러나 서구에서의 여성 권리 담론은 실제 현실에 크게 못 미친다. 임금, 경력, 가정 폭력 등이 여전히 문제 되고 있는 것을 봐도 금세 알 수 있다. 사실, 서구 여성 권리에 대한 최대 위협은 임신중단 관련 정보를 제공한다는 이유로 가족계획 사업 지원 예산을 삭감하는 미국 근본주의자들이 가하는 것이 아닐까? 이슬람교나 무슬림들이 아니라는 말이다.

1994년 말쯤 나온 국내 일간신문은 프랑스 〈리베라시옹〉의 기사를 인용했는데, 그 기사는 프랑스 일부 사회학자들의 연구 결과를 소개한 것이었다. 히잡을 착용한 여성이라고 해서 전통을 보수적으로 고수하는 것은 아니라는 게 핵심 내용이었다. 오히려 히잡 착용을 하지 않는 여성보다 진보적인 경우도 많았다. 즉, 부모가 결혼 상대를 정해 주는 것을 거부한다든지, 가정 바깥에서 직장을 구한다든지, 권리의 불평등을 성토한다든지 등의 태도를 보였다.

이슬람교라 해서 다른 종교보다 특별히 더 근본주의적이 되기 쉬운 까닭은 없다. 임신중단 반대를 위해 임신중단 시술 병원을 테러 공격하고, 진화론 대신에 창조론을 가르치라며 불법과 폭력을 포함한 온갖 방식의 로비 활동을 하는 미국의 근본주의자들을 생각해 보라. 그리고 한국의 기독교 근본주의자들이나 더 일반적으로 보수 복음주의자들을 생각해 보라. 동성애와 이슬람교를 혐오하는 그들은 결코 극소수 예외가 아니라 개신교의 다수파를 차지한다. 노무현 정권 시절 그들은 부패한 사학 재단을 보호하기 위해, 전쟁광 조지 W 부시를 성원하기 위해 수만 명의 노인들을 시청 앞 집회에 동원했다(가톨릭 교회 안에도 이런 생각을 품은 자들이 적지 않음도 고려해야 한다).

근본주의나 원리주의는 단순히 경전이나 전통에서 나오는 게 아니다. 그런 운동을 지지하는 사람들의 생활 조건에서 비롯하는 것이다. 경제와 사회의 위기로 사회가 매우 불안정하고 개인들의 미래가 매우 불확실할 때 그들은 확실성, 안정적 통제 등을 희구하게 된다. 역사적으로 세계 무슬림의 다수는 제국주의에 의해 굴욕을 당하고 민주주의를 부정당하고 빈곤과 억압을 겪어 왔다. 그리고 그 이면에 서구 제국주의자들과 그들과 유착한 현지 독재자들이 도사리고 있다.

그래서 이슬람주의는 제국주의가 제3세계를 식민 통치하기 시작하던 19세기 말에 등장했다. 특히 1882년, 영국이 이집트를 강점했을 때 이슬람주의자들은 강점에 반대하는 주목할 만한 운동을 벌였다. 그리고 중동 전역의 무슬림들이 단결하면 식민 통치를 종식시킬 수 있다는 생각을 중심으로 한 강령을 내놓았다. 이들 무슬림형제단은 특히 1920년대에 세속 민족주의자들이 영국제국과 배신적 타협을 하며 영국제국의 꼭두각시 정부를 관리하던 때 괄목할 만한 성장을 이뤘다.

세속 민족주의자들(그리고 그 좌파를 이루던 스탈린주의 공산당들)의 배신과 꾀죄죄함 때문에 이슬람주의자들이 성장하는 일은 1960년대 이후 최근까지도 재현돼 오던 일이다. 이슬람주의자들은 제국주의와 세속 민족주의와는 다른 대안으로서 초기 이슬람을 제시했다. 마치 그리스도인들이 초기 교회나 종교개혁기 교회를 이상향처럼 제시하듯이 말이다.

그러나 몇 년 전 이집트에서 무슬림형제단 정부가 꾀죄죄한 수준의 개혁조차 제공하지 못한 채 군부에 밀려 마침내 물러난 것처럼 이슬람주의자들은 이제 그 한계를 드러내기 시작했다. 어찌 보면 아이시스는 마치 이 한계를 메우려 애쓰는 것처럼 일부 무슬림 청년들에게 보일 것이다. 그렇지만 이는 실재와 다르다. 아이시스는 시리아 혁명가들인 반정부군을 죽이고 여성과 성소수자를 욕보인다는 점만 봐도 반혁명적이고 반동적이다.

만약 좌파가 이슬람과 이슬람주의의 약점들을 유물론적으로 잘 분석해 파고든다면 아이시스의 허를 찌를 수 있다. 물론 좌파가 존재해야 한다. 그래서 시리아와 레바논, 이집트 등지의 사회주의자들은 매우 소중하다.

그러나 좌파가 종교를 거부하고 세속주의를 옹호한다며 제국주의자들의 자유주의적 가치들을 부주의하게 옹호한다면 그들은 함정에 빠질 수 있다. 난민 받아들이기를 거부하고, 국내 무슬림 이민자들을 천대하고, 다른 국가의 소규모 낙후한 핵무기는 문제 삼으면서 정말로 위험한 대량 핵무기로 다른 국가들을 위협하는 제국주의 정부들에 무슨 관용이 있는가.

또한 친북 사상으로 수감되거나 박해를 받는 사람의 처지에서, 또 동성애로 혐오를 받는 성소수자들의 처지에서, 그리고 이슬람교 신자라 해서 잠재적 테러리스트 취급을 받는 무슬림들의 처지에서 관용은 좋은 것이다. 그렇지만 우익 기독교인들의 성소수자 혐오 집회를 허용하는 것은 잘못된 '관용'이다.

중동 등지에서 드론으로 무고한 사람들을 살해하는 미국 정부의 현지 주재 외교 관리를 집회 연단에 올려 연설케 하는 것도 진정한 관용이 아니다. 좌파가 이 문제에 침묵하는 것도 관용이 아니다. 좌파가 관용을 떠받들고 광신을 배격한다며 제국주의자들과 대기업에게 관대한 태도를 보인다면, 그것은 노동계급더러 그런 자들과 유대감을 느끼라고 말하는 셈이다.

아이시스는 위에서 언급했듯이, 진보적 운동이 아니다. 그러나 만약 어떤 (진정으로) 진보적인 운동이 종교적 동기로 전개되고 있어서 그것을 지지해야 할 때도 마르크스주의자는 종교 관념과 사상을 지지할 수는 없다. 노동자들과 저항하는 다른 사람들에게 뒤죽박죽된 분석과 전략을 제안해선 안 되기 때문이다.

그러나 그 전에 먼저, 우리는 제국주의와 자본주의의 억압과 천대로부터 대다수 무슬림을 지키겠다는 확고한 자세를 보여 줘야 한다. 그래야 차별받고 혐오받는 사람들의 단결한 운동이라는 이상도 현실화에 근접할 수 있을 것이다.

이슬람주의(정치적 이슬람)를 어떻게 봐야 할까?

아랍인들은 매우 힘든 시기를 보내고 있다. 가자지구에서 계속되는 인종 학살은 두 가지 효과를 냈다. 첫째, 많은 사람들의 분노에 불을 댕겼다. 둘째, 무기력과 무력감을 느끼게 하기도 한다. 최근 이 둘은 매우 폭발적으로 결합되고 있다.

이스라엘의 가자지구 공격이 시작된 후 드러난 한 가지 변화는 이슬람주의 운동에 대한 사람들의 태도가 크게 바뀌고 있다는 것이다. 지난 30년간 통용되던 관념이 허물어지기 시작했다. '아랍권과 나머지 세계 사이의 갈등은 종교의 차이 때문에 벌어지는 것이다', '서방의 이데올로기인 이른바 유대-그리스도교 전통이 본질상 진보적인 반면, 이슬람 이데올로기는 그보다 훨씬 후진적이다' 하는 관념들이 그런 사례다.

그런 관념들은 팔레스타인에 대한 담론에도 깔려 있다. 바로 하마스를 아이시스나 이란 정권, 서방의 동맹인 사우디아라비아 왕가와 유사한 세력으로 여기는 것이다. 이들 모두가 이슬람교에 내재한 특정한 관념 때문에 폭력적 운동이라는 것이다.

이런 담론이 서방의 프로파간다라는 것은 비교적 분명하다. 그러나 아랍 세계의 사회주의자들에게 이는 매우 첨예한 쟁점이다. 이슬람교와 이슬람주의 운동의 본질, 그리고 그 다양한 형태를 이해하는 것은 오늘날 저항운동에서 매우 중요하다.

이슬람주의에는 여성의 사회적 구실, 섹슈얼리티 등에 관해 매우 반동적인 관념이 있는 것이 사실이다. 그런 것을 없는 양 회피해서는 안 된다. 이는 매우 중요한 쟁점이고, 아랍 좌파들은 이를 두고 매우 치열하게 논쟁한다.

그런데 동시에 아랍의 많은 좌파가 이슬람주의를 파시즘의 한 형태로 취급한다. 이런 '이슬람-파시즘론'은 1979년 이란 혁명으로 호메이니의 이슬람주의 운동이 부상한 이후 널리 퍼졌다. 이 때문에 어떤 좌파는 이슬람주의 운동을 분쇄하기 위해 민족주의 정권과 손을 잡기도 했다.

특정 사상을 이해하려면 그 사회적 배경을 봐야

마르크스주의자들은 특정 사상을 이해하려 할 때 그 사상의 사회적 배경에서 출발한다. 이는 관념을 역사의 추동력으로 여기는 관념론자들과는 매우 다른 접근법이다.

관념론자들은 이슬람 경전인 꾸란이나 하디스[무함마드의 언행록]의 몇몇 구절을 끄집어내서 이슬람주의가 본질적으로 반동적 이데올로기임을 증명하려 하고, 그리스도교 경전(성경)의 몇몇 구절을 찾아내서 그리스도교가 본질적으로 진보적임을 증명하려 한다. 더 나아가 관념론자들은 이슬람을 포함해 일체의 종교적 관념에 맞서 투쟁하는 것을 핵심 과제로 여긴다. 그런 투쟁으로 종교적 관념을 무너뜨리면 모종의 인간 해방이 가능하다는 것이다.

이것은 완전히 헛소리다. 성경을 읽은 사람이면 누구나 성경에 역겹고 반동적인 내용이 많다는 것을 알 수 있다. 성경에서도 노예를 강간하는 내용이나 특정 부족을 인종 학살하는 내용, 여러 재질로 된 옷을 입는 것을 금하거나, 금기를 어긴 여성을 돌로 쳐 죽이는 내용 같은 것을 찾을 수 있다.

그렇지만 유념할 것은 성경이든 다른 종교의 경전이든 그 내용이 매우 모호하다는 것이다. 그 모호함 때문에 읽는 사람이 원하는 대로 해석할 수 있는 것이다.

따라서 중요한 것은 경전을 어떻게 해석하느냐가 아니라 종교적 관념이 사람들이 사는 세상과 어떤 식으로 조응하는지를 이해하는 것이다. 그래서 예컨대 그리스도교는 억압자인 노예 소유주들의 그리스도교일 수도 있지만, 마틴 루서 킹 목사나 흑인 교회들의 그리스교일 수도 있는 것이다. 두 가지 그리스도교가 모두 있을 수 있는 것이다. 이는 다른 종교도 모두 마찬가지다.

그래서 특정 이슬람주의 운동을 이해하려면 그 운동의 계급 기반이 무엇인지를 묻는 데서 출발해야 한다. 다음과 같은 질문을 던져야 하는 것이다. 하마스의 계급 기반은 무엇인가? 헤즈볼라의 계급 기반은 무엇인가? 사우드 왕가의 와하비즘의 계급 기반은 무엇인가? 무슬림형제단의 계급 기반은 무엇인가? 이런 질문을 던져 보면, 이들이 매우 상이한 운동이고 상이한 것을 나타낸다는 것을 알 수 있다.

예컨대 아랍에미리트연합국은 여성의 행실과 섹슈얼리티에 관한 규칙이 매우 엄격하다. 그렇지만 동시에 아랍에미리트연합국의 대학교에서 천체물리학·고등수학 등 가장 어려운 전공을 공부하는 학생의 약 70퍼센트가 여성이다. 미국보다 훨씬 높은 비율이다. 이것이 뜻하는 바가 무엇일까? 이슬람이 여성의 교육에 대해 더 진보적이라는 증거일까? 혹은 더 반동적이라는 증거일까?

이런 현상은 사회적 맥락과 떼어 놓고 경전의 문구만 봐서는 전혀 이해할 수 없다. 항상 사람들이 사는 현실의 물질적 조건에 비춰 문제를 살펴봐야 한다. 경전의 문구는 해답을 주지 않는다. 사람들이 처한 조건을 살펴봐야 답이 보이기 시작한다.

다양한 이슬람주의 운동

이런 질문을 던져 볼 수 있다. 하마스가 이슬람주의 운동이 아니었더라도 식민 지배에 맞선 저항에 동참했을까? 답은 '당연히 그렇다'이다.

1960~1970년대에 팔레스타인에는 팔레스타인해방기구PLO, 팔레스타인해방인민전선PFLP, 팔레스타인해방민주전선DFLP, 팔레스타인해방군PLA 등 다양한 좌파가 활동했다. 팔레스타인해방기구는 아랍민족주의 단체였고, 팔레스타인해방인민전선은 마오쩌둥주의 단체였고, 팔레스타인해방민주전선은 체게바라주의를 자처하는 단체였다. 이처럼 당시 팔레스타인 저항운동에는 다양한 세력이 있었지만 그중에 이슬람주의는 없었다.

그러나 하마스는 지난 75~80년 동안 이어져 온 저항운동의 또 다른 형태일 뿐이다. 물론, 이슬람주의의 사상은 뚜렷한 영향을 드러낸다. 팔레스타인 좌파들과 오늘날의 이슬람주의 운동 사이에는 중요한 차이가 있다. 각각은 서로 다른 사상을 갖고 있다. 차이가 있다는 것을 아는 것은 중요하다.

그러나 이슬람주의의 부상을 이해하려면 좌파 운동들이 겪은 패배를 이해해야 한다. 그뿐 아니라 식민 지배를 겪었던 아랍 나라들이 자본주의의 침투와 그에 따라 기존 삶의 방식과 기존 계급 구조가 무너지는 것에 어떻게 대응했는지도 살펴봐야 한다.

이렇게 보면 이슬람주의 운동들이 사회의 상이한 부문과 열망을 대변한다는 것을 이해하기 시작할 수 있다.

이란 혁명으로 부상한 호메이니식 이슬람주의 운동은 두 계급을 기반으로 부상했다. 첫째 기반은 전통적 상인 중간계급인 바자리다. 이들은 이란 자본주의가 발전하는 과정에서 기존 위치에서 밀려나고 있었다. 한편, 둘째 기반이 매우 중요한데, 바로 신생 기술 관료 등으로 이뤄진 신중간계급이다. 이 두 계급은 이란 혁명 과정에서 융합해 호메이니식 이슬람주의 운동과 뒤이어 집권한 이슬람주의 정권의 계급적 토대를 이뤘다. 즉, 한편에는 자본주의의 침투에 저항하는 옛 사회 계급이, 다른 한편에는 현지 자본주의 발전에 가해지는 제약에 저항하는 신흥 사회 계급이 있었던 것이다.

이집트의 무슬림형제단은 한편으로는 이집트 사회의 가장 가난한 사람들과 중간계급을 대표하지만, 다른 한편으로는 이집트 지배계급의 중요한 일부를 대표한다. 그래서 무슬림형제단 지도부는 2011년 타흐리르 광장 점거 시위가 분출했을 때 굉장히 겁에 질렸고, 상당히 뒤늦게야 운동에 동참했다. 그럼에도 당시 반란의 주된 수혜자는 무슬림형제단이었다.

2012년 선거로 집권한 무슬림형제단의 전략은 지배계급 내 아랍 민족주의 분파를 이슬람주의적 부자와 권력자로 대체하는 것이었다. 그리고 이런 전략 때문에 무슬림형제단은 둘로 쪼개졌다. 혁명을 지속·심화시키기를 바란 더 가난한 사람들을 대표하는 부위와, 혁명을 멈추려 한 지배자들을 대표하는 부위로 말이다.

그렇다면 레바논의 헤즈볼라는 어떻게 설명할 수 있을까? 헤즈볼라는 무슬림형제단과도 다르고 이란 혁명으로 부상한 이슬람주의자들과도 다르고 하마스와도 다르다. 헤즈볼라의 계급적 기반은 무엇인가?

헤즈볼라의 정치를 이해하려면 레바논 사회 내 시아파 무슬림의 처지를 이해해야 한다.

헤즈볼라는 1982년 이스라엘의 레바논 침공으로 아랍민족주의 좌파들이 패배한 후 부상했다. 그리고 종단과 종파에 따라 나뉜 레바논의 지배 체제 아래에서 시아파는 가장 큰 피차별 집단이었지만, 가장 가난하고 정치권력에서 가장 배제돼 있었다. 그런데 헤즈볼라는 종단과 종파에 따라 분열된 체제에 반대하면서가 아니라, 그 체제 안으로 비집고 들어가려 하면서 부상했다.

헤즈볼라는 이스라엘의 레바논 남부 점령을 배경으로 부상했는데 레바논 남부 인구의 압도 다수도 시아파였다. 그래서 이스라엘의 점령에 맞서 군사적 저항을 벌인 사람들의 다수도 시아파였다.

요컨대 헤즈볼라는 두 가지를 대표한다. 하나는 이스라엘의 레바논 남부 점령에 맞선 군사적 저항이고, 다른 하나는 종단과 종파에 따라 나뉜 레바논의 지배 체제에서 더 많은 몫을 차지하기를 바라는 가장 천대받는 집단의 열망이다. 따라서 헤즈볼라를 이해하려면 시아파의 교리를 들여다보는 것으로는 불충분하다. 교리를 출발점으로 삼는 것은 터무니없는 접근법이다. 먼저 봐야 할 것은 레바논 사회에서 가장 천대받으면서 이스라엘의 군사점령 치하에서 사는 사람들이 처한 현실이다.

그런데 그 이중적 성격 때문에 헤즈볼라는 40년 전에는 없었던 신흥 시아파 중간계급을 갈수록 대표하게 됐다. 그리고 오늘날 신흥 시아파 중간계급은 레바논의 종파별 권력 안배 체제 내에서 더 큰 몫을 차지하기를 바란다.

한편, 하마스는 헤즈볼라와 또 다르다. 다른 사회적 조건에서 부상했기 때문이다. 하마스는 이스라엘의 식민 지배와 점령, 인종 청소에 맞선 처절한 투쟁의 산물로 등장했다.

하마스는 1990년대에 팔레스타인인들에게 강요되고 팔레스타인 해방기구와 아랍민족주의자들이 수용한 '두 국가 방안'이 사기극에 불과하고 팔레스타인 독립운동에 재앙적 결과를 가져올 것임을 알았다. 그래서 중요한 세력으로 부상할 수 있었다. 종교적 관념이 아니라 이런 정치적 판단이 하마스의 부상에서 훨씬 더 중요했던 것이다.

물론, 하마스가 수니파이고 하마스의 이데올로기가 매우 보수적이라는 점을 지적할 수 있을지도 모른다. 그러나 그런 지적은 마찬가지로 수니파인 사우디아라비아 지배계급의 와하비즘과의 차이를 설명하지 못한다. 사우디아라비아 지배계급의 와하비즘은 판이한 역사적 발전 과정을 밟았고, 계급 기반도 판이하게 다르다.

하마스와 헤즈볼라는 민족해방운동이라고 할 수 있다. 마르크스주의적 접근은 이들을 민족해방운동으로 규정하고 그다음 그들의 사상을 논하는 것이다. 반면, 사우디아라비아 왕가는 결코 민족 해방 세력이 아니다. 이들의 와하비즘은 매우 협소하고 강경한 지배계급의 이데올로기이자 사우디아라비아 대중을 억압하는 도구다.

하마스·헤즈볼라, 민족해방운동으로 이해해야

하마스와 헤즈볼라를 민족해방운동으로 이해하면, 그들의 전략적 한계도 보이기 시작한다. 그들의 전략적 한계는 이슬람주의 사상이 아니라 그들이 처한 위치에서 온다. 그들은 한편으로는 식민 지배와 제국주의에 맞서 싸우는 피억압자들을 대표하지만, 다른 한편으로는 그 강대국들과 타협하려 한다.

예컨대 헤즈볼라는 처음에 레바논 사회에서 가장 가난하고 주변화된 사람들을 사이에서 부상했지만, 오늘날 그들은 레바논의 지배 체제와 타협해서 그 안에서 신흥 시아파 중간계급의 몫을 키우려 한다. 그러면서 헤즈볼라는 2019년 10월 레바논에서 종단과 종파에 따른 권력 안배 체제에 맞선 항쟁이 벌어졌을 때 반동적 구실을 하게 됐다. 당시 헤즈볼라는 레바논 정부를 도와 항쟁을 진압할 태세가 돼 있다고 밝혔다.

한편, 하마스는 팔레스타인 내에서 팔레스타인인들을 방어하는 데서는 매우 전투적이다. 그러나 아랍 세계의 정권들에 맞서는 문제에서는 매우 보수적이다. 이런 태도는 하마스가 민족해방운동이라는 데서 기인한다. 하마스는 다른 아랍 정권들의 통치를 흔들지 않고 그들과 우호적으로 지내며 자신의 편으로 획득하기를 기대한다. 이것은 과거에 팔레스타인해방기구가 취했던 전략이기도 하다.

하나 덧붙이자면, 아랍 좌파 사이에서 요즘만큼 하마스 지지 여부가 쟁점이 되지 않는 때도 없었던 듯하다. 하마스 지지 여부는 그들에게 언제나 첨예한 쟁점이었지만, 지금은 아무도 그 문제를 제기하지 않는다. 이제 그 쟁점은 이슬람주의에 관한 것이 아니라 팔레스타인 해방에 관한 것으로 여겨지고 있다.

이슬람주의를 이해하려면 그 사상만 살펴보려 해서는 안 된다. 그 사상이 존재하는 사회적 조건이 무엇이고, 그 사상이 대표하는 계급과 열망이 무엇인지 물어야 한다. 단일한 이슬람주의 사상 같은 것은 없다. 광범한 이슬람 이데올로기라고 할 수 있는 것은 있지만, 그것의 상이한 부분들이 상이한 사회적 조건에 속한 상이한 집단과 사회 계급을 표현하는 것이다.

물론, 사상에는 사회적 힘이 있다. 이 점을 부정하는 것은 아니다. 사상이 사람들의 동기가 될 수 있다는 점은 중요하다.

그러나 어떤 사상을 이해하려 할 때 출발점이 돼야 하는 것은 그 사상이 누구의 어떤 열망을 대표하고 나머지 해방 투쟁과 어떻게 관계 맺느냐는 것이다.

여성과 이슬람

다음은 '여성과 이슬람'이라는 주제로 2024년 3월 20일에 한국에서 열린 한 온라인 토론회에서 탈라트 아흐메드가 한 발제와 정리 발언을 글로 옮긴 것이다. 인도계 영국인 마르크스주의자인 탈라트 아흐메드는 에든버러대학교 남아시아역사 부교수이자 '인종차별에 맞서자' 스코틀랜드지부 소집자이고 영국 사회주의노동자당SWP 당원이다.

'여성과 이슬람'은 영국을 비롯한 유럽에서 굉장히 중요한 쟁점이다. 한국에서도 그렇다고 알고 있다. 무슬림 여성은 순종적이고, 이등 시민으로 취급받고, 집 안에 갇혀 살고, 베일 착용을 강요당하는 신세라는 담론이 팽배하다.

무슬림 여성에 대한 서구의 편견

영국에서는 이슬람이 여성 차별적 종교이고 여성을 사회에서 분리하며, 이는 무슬림이 서구 사회로 통합되지 못하고 있다는 증거라는 주장이 많다. 무슬림 남성 깡패들이 백인 여성을 납치해서 성폭행한다는 얘기도 있다. 독일의 극우·파시스트들은 독일로 온 아랍계·튀르키예계 무슬림 남성들이 백인 여성을 성폭행할 것이라면서 무슬림 이민자 유입을 막아야 한다고 선동하고 있다. 몇몇 유럽 국가들은 여성의 베일 착용을 금지한다.

팔레스타인 연대 운동이 부상하자 서구 언론들은 이를 '무슬림이 유럽을 정복하려 한다'는 식의 이슬람 혐오적 악선동에 이용하고 있다. 심지어 몇몇 영국 보수당 정치인들은 버밍엄, 이스트런던, 브래드퍼드 같은 [이민자가 많거나 비교적 낙후한] 영국 도시들이 샤리아(이슬람 율법)의 지배를 받고 있어서 백인들이 갈 수 없는 곳이 됐다고 주장한다.

모두 터무니없는 거짓말이다.

영국에는 무슬림 여성인 유명 인사들이 여럿 있다. 예컨대 BBC TV·라디오 뉴스에는 무슬림 여성 앵커들도 있다. 〈베이크 오프〉라는 요리 경연 프로그램에서 우승한 벵골 지방 출신의 한 무슬림 여성은 일약 전국적 스타가 됐다. 유명 코미디언 중에도 무슬림 여성이 있다. 무슬림 여성이 집 안에 갇혀 살고 베일 착용을 강요당하는 신세라는 주장은 전혀 사실이 아닌 것이다.

그런데도 마치 이슬람이 특별히 후진적이고 여성 차별적이라는 주장과 담론이 계속되고 있다. 그런 특성이 이슬람 발생 때부터 그 종교와 문화에 내재해 있었다는 것이다.

특히, 이슬람의 창시자 무함마드가 여러 아내를 둔 것을 두고 무함마드가 여성 차별적이었다는 비난이 있다. 무함마드가 여러 아내를 둔 것은 사실이다. 그러나 이는 7세기 아라비아반도에서 일어난 일이다. 당시 아라비아반도에는 아랍인과 비아랍인, 그리스도교, 토착 종교, 유대교를 불문하고 모두 일부다처제 풍습이 있었다. 일부다처제는 이슬람이 창시되기 전부터 있었다. 전근대의 많은 왕실들도 일부다처제였다. 고대 중국·일본·한반도, 마야 문명, 아즈텍 문명, 고대 아일랜드, 고대 아이슬란드도 모두 그랬다.

연하남 무함마드에 청혼한 하디자

오히려 초기 이슬람 역사에는 흥미로운 사례가 있다. 최초의 이슬람 개종자는 하디자라는 여성이다. 하디자는 무함마드의 첫째 아내이기도 했다.

이 결혼에서 먼저 청혼한 쪽은 하디자였다. 이때가 서기 595년이다. 당시는 개화된 시대가 결코 아니었다. 그러나 오늘날에도 여성이 먼저 청혼하는 사회는 별로 없다.

그렇다면 하디자는 어떻게 그럴 수 있었던 걸까? 하디자는 매우 부유한 여성이었고, 무함마드를 만나기 전에도 두 차례 결혼을 하고 배우자와 사별했다 40세가 된 하디자는 자신의 상단商團(카라반)을 이끌 관리자로 25세의 무함마드를 고용했다. 인망 있고 믿음직하기로 유명했던 무함마드는 하디자의 상단 교역에서 굉장한 수완을 발휘했고 수익을 곱절로 늘렸다. 이에 매우 흡족해한 하디자는 무함마드에게 청혼했고 무함마드는 이를 수락했다. 오늘날 꽤 연하의 남성에게 그렇게 할 수 있는 여성이 얼마나 될까?

하디자가 그럴 수 있었던 것은 그녀가 메카의 유력한 부족 가문의 딸이었기 때문이다. 하디자의 아버지는 부유한 거상이었다. '전근대 자본가'였다고 할 수 있다. 하디자는 아버지의 재력과 사업 수완을 물려받았다.

여기서 중요한 점은 하디자가 사회적 지위와 재력 덕분에 먼저 청혼을 할 수 있었다는 것이다. 가난한 집안 여성들은 그럴 수 없었다. 이는 이슬람에서 여성이 차지하는 지위를 이해하는 데서 핵심적인 사실이다.

전근대 세계 어느 곳이든 결혼이라는 것은 권력층 가문 사이의 정략결혼이었다. 즉, 결혼은 다른 가문과 정치적 동맹을 맺는 수단이었다. 영국의 헨리 8세(1509~1547년 재위)는 왕비가 6명 있었고, 모두 지배계급 가문 소속이었다. 농노 출신은 왕비가 될 수 없었다. 아라비아반도에서 무함마드는 하디자와의 결혼으로 정치적·경제적·사회적 연줄을 얻을 수 있었다. 이런 식의 결혼은 당시 아랍 세계와 비아랍 세계 모두에서 행해진 관습이었다.

사회변동과 이슬람, 여성의 지위

이슬람 사회에서 여성이 차지하는 지위는 일정한 변화를 겪었다.

무함마드는 여성이 결혼 상대를 정하는 데서 발언권을 가져야 한다고 가르쳤다.

이슬람이 최대 4명의 아내를 두는 것을 남성에게 허용하는 것은 사실이다. 그렇지만 여기에는 조건이 따른다. 네 아내를 모두 먹여 살릴 수 있고 동등하게 대우해야 한다는 것이다.

이슬람 율법은 결혼을 남녀 사이의 계약, 또는 남성과 여성의 보호자 사이의 계약으로 규정한다.

결혼 지참금 제도라는 것을 들어 봤을 것이다. 어떤 사회에서는 신부 측 가족이 신랑에게 지참금을 줬다. 그렇지만 초기 이슬람 교리에 따르면 신랑이 신부에게 직접 지참금을 줘야 했다.

무함마드의 가르침에 따르면 여성은 가족의 재산을 물려받을 수 있고, 결혼한 여성은 자신의 재산을 보유·처분할 수 있다.

이슬람은 여성의 이혼권도 인정한다. 남성의 이혼권과 동등하지는 않지만 그럼에도 여성의 이혼권 자체는 인정한 것이다. 이것은 당시의 다른 유일신교 사회나 토착 종교 사회에 견주면 진일보한 것이었다.

물론 그렇다고 해서 이슬람 사회가 평등하고 정의로운 사회였다는 것은 아니다. 그러나 위와 같은 점들은 여성의 지위가 계급사회에 의해, 또 그 사회와 기존 전통들의 상호작용 속에서 결정된다는 것을 보여 준다.

7세기 아라비아반도는 상단(카라반) 무역의 중심지였다. 아라비아반도의 상인들은 사막을 오가며 '비옥한 초승달 지대'[나일강, 티그리스강, 페르시아만을 잇는 농업지대]와 지중해 지역을 이어 주는 구실을 했다. 그 과정에서 메카, 메디나 같은 도시들이 교역 중심지로 성장했다.

그 사회는 심각한 모순에 휩싸인 사회이기도 했다. 부족 간 전쟁이 끊이지 않았고, 법 집행이 굉장히 자의적이었다. 사회·경제 권력자들이 그날그날 기분에 따라 사람들을 처벌할 수 있었다. 뚜렷하고 엄격한 법률 같은 게 없었다. 개인들은 때때로 벼락부자가 될 수 있었지만 삽시간에 빈털터리가 될 수도 있었다. 복지국가 같은 것은 없었다. 그 사회는 대부업자들과 상인들이 지배하는 사회였다.

이런 상황에서 무함마드는 기존 사상들을 종합했다. 다신교가 아닌 유일신교를 받아들였고, 내키는 대로 베푸는 자비를 체계적 자선으로 대체했다. [구빈 활동에 쓰도록] '자카트'라는 세금을 걷었다. 또, 복수는 신이 행하는 것이라고 가르치며 사적 복수를 금지했다.

이슬람이 태동할 무렵 아라비아반도는 비잔틴 제국과 사산 제국 사이에 끼인 샌드위치 신세였다. 두 제국의 붕괴는 유라시아 대륙 전체가 파편화되는 결과를 낳았다. 기존 질서의 혼란과 붕괴가 뒤따랐다.

이런 상황에서 무함마드는 자신의 사상과 설교를 통해 옛 사상들을 종합하고 새로운 가치관을 제시하려 했던 것이다. 그렇게 해서, 혼돈에 빠진 세계에 모종의 질서를 부여하고자 했던 것이다.

이는 여성의 지위에 관해서도 마찬가지였다. 이슬람 이전의 많은 문화권에서 여성은 남성에게 자신의 운명을 내맡겨야 하는 처지였다. 여성은 원치 않는 상대와도 결혼해야 했다. 형편이 나빠 많은 자녀를 먹여 살릴 수 없는 가족들은 여자 신생아들을 살해했다. 남성은 언제든 자신의 아내를 버리고 다른 여성과 결혼할 수 있었다. 그러면, 버려진 부인은 먹고살 길이 막막한 처지가 됐고, 이들을 위한 사회 안전망도 전혀 없었다. 그런 상황에서 무함마드의 가르침은 남성과 여성 모두에게 모종의 질서와 안정을 가져다줬던 것이다.

물론 그렇다고 해서 이슬람 사회가 완벽한 사회였다는 것은 전혀 아니다. 이슬람 사회는 굉장히 복잡하고 모순이 가득한 사회였다.

종교 사상과 교리가 새로운 사회질서를 세우는 데 미치는 영향을 이해하려면 계급 분단을 봐야 한다.

무함마드의 가르침은 상인과 부족 지도자 같은 부유한 계급의 이해관계에 부합했다. 그들도 번영을 누리려면 안정이 필요했다. 그들은 이슬람 교리를 통해 가정의 안정, 가문들 사이의 권리와 의무, 재산의 보호 등을 정당화할 수 있었다.

그런데 이슬람은 유일신 아래 모든 무슬림이 평등하다고 가르치기도 한다. 이는 전통적으로 천대받고 멸시당하던 하층민들에게 호소력이 있었다.

그래서 이슬람 초기에 부족 지도자들이 이슬람으로 개종하는 동안, 평등을 갈구한 노예 출신자들도 기꺼이 이슬람으로 개종한 것이다. 그런다고 진정으로 평등해지는 것은 아니었지만, 그것[종교적 평등주의 사상]이 이데올로기였던 것이다.

이런 점이 중요한 이유는 종교 사상을 만들어 내는 것이 결국 사회라는 것을 보여 주기 때문이다.

계급에 따라 천차만별인 무슬림 여성의 삶

오늘날 무슬림 여성은 흔히 동질적 집단으로 취급된다.

그러나 전 세계 무슬림 여성이 사는 방식은 극도로 다양하다. 예컨대 히잡의 사례를 보자. 사우디아라비아, 이란 등지에서는 여성이 히잡을 착용한다. 런던과 에든버러에도 히잡을 착용하는 여성이 있다. 그러나 히잡을 착용하지 않는 무슬림 여성도 많다. 인구 대다수가 무슬림인 나라들, 예컨대 내 부모님이 살던 인도와 파키스탄, 방글라데시에서는 히잡이 아니라 사리와 샬와르카미즈를 입는다.

히잡은 무함마드가 발명한 것이 아니다. 여성의 베일 착용은 사회적 지위와 관련이 있었다. 높은 신분의 여성이 지위를 나타내기 위해 베일을 착용한 것이다. 이런 관습은 고대 그리스나 고대 로마, 고대 유대인 공동체, 고대 아시리아 사회에도 있었다. 고대 사회에서는 가난한 여성이 얼굴을 드러내건 말건 아무도 상관하지 않았다. 가난한 여성은 하찮은 존재로 취급됐으니 말이다.

요컨대 이슬람은 기존 사회의 관습을 차용한 것이었다. 일부다처제도 마찬가지다. 전 세계 무슬림의 다수가 사는 인도네시아와 인도에서는 남녀 간 결혼의 99.9퍼센트가 일부일처 결혼이다.

이렇듯 무슬림들이 사는 방식은 매우 다양하다. 여기에는 중요한 함의가 있다. 어떤 공동체를, 그저 그 구성원들이 무슬림이라는 이유로 동질적 집단으로 뭉뚱그려서는 안 된다는 것이다.

더 중요한 점은 무슬림 여성도 무슬림 사회와 마찬가지로 계급과 계급 이해관계에 따라 나뉘어 있다는 것이다.

영국에는 보수당 의원이자 일대一代 귀족인 사이드 바르시라는 무슬림 여성이 있다. 크리켓 선수 출신이자 전 파키스탄 총리 임란 칸의 아내였던 제마이마 칸이라는 무슬림 여성도 있다. 이 무슬림 여성들은 런던의 에지웨어 로드, 벨그라비아, 사우스켄싱턴 같은 부촌에 산다. 미용실에서 한 번 머리를 하고 매니큐어를 칠하는 데 2000파운드[약 350만 원]씩 쓰는 동네다. 이런 여성들은 값비싼 대저택에 살면서 보모, 요리사, 청소부를 고용하고 있다.

그들의 삶의 경험과 계급 이해관계는 허름한 집에 사는 수많은 무슬림 여성들과 사뭇 다르다. 단지 히잡을 착용했다는 이유로 침을 맞고 욕설을 듣고 괴롭힘당하는 젊은 무슬림 여성들과도 사뭇 다르다. 출입국 단속 공무원에게 괴롭힘당하는 이민자·난민 무슬림 여성들과도 사뭇 다르다.

이런 계급 이해관계와 계급 분단을 인식해야 한다. 단일한 '무슬림 여성의 경험' 같은 것은 없기 때문이다.

여성과 이슬람을 볼 때는 역사적 변화 속에서 여성의 지위가 어떻게 변화해 왔는지를 봐야 한다. 그러지 않으면 두 가지 함정에 빠질 수 있다. 첫째, 무슬림 여성을 동질적 집단으로 뭉뚱그리게 된다. 둘째, 자본주의와 계급사회가 아니라 이슬람이 문제라고 오해하게 된다.

종교 사상은 계급사회라는 사회의 성격을 표현하는 것이다. 이 점은 그리스도교든 불교든 유대교든 힌두교든 마찬가지다. 이슬람이 여성 차별적이라 해도 그것이 이슬람 고유의 특성인 것은 아니다.

여성 차별과 불평등의 근원은 계급사회와 자본주의다. 전 세계 사회주의자들은 바로 그 근원에 맞서 싸워야 한다.

토론 정리

서방 지도자들의 위선에 맞서기

먼저, 서방 지도자들의 위선과 거짓말에 맞서야 한다는 점을 지적하고 싶다. 예컨대, 서방 지도자들이 "무슬림 남성이 무슬림 여성과 백인 여성에게 성폭행을 저지를 위험이 있다"고 말하면 우리는 거기에 반대해야 한다.

영국에서는 '성 착취 무슬림 집단'에 대한 언론 보도가 굉장히 많다. 무슬림 남성 패거리가 십대 백인 여성을 그루밍해 그들을 성적으로 착취한다는 것이다.

그렇지만 영국 언론들은 훨씬 악랄한 성폭력 범죄자에 대해서는 말을 아낀다. 예컨대 유명 TV 스타 지미 새빌을 비롯한 1970년대와 1980년대의 TV·라디오 저명 인사들이 지속적으로 소년·소녀들을 성 착취한 사건은 결코 집요하게 다루지 않는다. 그러면서 마치 성폭력이 주되게 무슬림 남성의 행위인 양 묘사한다.

그런 언론들이 말하지 않는 또 다른 진실은, 대부분 사회에서 무슬림은 인종차별의 대상이기 때문에 폭력의 가해자가 아닌 피해자일 가능성이 더 크다는 것이다. 런던 경찰청의 집계에 따르면 무슬림 대상 범죄 건수는 지난 10년 새 174퍼센트 증가했다.

프랑스 정부는 히잡 착용뿐 아니라 해변가와 휴양지에서 부르키니(무슬림 여성들이 입는 수영복)를 착용하는 것도 금지한다. 몇 년 전에는 프랑스 경찰이 총을 들고 해변가에 나타나 무슬림 여성에게 부르키니를 벗으라고 강요하는 광경이 펼쳐지기도 했다.

따라서 무슬림 사회가 히잡 착용을 강요한다는 서방의 비난에 대해, 우리는 서방에서 벌어지는 일을 지적하며 그런 비난의 위선을 들춰내야 한다.

서구에서 히잡 착용이 늘어나는 이유

세계 어떤 곳에서는 무슬림 여성이 히잡 착용을 강요당하지만, 무슬림 여성이 히잡 착용을 스스로 선택하는 경우도 그에 못지않게 많다는 지적이 있었다.

내가 십대이던 1970년대 런던에서는 아시아계 무슬림 여성들이 히잡을 거의 착용하지 않았다. 그로부터 30년쯤 지난 때 런던에서는 많은 아시아계·아랍계 젊은 여성들이 히잡을 착용한다.

이런 현상을 어떻게 설명해야 할까? 요즘 젊은 여성들이 '노는 물이 달라서' 그런 것은 아닐 것이다.

요즘 젊은 여성들이 히잡 착용을 선택하는 이유는 무슬림을 상징하는 것이 모두 공격받는 사회에서 자랐기 때문이다. 일례로 이름이 무슬림식이면 그것도 놀림거리가 된다. 오늘날 무슬림들은 이슬람 사원에 가는 것만으로도 공격받을 수 있다. 무슬림 어린이가 꾸란을 읽기 위해 아랍어를 배운다고 하면 뒤떨어진 아이 취급을 당한다.

이처럼 서구 사회에서는 무슬림임을 나타내는 모든 징표가 끊임없이 인종차별적 공격을 받고 있다. 그런 상황에서 많은 젊은 무슬림 여성들은 저항과 자긍심의 표현으로서 히잡을 착용한다.

이런 현실은 매우 의미심장하다. 예컨대 프랑스에서는 안타깝게도 좌파들조차도 인종차별과 제국주의가 아니라 이슬람이 문제라고 끈질기게 주장해 왔기 때문이다.

프랑스에서는 급기야 파시스트 마린 르펜이 떠올라 다음 대선의 유력한 주자로 여겨지고 있다. 르펜이 당선하면 노골적 파시스트가 프랑스 대통령이 되는 첫 사례가 될 것이다.

이슬람 페미니즘과 여성해방

이슬람 페미니즘에 대한 질문이 있었다. 여성 차별의 근원에 대한 질문도 있었다.

어떤 면에서 이슬람 페미니즘은 이슬람 혐오에 대한 반발이라고 할 수 있다. 이슬람에 대한 서구의 온갖 거짓말과 편견에 맞서려는 시도인 것이다.

이슬람이 여성의 이혼권을 인정하고, 원치 않는 상대와 결혼하지 않을 권리를 인정한다는 점을 지적하는 것은 물론 중요하다. 이슬람은 가톨릭 교회와 달리 피임과 임신중단을 금지하지도 않는다.

그러나 이슬람에 충실하면 여성해방이 이뤄질 것이라고 생각하는 함정에 빠져서는 안 된다. 앞서 말했듯이 무슬림 사회도 계급 분단을 토대로 구축돼 있기 때문이다.

파키스탄에서 무슬림 여성인 베나지르 부토가 총리가 됐을 때[1988~1990년과 1993~1996년], 부토는 자신과 마찬가지로 무슬림인 평범한 파키스탄 여성들의 삶을 전혀 개선하지 않았다. 부토는 공식 석상에서 히잡을 착용하고 꾸란의 첫 장인 개경장을 암송하며 회의를 시작하곤 했지만, 파키스탄 기업주들과 나란히 앉아 파키스탄 기업의 이윤을 늘릴 정책들에 합의했다.

또 다른 무슬림 나라인 방글라데시에도 여성 총리가 있다. 그녀[칼레다 지아, 1991~1996년과 2001~2006년 재임]는 선거운동에서 이슬람이 방글라데시 사회에서 갖는 중요성을 강조했다. 그렇지만 그 여성 총리는 의류 공장에서 일하는 여성 노동자들이 제대로 된 휴식 시간과 점심시간도 없이 하루 12시간 동안 혹사당하는 상황을 전혀 개선하지 않았다. 그 여성 총리가 방글라데시 여성들을 보모와 청소부로 고용할 수 있는 처지인 반면, 이 여성 노동자들은 턱없이 적은 임금을 받고 매우 위험한 조건에서 일해야 했다.

그래서 나는 이슬람 페미니즘이 여성해방을 가져올 것이라고 생각하지 않는다.

이슬람 내부의 이질성

이슬람이 유일신교인데도 무슬림의 종교 생활이 지극히 다양하다는 지적이 있었다.

예컨대 살라프파나 사우디아라비아의 와하브파는 금욕적이고 사회적으로 매우 보수적이다. 이슬람에는 수피즘이라는 전통도 있다. 수피즘에는 성인들과 이들을 기리는 제단이 있다. 이런 제단에 수많은 무슬림들이 예배를 하러 다녀간다. 수피즘은 노래나 춤을 강조하기도 한다. 알레비파는 음주를 허용한다. 가족에 대한 관념은 보수적이지만 말이다.

1947년 인도가 독립할 때 파키스탄은 인도의 무슬림이 이주해 와서 살 나라라는 명분으로 건국됐는데, 당시 이를 주도한 세력의 하나가 아흐마디야파였다. 그런데 1960년대와 1970년대를 거치면서 아흐마디야파는 이단으로 규정됐다.

이는 이슬람 내의 이질성을 보여 줄 뿐 아니라 정치·경제·사회적 요인이 무슬림 사회에 미치는 영향을 보여 주는 사례이기도 하다.

이슬람 혐오와 차별에 맞선 공동전선

마지막으로, 저항의 중요성을 짚고 싶다.

이슬람 혐오에 대한 영국 좌파들의 태도를 묻는 질문이 있었다. 영국에도 이슬람이 보수적이고 여성 차별적이라는 주장을 고수하는 좌파가 있다.

TV에서는 많은 자유주의적 논평가들이 이슬람 사회가 후진적이라고 떠들어 댄다. 그들은 무슬림 여성이 세계에서 가장 차별받는 여성이라고 줄곧 묘사한다.

그런데 그 똑같은 논평가들이 서방의 아프가니스탄·이라크·예멘 폭격을 옹호한다. 서방이 무슬림 여성을 구원할 것이라면서 말이다. 그렇지만 서방은 그곳을 폭격해 무슬림 여성들을 살해하고 불구로 만들었다. 그곳에 살던 사람들이 남녀노소를 불문하고 난민이 돼 유럽으로 들어오려 하면, 그 논평가들은 '너무 많은 난민을 감당할 수는 없다'거나 '이 난민들은 이슬람 종교와 문화 때문에 영국문화에 좀처럼 동화되지 못할 것'이라고 주장한다.

안타깝게도 좌파 일부도 이런 주장을 받아들인다. 인종차별이 핵심 문제임을 보지 못하는 것이다.

현재 영국 보수당 정부는 난민들을 호텔이나 병영에 수용하고 있다. 여기서 "호텔"이라 함은 무슨 5성급 호텔이 아니라 낡고 허름하고 곰팡이투성이인 시설을 뜻한다. 현재 이런 곳들은 인종차별적 극우 단체들의 표적이 되고 있다. 영국에서는 그 난민들을 두고 '저들은 난민이 아니다. 저 젊은 남성들은 우리의 딸과 아내를 겁탈하러 온 짐승들이다' 하는 식의 공격이 많다.

우리는 이런 공격에 맞서야 한다. 영국에서 우리는 실제로 그렇게 하고 있다. 내가 속한 영국 사회주의노동자당은 노동조합 활동가들, 지역사회 활동가들과 협력해, 대개 무슬림 나라 출신인 난민들의 권리를 방어하는 광범한 공동전선을 구축했고, 작은 성과를 거두기도 했다.

영국에서 우리는 '인종차별에 맞서자'라는 광범한 인종차별 반대 공동전선을 건설했다. 여기에는 몇몇 노동당 의원들이 포함돼 있고,

혁명가들도 있고, 아나키스트들, 지역사회 활동가들, 노동조합 활동가들도 함께하고 있다. 이들은 모두 이슬람이 아니라 인종차별이 문제이고, 이에 맞서려면 자본주의와도 맞서 싸워야 한다는 인식을 공유하고 있다. 또, 인종차별을 이용해 우리 편을 분열시키려 하는 지배자들에 맞서 싸워야 한다는 인식도 공유하고 있다.

청중 토론 시간에 발언한 한 팔레스타인인 유학생은 팔레스타인에서 투쟁이 단결의 기반이 되고 있다고 옳게 지적했다. 투쟁 속에서 우리는 사람들을 단결시킬 힘을 찾을 수 있다. 투쟁 속에서 우리는 여성과 남성, 유색인과 백인, 이민자·난민과 정주민, 무슬림과 비무슬림을 단결시킬 수 있다. 이렇게 단결해서 우리 편을 지배하는 자들에 맞서 공동으로 투쟁해야 한다.

4장 팔레스타인인들의 저항: 식민주의로부터의 해방을 향해

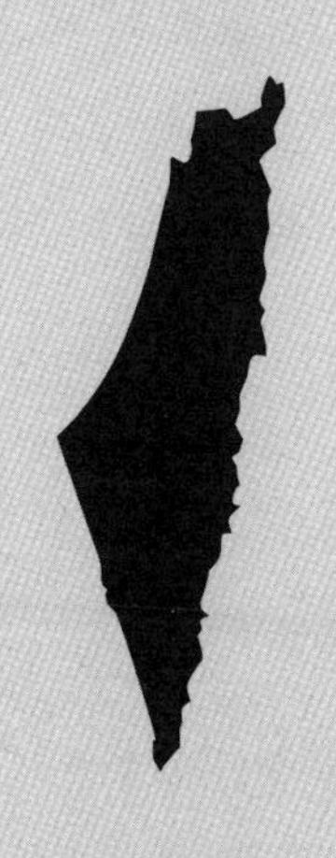

마르크스주의와 민족해방운동

팔레스타인 사람들의 저항은 반제국주의 민족해방운동, 특히 식민지 독립운동이다. 이스라엘의 식민주의와 미국 제국주의의 억압에서 풀려나 자체의 독립국가를 세우고자 하는 것이다. 하마스 자신도 세계종교인 이슬람교에 근거한 정당인데도 민족 해방, 식민지 독립운동을 표방해 왔다.

물론 특정 종교, 가령 유대교나 이슬람교와 결합된 국가는 국민을 종교·종파 간 분열로 몰고 갈 것이므로 대다수 팔레스타인 사람들은 옳게도 비종교적 국가를 수립하려 한다.

레닌과 트로츠키 주도하의 코민테른(1919~1922년)은 식민지 독립 등 억압받는 민족의 해방을 지지한다고 분명하게 밝혔다. 그와 동시에, 그런 민족해방운동을 "붉은색으로 칠해서는 안 된다"고도 덧붙였다. 그들은 이런 입장을 "무조건적이지만 무비판적이지는 않은 지지"라는 말로 요약했다. 그냥 "비판적 지지"라는 더 짧은 말로도 요약한 바 있다.

나중에 스탈린주의자들, 즉 공산당들과 일부 트로츠키 정설주의자들은 제3세계 민족해방운동을 놓고 이 공식을 폐기하고는 그 대신에 기회주의적으로 무비판적 지지를 하며 반미 진영을 구축하려 애썼다.

가령, 미국 사회주의노동자당SWP/US의 카스트로 지지가 그랬다. 쿠바의 피델 카스트로와 체 게바라는 혁명 전에는 소련이나 공산당에 아무런 매력도 못 느꼈다. 쿠바 공산당(민중사회주의당PSP)에 대해서는 아예 경멸감과 혐오감마저 느꼈다. 그도 그럴 것이, 쿠바 공산당은 제2차세계대전 이래로 인민전선 노선에 따라, 극도로 부패한 군사 독재자 바티스타를 지지하기까지 했었으니 말이다. 쿠바 공산당도 혁명 전에는 카스트로에 대해 비판적이었다. 공산당과 카스트로 정부가 결합된 것은 혁명 후 미국의 압박 때문이었다.

미국 사회주의노동자당은 1979년 니카라과 혁명에 대해서도 기회주의적인 입장이었다. 니카라과 혁명은 독재자 소모사와 미국의 영향력을 타도한 민족 해방 혁명이었지만 사회주의적 노동자 혁명은 아니었다. 그런데도 미국 사회주의노동자당은 그 혁명과 산디니스타를 "붉은색으로 칠"했다.

기회주의자들에게 "무조건적이지만 무비판적이지는 않은 지지"는 이해하기가 쉽지 않은 공식인 듯하다.

그래서 이참에 이 공식이 무슨 뜻인지 한번 짚어 보는 것도 의미 있는 일일 것 같다.

무조건적 지지의 의미

'무조건적'이라는 말은 '서슴없이', '거리낌 없이', '어정쩡하지 않고 온전히'라는 뜻이다. 구체적으로 말하면, 어떤 민족해방운동의 정치가 자신의 정치(원칙과 강령, 전술 등)와 달라도 마르크스주의자는 서슴없이, 거리낌 없이, 어정쩡하지 않고 온전히 그 민족해방운동을 지지해야 한다는 것이다.

그 이유는 그 민족해방운동이 제국주의나 식민주의에 맞서고 있기 때문이다.

그렇다면, 이런 질문을 던질 수 있다. 만일 그 민족운동이 제국주의나 식민주의에 맞서지 않고 오히려 제국주의나 식민주의에 의존한다면 어찌 되는가? 이와 관련해 더 구체적으로 다음과 같은 질문을 던질 수도 있다. 유대인이 이스라엘을 건국한 것은 민족자결권의 행사가 아닌가?

(유대인을 민족으로 볼 수 없다는 점을 차치하더라도) 그런 '민족자결'을 마르크스주의자는 지지할 수 없다. 당시에 이스라엘 건국을 추진하던 부류의 유대인은 시온주의자로 그들은 제국주의(주로 영국과 미국)에 힘입어 이스라엘을 건국하고 있었기 때문이다. 당시에 많은 사회주의자들이 이스라엘의 '자결권'을 지지했는데, 그것은 미국 제국주의를 더욱 강화하고, 팔레스타인 사람들을 더욱 몰아내고 그들의 재산을 몰수하는 데 도움이 됐다.

1999년 나토의 세르비아 공격 때 코소보주 알바니아인들의 자결권도 혁명적 마르크스주의자는 지지하지 않았다. 그 이유도 코소보 주 알바니아인들이 당시에 나토를 지지했기 때문이다.

지금 우크라이나도 러시아 제국주의로부터 민족자결권을 행사하고 있다고 볼 수 없다. 왜냐하면 미국 등 나토의 지지를 받아 대리전쟁을 수행하고 있기 때문이다. 그런 민족'자결'은 반동적인 것이다.

우크라이나 전쟁 개전 전에 우크라이나의 일부였던 크림반도 주민의 다수가 러시아로의 병합을 지지했는데, 그런 '자결권'도 잘못된 것이다. 특히, 소수 인종 타타르인들에 대한 억압을 영속시키는 것이었다.

북한의 무력시위도 지지할 수 없다. 2000년대에는 미국의 위협으로부터 북한의 자결권을 당연히 옹호해야 했지만, 이제 북한의 핵무기를 포함한 무력시위는 중국과 러시아의 제국주의에 결합돼 있기 때문이다. 제국주의와 결탁한 민족 자주화 움직임은 제국주의를 강화하기 때문에 마르크스주의자가 지지해서는 안 된다.

물론 국민의힘과 민주당, 자유주의자들(그리고 사회진보연대)처럼 북한 비판에 더 열을 올리는 것은 친서방 정부하에서 활동하는 좌파가 취할 태도는 아니다. 한국의 좌파는 한국과 미국, 일본의 정부들을 반대하는 데에 집중해야 한다(중국과 러시아, 북한의 정부들도 부차적으로 반대해야겠지만 말이다).

괜한 사족일지도 모르지만, 마르크스주의자는 억압 민족의 자결권도 지지해서는 안 된다. 가령 중국이 대만을 강제로 합칠 자결권을 지지할 수 없다. 오늘날 중국은 더는 1949년 혁명 전처럼 반식민지 또는 종속국이 아니다. 중국은 제국주의 국가이며, 특히 그 국가의 핵심을 이루는 한족은 피억압 민족이 아니다. 한족은 위구르족이나 티베트인 등 소수민족을 억압하는 억압 민족이다.

'무조건적 지지'에 관해 지금까지 말한 바를 정리하면 이렇다. 마르크스주의자는 억압 민족이 아니라 피억압 민족이 제국주의에 의존하지 않고 제국주의에 대항하는 투쟁을 한다면, 자신의 정치와 달라도 서슴없이 지지해야 한다.

"그렇다면 조건이 있는 거네? 피억압 민족/국민/나라의 반제국주의 투쟁이라는?" 하는 질문이 있을 수 있다. 그러나 그것은 조건이 아니라 전제다. 민족 독립이나 자결이나 해방에 대해 말하기 전에 앞서 내세우는 근거다.

하마스를 '서슴없이', '거리낌 없이', '어정쩡하지 않고 온전히' 지지하기

무릇 민족해방운동은 민족주의자들(좌파적이든 주류적이든)이나 이슬람주의자들을 지도부로 세워 기존 제국주의 체제 내에 독자적 국민국가를 세우는 것을 목표로 한다.

그렇지만 마르크스주의자는 그 민족이 억압 민족이 아니고 제국주의에 의존하는 것이 아닌 한에서는(위에서 언급한 전제) 그 지도부를 일단 '닥치고' 지지하는 데서 시작해야 한다.

팔레스타인 사람들은 종교를 불문하고, 인종을 불문하고, 또 정치를 불문하고 이스라엘 국가와 시온주의 정착자들에 의해 억압받고 있다. 그리고 그들은 이스라엘과 그 후원자인 미국 등 서방에 맞서 싸우고자 한다.

그러므로 우리는 그들의 저항을 무조건 지지한다. 특히, 그들의 정치가 주로 사회주의가 아니라 하마스라는 이슬람주의 정당으로 대표되고 있을지라도 말이다.

국제적 팔레스타인 연대 운동의 일각에서는 2023년 10월 7일 하마스의 공격으로 시작된 팔레스타인 투쟁을 지지해야 할지 몰라 처음에 크게 망설였다. 무조건적 지지 입장이 아니었다.

그들은 하마스가 아무리 2017년에 강령을 개정했어도 여전히 이슬람 국가를 지향할 것이고, 유대인 혐오적일 것이고, 성차별적일 것인 데다, 여전히 성소수자 혐오를 하고 있다는 생각에 하마스 지지가 별로 내키지 않았다.

특히, 민간인 납치와 인질 억류가 그들에게 큰 걸림돌이었다. 그러나 하마스의 이스라엘 민간인 인질 삼기를 비난해서는 안 된다. 하마스는 이스라엘과 반식민주의 전쟁을 벌이고 있다. 식민지 정착자나 그 유관자 또는 그런 혐의자를 억류하고 조사하며 인질로 잡아두는 것은 전쟁 포로POW 사로잡기에 해당하는 것이다.

비록 전쟁 포로를 인간적으로 대우하는 것이 모든 종류의 해방투사다운 면모이겠지만, 알제리의 정신과 의사이자 반식민주의 운동가 프란츠 파농(1925~1961)이 설명했듯이 반식민주의 전쟁의 경우처럼 강탈당한 사람들이 자행하는 폭력은 결코 비판받아서는 안 된다(특히 《대지의 저주받은 자들》, 1장).

그런 일이 없이 반식민주의 저항이 실행될 수 있다고 믿는 사람은 딱한 도덕주의자에 불과하다. 1916년 아일랜드의 부활절 봉기를 실패한 "국가 변란" 기도라고 부르며 폄훼하는 많은 사회주의자들을 놓고 레닌은 이렇게 비판했다. "한편에 사회주의자들이, 다른 한편에 제국주의자들이 죽 늘어선 채" 대결하는 양상을 사회혁명이라고 기대하는 사람, "'순수한' 사회혁명을 기대하는 사람은 생전에 그런 일을 결코 보지 못할 것이다."

한편, 하마스 지지 회피자들은 (레바논 사회주의자이자 저술가 질베르 아슈카르처럼) 하마스의 무장투쟁이 이스라엘의 수십 배, 수백 배 더 큰 반격을 부를 무모한 모험주의라고 생각했(한)다. 그들 생각에 하마스의 10월 7일 공격은 팔레스타인 사람들 대다수를 거스른 소수 엘리트만의 행동이라는 것이었다. 그래서 하마스와 팔레스타인을 분리해 보는 시각을 주류 언론과 공유했다.

그러나 곧 이스라엘의 무지막지한 반격이 시작됐다. 그러자 수많은 사람들이 이스라엘이 지나치다고 생각하게 됐고, 무조건적 지지 회피자들은 무언가 행동하지 않으면 주도권을 더 급진적 경향들에 빼앗기겠다는 생각이 들었다. 동시에 묘수가 그들에게 떠올랐다. 하마스에 대해 말하지 않고 그저 이스라엘의 공격만 반대한다는.

그러자 평화주의 경향의 세력들이 대거 가세할 여지가 생겨났다. 평화주의는 전쟁과 폭력이 언제나 잘못된 것이라는 견해다. 평화주의자들이 이스라엘의 전쟁 노력을 반대하는 데에 동참하는 것은 좋은 일이고 필요한 일이다.

그러나 평화주의의 약점이 한국에서 언뜻, 일찍이 드러났다. 대표적 개혁주의 정당들이 2023년 12월 8일 국회의 양비론적 결의안을 지지한 것이다. 그 결의안을 읽어 보면 하마스의 무장 저항 비난에 좀 더 무게가 실렸음을 알 수 있는데도 말이다.

이스라엘이 일방으로 팔레스타인 사람들을 폭탄과 기아와 질병으로 대량 학살하는 지금과 같은 상황에서는 평화주의의 정치적 약점이 더 드러나지 않을 수도 있다. 그러나 '평화 프로세스'라고 불렸던 오슬로협정을 그릇되게도 평화주의자들이 지지했고, 공상적인 '두 국가 방안'도 지지해 온 것을 고려하면 평화주의는 미덥지 못한 사상이다.

무비판적이지는 않다

어떤 민족 해방 투쟁(의 지도부)을 '서슴없이', '거리낌 없이', '어정쩡하지 않고 온전히' 지지한다 해서 그 투쟁(그 지도부)의 정치를 비판하지 말아야 한다는 뜻은 아니다. 그렇기는커녕 그 투쟁이 승리하기를 바라는 마음에서 나오는 건설적·동지적 비판은 유용할 뿐 아니라 필요하다.

특히, 오늘날 피억압 민족의 해방 투쟁은 제2차세계대전 종전 이후 1980년대까지 20세기 중엽의 중국, 쿠바, 베트남, 이란, 니카라과 등지의 혁명들보다 훨씬 어려운 조건에 처해 있다. 특히, 세계경제 위기와 함께 제국주의 열강의 지정학적 경쟁과 갈등이 심각해 이들이 피억압 민족의 국가적 자주성을 자기네 이해관계에 맞춰 제약하려 들기 때문이다.

그럴수록 타협적인 민족해방운동의 입지는 줄어들 수밖에 없다. 오슬로협정과 파타, '두 국가 방안' 등이 어떻게 귀결됐는지가 이를 잘 보여 준다. 역사가이자 저명한 반제국주의 활동가인 타리크 알리는 2009년 팔레스타인 연대 집회의 연설에서 오슬로협정을 "항복", "투항", "적응", 심지어 "부역"이라고 불렀고, 팔레스타인 당국을 "주권이 없는 피보호국일 뿐"이라고 일갈했다.

그러므로 팔레스타인 민족해방운동은 유대인과 아랍인, 무슬림과 그리스도인이 함께 살며 평등권을 누리는 비종교적 단일 민주국가를 수립하기 위해 1990년대 남아공 아파르트헤이트의 점진적 '이행'과 달리 시온주의 아파르트헤이트를 강제적으로 해체해야만 할 것이다. 1990년대 초는 미국의 경쟁 상대인 러시아가 몰락하고 있었고, 중국은 아직 세계적 제국주의 강대국으로 발돋움하기까지 한참 남았을 때였다. 지정학적 불안정이 지금보다 훨씬 덜한 때였다.

이런 혁명적 전망에 비춰 볼 때 마르크스주의자의 하마스 비판은 그들의 종교가 아니라 개혁주의(그리고 불가피하지 않은 타협)에 맞춰져야 한다. 특히, 하마스가 아랍 노동계급 투쟁에 별 열의를 보이지 않고 오히려 일부 아랍 정권들과 협력하려 하는 것이 진정한 문제다.

사실 하마스는 '두 국가 방안'에 잠시 경도된 적도 있고, 파타와 타협적으로 협상하는 모습도 보인 적이 있다.

비종교적 단일 민주 팔레스타인 독립국 수립은 시온주의 국가의 강제적 해체를 전제로 할 수밖에 없다. 핵심적으로 토지 소유 문제 때문이다. 정착자들이 강탈한 토지를 순순히 돌려줄 리가 없다. 게다가 미국과 서구의 제국주의가 시온주의 국가를 순순히 내려놓을 리도 만무하다.

결국 트로츠키가 말한 연속혁명(구체적으로 말하면, 제국주의를 축출하고 사람들이 민주적 권리를 누리는 아랍 노동계급 혁명)으로써만 팔레스타인인들의 해방이 가능할 것이다. 이런 (연속혁명) 전략에 비춰 가하는 하마스 비판만이 정당하다.

이스라엘은 이길 수 없는 전쟁을 수행하고 있지만 그렇다고 하마스와 팔레스타인 사람들이 순전히 군사적 수단만으로 이스라엘에 이길 수 있는 것은 아니다.

팔레스타인 사람들이 해방될 수 있는 것은 2011~2013년 이집트 혁명에서 언뜻 그 단초가 보였다. 지금의 팔레스타인 저항이 다시 아랍 세계에 불씨를 던지기를 바라자.

연속혁명은 무엇이고 팔레스타인 해방에 어떻게 적용되는가?

먼저 '연속혁명론'의 말뜻부터 살펴보자. 연속혁명론은 연속혁명 이론이라는 뜻이다. 그러나 연속혁명은 이론이 아니라 전략이다.

이론은 법칙과 원리·원칙의 체계다. 반면 전략은 계획, 기본 계획이다.

러시아 혁명 이래로 연속혁명이 일어난 적이 없다. 혁명이 연속되지 않고 중간에 멈췄다. 연속혁명이 '이론'이라면 그러지 않았어야 한다.

그러나 연속혁명은 '전략'인데, 아무도 그런 전략을 세우지 않았거나 그런 전략을 세운 세력이 너무 미약했기에 실행되지 못했다.

그래서 1927년 중국 혁명은 패배했다. 1949년 중국 혁명은 노동계급의 사회주의적 혁명이 아니라 중간계급의 민족 해방 혁명이었고, 1959년 쿠바 혁명도 마찬가지였다. 그런가 하면 1989년 동유럽

혁명은 민주주의 혁명이었다.

이런 혁명들은 노동계급의 사회주의 지향 혁명으로 연속되지 않고 민족 해방이나 정치적 민주주의를 이룩하는 데서 멈췄다. 왜냐하면 이런 혁명들을 이끈 지도부들이 연속혁명 전략을 세우고 그런 전략을 실행하지 않았기 때문이다.

1927년 중국 공산당은 노동계급에 기반을 둔 혁명적 사회주의 정당이었다. 그렇지만 소련과 코민테른의 스탈린주의적 지도부의 강요와 그들 자신의 경험 부족으로 우물쭈물하고 주저주저하다가 기회를 놓쳤을 뿐 아니라 장제스와 왕징웨이에 의해 차례차례로 배신당하며 거의 궤멸당했다.

1949년 중국 혁명의 지도부 중국 공산당은 지식인 기반의 정당으로 바뀌었다. 그들은 미국 제국주의와 부패한 국내 친미 세력을 쫓아내고 국가자본주의적 축적을 추진할 국민국가를 건설하는 데 헌신해 중간계급들의 지지를 받았다. 특히 지주제도 폐지를 공약해 농민의 지지를 받았다.

1959년 쿠바 혁명의 지도부 카스트로와 체 게바라도 중간계급 지식인들의 정당을 이끌고 미국과 부패한 친미 세력을 쫓아내고 쿠바 국가자본주의를 건설했다.

1989년 스탈린주의 체제를 붕괴시킨 동유럽 지식인들과 도시 중간계급은 국가자본주의를 '민영화'(사유화)하고 세계시장에 개방하고자 정치적 민주주의를 구현했다.

이런(1949년, 1959년, 1989년) 혁명들에서 노동계급은 극도로 제한적이고 수동적인 구실만을 했다. 왜냐하면 혁명 지도부들이 그런 전략을 세워 실행했기 때문이다. 그 지도자들은 민족 독립과 지주제도 폐지, 아니면 정치적 민주주의를 성취하는 데에만 관심을 가졌던 것이다.

트로츠키 정설주의자들은 트로츠키를 따라 연속혁명을 이론으로 이해했기 때문에 1949년 중국 혁명과 1959년 쿠바 혁명의 성격을 정확하게 인식하지 못했다. 1949년 중국과 1959년 쿠바에서 연속혁명의 원동력은 작용하지 않았고(특히 노동계급의 자력 해방을 위한 혁명적 행동이 없었다), 카스트로와 마오쩌둥의 정당들도 연속혁명 전략을 채택하지 않았다. 그런데도 트로츠키 정설주의자들은 중국과 쿠바의 혁명들로 '노동자 국가'가 세워졌다고 주장했다. 노동계급이 능동적이고 지도적인 역할을 하지 않았어도 노동자 국가가 세워지다니 대단한 신비주의가 아닐 수 없다.

연속혁명: 민주주의의 과업들을 노동자 혁명으로 해결

그러나 1917년 10월 러시아 혁명은 무엇보다 노동계급이 자체의 민주적 권력 기구(러시아에서는 '소비에트'로 불렸다)를 기반으로 권력을 잡고 그 노동자 권력을 통해서 정치적 민주주의와 지주제도 폐지, 소수민족 해방, 그리고 생산의 노동자 통제를 이룩했다. 즉, 사회주의 혁명으로 민주주의의 과업들도 수행한 것이다.

바로 이를 두고 연속혁명이라고 부른다. 2월 혁명이 10월 혁명으로 연속된 것뿐 아니라, 무엇보다 2월 혁명으로 성취되지 못한 것들을 10월 혁명이 성취하기 시작한 것을 두고 연속혁명이라고 규정하는 것이다.

2월에서 10월까지는 연속혁명의 원동력(특히, 노동계급의 소비에트 활동과 농민의 토지 장악)이 근저에서 작용하던 기간이었지만, 연속혁명 자체는 10월 혁명이었다. 그래서 레닌은 1921년 10월 14일에 발표한 "10월 혁명 4주년 기념일"이라는 〈프라우다〉 기사에서 이렇게 말했다. "우리는 부르주아적·민주주의적 개혁들이 프롤레타리아 혁명, 즉 사회주의 혁명의 부산물이라고 말했고 행동으로 입증했다." 같은 글에서 레닌은 "위대한 10월 혁명이 일으킨 농업 개혁"이라는 말도 하고 있다.

요컨대 연속혁명 전략이란 노동계급이 권력을 장악해서, 미해결의 역사적 숙제들인 국가 독립이나 정치적 민주주의나 지주제도 폐지, 소수민족 자유화 등을 함께 해결하는 것을 말한다.

연속혁명 전략과 반대되는 전략을 두고 단계혁명 전략이라고 한다. 개혁 전략은 또 다른 것인데, 왜냐하면 단계혁명 전략은 그래도 혁명가들이 추구하는 것인 반면, 개혁 전략은 개혁주의자들이 추구하는 전략이기 때문이다.

그러나 혁명적 상황이 심화돼서 노동계급이 자체의 민주적 권력기구를 세우고 정치권력 장악을 위협하면, 개혁주의자들과 단계혁명론자들은 서로 수렴할 공산이 크다. 1917년 러시아를 비롯한 역사적 경험들을 보면 이를 알 수 있다.

1917년 2월 혁명 이후 10월 혁명에 이르기까지 단계혁명론자들인 멘셰비키는 임시정부의 부르주아 개혁주의자들과 유착해 있었다. 그러느라고 노동계급이 하고 있던 결정적 구실을 직시하고 받아들이지 못했다. 결국 10월 혁명을 팔짱 끼고 멀뚱멀뚱 바라봤다.

민주혁명 선행론이 제기되는 맥락

이제 연속혁명 문제가 제기되는 맥락을 살펴보자. 혁명이냐 개혁이냐 하는 논쟁은 혁명가와 개혁주의자 사이에 일어나는 반면, 연속혁명이냐 단계혁명이냐 하는 논쟁은 혁명가들 사이에 일어난다. 그러므로 연속혁명이 적절하냐 아니냐 하는 논쟁은 혁명가들 일각에서 사회주의 노동자 혁명 전에 민주주의 혁명이 선행해야 한다는 주장이 제기되는 상황을 맥락으로 하는 것이다.

그러므로 마치 혁명의 유형 중에 사회주의 혁명이 있고, 연속혁명이 있고, 또 무슨 혁명, 무슨 혁명 등이 있는 게 아니다. 사회주의 혁명, 즉 노동자 혁명이 가능한데도 그 전에 반드시 민주주의 단계를 거쳐야만 한다고 주장하는 단계혁명론자들이 존재할 때 혁명의 목표와 수단을 둘러싸고 연속혁명 전략을 제안해야 하는 것이다.

1980년대 우리나라에서는 혁명이냐 개혁이냐 하는 논쟁이 거의 없었다. 개혁주의 입장을 주장하는 사람들이 좌파에 거의 없었기 때문이다. 당시에는 어떤 종류의 혁명이냐를 두고 논쟁했다. 그러나 모두 단계혁명론을 당연시하며 그 안에서 자기들 나름의 전략을 주장했다. 먼저 미국의 간섭으로부터 국가 (자)주권을 확립할 것인가(NL), 아니면 먼저 재벌을 대행하지 않는 민중(노동자와 중간계층들)의 정부를 세울 것인가(PD) 하는 게 핵심 쟁점이었다.

그러나 단계혁명론은 민족해방혁명론NL이든 민중민주혁명론PD이든 노동자 권력을 당면한 역사적 의제에 올려놓기를 거부했다. 그들은 모두 노동계급과 중간계급을 뭉뚱그려 혁명의 주체로 보는 민중주의를 넘어서지 못했다. 따라서 당시에는 연속혁명 전략이 주창될 만했다(그러나 노동계급 투쟁이 가장 고양되던 1989년 말 동유럽 스탈린주의 체제 붕괴 문제가 엄습하고 압도했다).

오늘날 NL과 PD는 대부분 개혁주의자들이 됐다. 극소수가 1980년대처럼 혁명적인 채로 남아 있기는 하지만 극도로 스탈린주의적이다.

그래서 오늘날 좌파 측에서는 일반적으로 혁명이냐 개혁이냐가 쟁점이다. 비록 혁명가들이 극소수여서 이 논쟁이 별로 활성화되지는 않지만 말이다.

그렇지만 1920년대 중국, 1930년대 프랑스와 스페인, 1970년대 칠레, 1980년대 남아공, 1998~1999년 인도네시아 등지에서는 단계혁명이냐 연속혁명이냐가 실제로 문제가 됐다.

앞으로도 중국·러시아·북한 등을 포함해 일부 나라들에서는 혁명적 기운이 고양되면, 민주주의 혁명이 선행된 뒤에야 비로소 사회주의 혁명을 일정에 올릴 수 있다고 주장하는 사람들이 생겨날 것이다.

특히, 노동계급이 사회집단들 중 가장 크지 않은 데다 산업 노동자들은 더욱 적은 경우에, 과연 노동계급이 그 자신의 힘만으로 권력을 장악할 수 있겠느냐는 타당한 문제 제기가 있을 수 있다. 가령 남수단공화국, 중앙아프리카공화국, 니제르, 모잠비크, 라이베리아, 앙골라, 에티오피아, 르완다, 우간다 그리고 아프가니스탄, 방글라데시, 네팔, 미얀마, 예멘, 아이티 등등 세계 최빈국들은 세계 자본이 외면해 온 데다 종족 간 분열과 영토 전쟁으로 노동계급이 규모가 축소됐을 뿐 아니라 점점 원자화돼 왔다.

그런 곳들의 노동계급은 특히 도시 빈민의 지지를 받아야 권력을 장악할 수 있다. 물론 도시 빈민의 지지를 받아 국내에서 권력을 장악해도 사회적 위기 해결은 자체적으로 불가능하고 산업이 어느 정도 이상 발달한 나라들의 노동계급 권력으로부터 지원을 받아야만 가능하다.

팔레스타인 해방과 연속혁명

비록 세계 최빈국의 하나로 분류되지는 않지만 팔레스타인의 위기도 이웃 나라(특히 이집트) 노동계급의 행동에 의존해서만 해결될 수 있다. 이스라엘 산업에 고용된 팔레스타인계 노동계급이 있지만 매우 소수인 데다 주변적 기능만을 한다.

결정적으로, 이스라엘 국가가 미국 제국주의에 의해 하이테크로 중무장하고 있어서 팔레스타인인들만으로는 이스라엘의 식민 정착자 지배를 패퇴시킬 수 없다.

게다가 주변 아랍국 정권들은 서방과 이스라엘의 팔레스타인 억압을 돕는 핵심 세력이 됐다. 이집트 대통령 엘시시의 독재 정권이 라파흐 국경을 폐쇄하고 있는 것을 보라. 요르단 왕 압둘라 2세도 이스라엘, 미국과 협력하고 있다. 미군 3000명을 주둔케 하는 대신에 미국으로부터 엄청난 경제원조를 받고 있다. 사우디아라비아 왕정도 막대한 석유 수입 일부를 사용해 다른 아랍 정권들을 유지시키고 있다.

따라서 팔레스타인 사람들이 해방되려면 아랍 정권들이 전복돼야 한다.

물론 이란은 하마스에게 자금을 제공해 왔다. 그렇지만 이란이든 레바논 헤즈볼라든 그동안 가자의 대학살을 막기 위해 한 일이 거의 없다. 특히 이란 지배자들의 주요 관심사는 자신들의 부와 권력을 지키는 것이다. 이스라엘과 전쟁을 벌이는 것은 이를 스스로 위험에 빠뜨리는 것이다. 더구나 2023년 이란 정부는 끈질기게 저항하는 자국 시위대를 누적 통계로 450명이나 살해했다. 하마스가 2012년 시리아 혁명 때 아사드 독재 정권을 비판하자 이란은 하마스를 길들이려고 하마스에 대한 재정 지원을 중단했었다.

이런 일들은 이란 정권이 팔레스타인 사람들의 동맹이 될 수 없음을 뜻한다(유감이게도 하마스는 이런 이란 정권과 사이좋게 지내려고 하고 있다).

그러므로 팔레스타인 해방은 중동 전역의 노동계급과 도시 빈민의 아래로부터의 대중투쟁에 달려 있다.

팔레스타인 연대 운동은 이런 투쟁의 방아쇠 구실을 할 수 있다. 10월 7일 공격 이후 요르단에서 어쩌면 그런 투쟁이 일어날지도 모른다는 조짐이 보였다. 요르단 시위대는 서안지구와의 경계선까지 행진하려 했고, 정권은 보안군을 통해 시위대에 발포했다.

이런 항의가 노동계급의 생계 유지 투쟁과 맞물리면 실로 거대한 대중투쟁이 일어날 수 있다.

이집트 혁명의 중요성

결정적 전장은 이집트일 것이다. 인구 1억 1000만 명에 취업 노동자만도 3000만 명인 아랍 정치의 핵심부에서 혁명이 다시 일어난다면 가장 중요한 사건일 것이다.

2011년 이집트 혁명은 팔레스타인 연대 운동으로부터 몇 년간 성장해 나왔던 것이다. 그리고 타흐리르 광장의 대규모 점거는 광범한 노동자 파업들과 연결되면서 결정적 원동력을 창출했다. 공장뿐 아니라 항만과 병원, 학교, 공무원 등까지 가세해 나라를 거의 마비시켜서 독재자 무바라크를 물러나게 했다.

그러나 아쉽게도 혁명가 조직들은 소규모였고, 그 대신에 매우 대규모이고 개혁주의적인 무슬림형제단이 운동의 주도권을 잡아 마침내 집권까지 하게 됐다.

군부는 이슬람주의에 적대적인 세속주의 정치 세력들의 지지를 받아 2013년 쿠데타를 일으켰다. 군부의 반혁명으로 수많은 무슬림형제단 단원들과 혁명가들이 학살당했다.

그렇지만 혁명은 다시 일어날 것이다. 오래지 않아 "빵, 자유, 사회정의"라는 구호가 다시 울려 퍼질 것이다.

이집트의 민중은 적빈 상태다. 국민의 3분의 2가 빈곤선 이하에서 살고 있다. 반면 5퍼센트도 안 되는 극소수(군장성, 국가 관료, 기업주 등과 그 가족)가 국민소득의 절반 이상을 가져가고 있다.

노동자 투쟁과 반제국주의를 결합시키는 '혁명적 사회주의자들RS'이 이집트에서 재건되는 것이 사활적으로 중요하다. 그들의 연속혁명 전략이 성공한다면 이집트 노동계급은 도시 빈민을 이끌고 군부통치를 타도하고 정치권력을 잡아, 이집트에 종교의 자유를 포함해 민주주의를 구현하고, 제국주의와 시온주의의 영향력을 물리치고, 아랍 노동자들의 혁명적 투쟁을 고무하고, 이집트 농민을 족쇄에서 해방케 하는 등의 일을 시작할 수 있을 것이다.

이집트에서 연속혁명이 일어난다면 레바논, 이라크, 시리아 등지에서도 틀림없이 연속혁명의 원동력이 작용할 수 있을 것이다.

팔레스타인 해방은 아랍 혁명의 일부가 될 것이다

이스라엘-팔레스타인 전쟁의 장기화와 가자지구에서 벌어지고 있는 참상은 팔레스타인 문제의 진정한 해법과 이를 위한 전략이 무엇이냐는 문제를 시급하게 제기한다.

'두 국가 방안'은 사기다

미국과 서방 지도자들, '국제사회'는 '두 국가 방안'을 해법으로 제시한다. 그러나 그 방안은 사기다. 미국과 이스라엘은 팔레스타인인들에게 진정한 국가를 허용할 생각이 없다.

설사 팔레스타인인들에게 진정한 국가를 허용한다고 하더라도, 역사적 팔레스타인 땅 일부만을 팔레스타인인들에게 떼어 주는 것으로는 정의가 회복될 수 없다. 그래서 팔레스타인인들은 마땅히 이스라엘의 존재에 계속 의문을 제기할 것이다. 이스라엘은 팔레스타인인들에게 그런 발판을 내주려 하지 않을 것이다.

그래서 현실적으로 '두 국가 방안'은 팔레스타인인들에게 지극히 제한적인 자치를 허용한 뒤, 그 지도자들에게 팔레스타인인들을 단속하는 일을 일부 맡기는 것을 뜻할 뿐이다.

이것이 1993년 오슬로협정으로 탄생한 팔레스타인 당국의 실제 기능이다. 팔레스타인 당국은 점령지에서 사회 유지 업무를 일부 분담하고, 이스라엘군과 협력하며 보안경찰 구실을 하청받아 수행해 왔다. 그러는 동안 이스라엘은 시온주의자 정착촌을 계속 늘리고 팔레스타인인들의 땅을 계속 빼앗아 왔다.

2006년 팔레스타인 총선과 그 직후에 벌어진 일은 미국과 이스라엘이 허용하려는 팔레스타인 자치의 한계선을 뚜렷이 보여 줬다. 그 선거에서 하마스는 팔레스타인 당국을 이끌던 파타를 상대로 압승을 거뒀다. 그러자 미국과 이스라엘은 이집트와 함께 파타의 쿠데타를 지원해 선거 결과를 뒤집으려 했다. 하마스가 저항을 포기하지 않은 세력이었기 때문이다.

그 후 봉쇄된 가자지구의 운명도 팔레스타인 국가와 이스라엘 국가가 나란히 존재할 수 없음을 극명하게 보여 줬다. 가자지구에서 하마스는 팔레스타인 당국보다는 좀 더 나아가 독자적 군대를 운용하고, 독자적 외교 활동도 한다. 그러나 가자지구도 실질적 의미에서 국가라고 할 수 없다. 이스라엘과 이집트가 가자지구를 에워싸 모든 통행과 물자와 전기, 식량 공급 등을 통제하기 때문이다.

그 결과 가자지구는 이스라엘과의 상시적 전쟁에 시달리며 외부의 원조에 의존해야 하는 처지가 됐다. 그리고 하마스는 원조를 통한 주변 국가들의 길들이기 압력에 노출돼 왔다.

물론 하마스는 지금까지 저항을 포기하지 않아 왔다. 그러나 이런 현실은 그들이 돌파구를 열지 못했음을 나타낸다.

비종교적 단일 민주국가의 필요성과 그것의 함의

'두 국가 방안'의 파산은 이스라엘을 존치시키고서는 문제를 해결할 수 없다는 것을 보여 준다.

팔레스타인 문제는 이스라엘 국가를 해체하고 "요르단강에서 지중해까지" 비종교적 단일 민주국가를 세울 때에만 해결될 수 있다.

그런 국가를 세울 때에만 이스라엘 내에서 차별받는 팔레스타인인, 점령과 봉쇄에 시달리는 서안지구와 가자지구의 팔레스타인인, 팔레스타인 바깥에서 잃어버린 고향을 되찾기를 바라는 팔레스타인 난민 모두를 위한 정의를 되찾을 수 있다.

그런 국가를 세울 때에만 역사적 팔레스타인 땅에 사는 아랍인과 유대인, 무슬림과 그리스도인을 불문한 모든 사람이 동등한 권리를 누릴 수 있다. 그런 국가만이 역사적 팔레스타인의 다양성을 온전히 반영할 수 있을 것이다.

이런 변화가 이스라엘 내부에서 올 수 있을 것이라고 기대할 수 없다. 이스라엘은 선주민을 상대로 한 강탈에 기초한 식민 정착자 국가이고, 노동계급을 포함한 사회의 모든 집단이 그 강탈에서 득을 본다. 물론 이스라엘 내에도 도덕적·정치적으로 원칙 있는 입장을 취하며 시온주의를 거부하는 용기 있는 소수가 있지만, 그들은 그들 스스로 지적하듯이 법칙의 존재를 증명하는 예외일 뿐이다.

또, 비종교적 단일 민주국가라는 목표를 이스라엘 국가를 개혁하는 방식으로 성취하는 것도 현실적으로 불가능에 가깝다. 1990년대 초 남아공에서는 흑인 노동자들의 강력한 저항에 밀려 기존 국가를 개혁하는 방식으로 아파르트헤이트(인종 분리) 체제를 종식시킨 바 있다. 남아공의 아파르트헤이트 정권을 지원하던 미국은 그 정권이 무너지면 남아공이 소련의 영향권으로 떨어질 것이라고 우려해 왔다. 그러나 동유럽이 붕괴하자 미국은 흑인 노동자들의 저항을 달랠 정치 개혁을 더 쉽게 인정할 수 있게 됐다.

반면, 이스라엘은 미국이 아프리카보다 더 중시하는 중동을 지배하는 데서 가장 핵심적인 요새다. 게다가 지금은 미국 제국주의의 위기가 갈수록 첨예해지고 있다. 그런 가운데 미국의 중동 통제력은 점점 약화돼 왔다. 그런 만큼 이스라엘이 미국에게 갖는 중요성은 더 커졌다. 이것은 이스라엘 극우가 더 자신감을 얻고 날뛰는 주요 요인이기도 하다.

따라서 비종교적 단일 민주국가라는 목표는 이스라엘 국가를 강제로 해체할 때에만 성취할 수 있는 것이다.

이스라엘이 오늘날까지 유지돼 온 것은 중동에서 제국주의의 '경비견' 구실을 자처했기 때문이다. 따라서 이스라엘 국가를 해체한다는 것은 중동의 제국주의 질서에 도전해야 한다는 것을 뜻한다.

그런데 미국은 중동을 지배하기 위해 이스라엘에만 의존하는 게 아니라, 아랍의 여러 정권과의 동맹에도 의존한다.

이 아랍 정권들은 종종 말로는 팔레스타인인들의 대의를 지지한다고 하지만, 실제로는 팔레스타인인들을 계속 예속시키고 미국의 중동 지배를 유지하는 데서 다들 일정한 구실을 하고 있다.

아랍 국가들의 맏형을 자처하는 사우디아라비아와 아랍에미리트연합국 등의 걸프 국가들을 보라. 이 국가들은 과거부터 중동에서 미국의 패권을 유지하는 데서 중요한 기둥 구실을 해 왔다. 이들은 세계 자본주의 체제의 핵심 연료인 석유가 달러로 거래되는 것을 보장해 미국의 달러 패권을 뒷받침하고, 그렇게 들어온 달러를 통해 거액의 돈을 굴리는 국제 금융 시스템의 큰손이 됐다. 그리고 자신에게 이득이 되면 어디든 투자한다. 예컨대 아랍에미리트연합국은 무려 1조 달러가 넘는 해외 자산을 굴리며 여러 기업에 투자하는데, 그중에는 가자지구를 공격하는 데 쓰이는 무기들을 제작하는 보잉도 포함돼 있다.

얼마 전까지도 이 걸프 국가들은 팔레스타인 문제는 없는 셈 치고 아예 이스라엘과 관계를 좁혀 왔다. 10월 7일 하마스의 공격은 그런 시도를 좌시하지 않겠다는 의의도 있었던 것이다.

한편, 이집트 군사정권은 미국의 주도로 이스라엘과 협정을 맺고 천문학적 액수의 군사·경제 원조를 미국과 서구에게서 받고 있다. 가자지구 봉쇄도 이집트의 협력 없이는 절대 불가능한 일이다.

요르단 정권도 수많은 팔레스타인 난민, 그 외에 이라크 전쟁, 시리아 내전 등을 피해 온 난민들을 수용하고 그들의 저항을 관리하고, 자국 영토 내에 미군 기지를 내주는 대가로 매년 미국에게서 막대한 지원을 받는다.

많은 수의 팔레스타인 난민이 살고 있는 요르단, 레바논, 시리아 등지의 정권들은 모두 팔레스타인 난민을 체계적으로 억압하고 그들의 저항을 탄압해 왔다.

따라서 팔레스타인의 해방은 중동에서 제국주의와 얽혀 있는 아랍 정권들과도 대결해야만 성취할 수 있는 것이다.

팔레스타인 독립을 어렵게 하는 요인들

그렇다면 팔레스타인의 해방을 위해 중동에서의 제국주의와 대결할 힘은 어디에서 찾을 수 있을까?

우선 팔레스타인인들 자신의 투쟁은 그 대결에서 필수적 요소다. 실제로 팔레스타인인들은 이스라엘의 온갖 만행과 학살, 책략에도 불구하고 75년 넘게 모든 수단과 방법을 동원해 저항하며 투쟁 의지를 입증해 왔다.

그러나 팔레스타인인들 앞에는 그들의 힘만으로는 독립을 쟁취하기 어렵게 하는 장애물들이 있다.

현재 팔레스타인인의 많은 수는 난민이고, 역사적 팔레스타인 땅에 사는 팔레스타인인들의 수는 이스라엘 유대인보다 조금 많은 수준이다. 그리고 이들은 이스라엘 경제에서 철저하게 배제돼 왔다.

이는 30여 년 전 식민 정착자들의 인종 분리 체제를 해체하는 개혁을 쟁취한 남아공 흑인들의 처지와 대조된다. 당시 남아공 흑인의 수는 백인 정착자의 5~6배에 달했고 남아공 경제는 주로 흑인 노동자를 착취해서 자본을 축적했다. 그래서 흑인 노동자들의 파업은 개혁을 강제하는 데 필요한 막강한 힘을 발휘할 수 있었다.

반면, 이스라엘은 군수, 하이테크 부문 같은 경제의 핵심 부문에서 팔레스타인인들을 배제해 왔다. 그래서 팔레스타인 노동자들의 파업은 이스라엘 경제와 국가를 마비시킬 수 없다. 2021년 역사적 팔레스타인 전역에서 벌어진 팔레스타인 노동자들의 파업은 건설 부문과 교통 부문 일부에 타격을 가하는 데 그쳤다.

또, 앞서 언급한 것처럼 이스라엘은 중동에서 미국의 지배를 유지하는 가장 중요한 요새다. 미국의 막대한 지원은 팔레스타인인들의 저항이 가하는 타격을 상당히 완화시켜 왔다.

팔레스타인 민족주의자들의 전략

1948년 이스라엘 건국 후, 팔레스타인 저항운동을 주도한 파타는 독립국가를 세우기 위해 아랍 국가들의 협력을 끌어내려 했다.

때마침 1950~1960년대 아랍 세계에서는 서구의 지배에 맞선 아랍민족주의의 물결이 일었다. 수에즈운하를 국유화하고 영국과 프랑스를 격퇴한 나세르가 그 지도자로 떠올랐다.

그러나 아랍민족주의 물결 속에서 식민 지배를 패퇴시키고 등장한 정권들의 주된 관심사는 자국 경제의 국가자본주의적 발전을 이룩하는 것이었다. 그리고 이 정권들은 팔레스타인인들이 자국을 넘나들며 벌이는 저항이 이스라엘의 침공을 촉발할까 봐 노심초사했다. 그래서 그 정권들은 팔레스타인인들의 저항을 제한하려 했다.

파타의 전략은 이런 아랍민족주의 정권들에 대한 실망을 배경으로 한 것이었다. 그들의 전략은 게릴라 투쟁에 기초한 것이었다. 그들은 중동 전역에서 이스라엘을 겨냥한 게릴라 공격을 벌이는 상황이 지속되다 보면 아랍 정권들이 그들을 도우러 나설 수밖에 없게 하는 압력이 형성될 것이라고 기대했다.

파타와 파타가 주도한 팔레스타인해방기구의 게릴라전은 몇 차례 상징적 승리를 거뒀다. 그 덕분에 파타와 팔레스타인해방기구는 한동안 대중적 지지를 누렸다. 그 승리는 1967년 전쟁에서 이집트가 이스라엘에 참패해 실망한 아랍의 대중에게 새로운 희망을 주기도 했다.

그러나 파타의 전략은 여전히 아랍 정권들을 중심에 놓는 전략이라는 문제가 있었다. 파타의 전략은 아랍 정권들을 압박해 자기 편으로 끌어들이는 것을 목표로 하는 만큼, 팔레스타인인들을 아랍 정권에 맞서는 방향으로 이끌 수는 없었다.

이는 요르단에서 문제를 낳았다. 파타와 팔레스타인해방기구는 요르단 인구의 다수를 차지하는 팔레스타인인 난민에게서 커다란 지지를 받았다. 그런데 이 난민들은 자신을 천대하고 빈곤에서 헤어나지 못하게 하는 요르단 정권에 분노했다. 한편, 요르단 정권은 '국가 안의 국가'라고까지 불리는 파타와 팔레스타인해방기구의 위세를 위협으로 여겼다. 그러나 파타는 한사코 요르단 정권과의 충돌을 피하려 했다.

파타는 도저히 회피할 수 없는 순간이 닥치고 나서야 요르단 정권에 맞선 투쟁을 선언했지만 이미 때를 놓친 뒤였다. 요르단 왕의 군대는 수많은 팔레스타인인을 학살했고, 팔레스타인 전사들을 지원하겠다고 약속한 이라크와 시리아 등의 아랍 국가들은 이를 수수방관했다.

그 후 파타는 아랍 정권들과 협력을 강화하며 이스라엘과의 협상을 통해 양보를 얻어 내는 노선으로 기울었다. 이는 아랍민족주의 정권들이 1967년 전쟁에서 참패한 뒤 제국주의 질서와 타협하며 그 질서의 일부가 되는 길을 걸은 것과 궤를 같이한다. 그에 따라 이집트는 1978년 캠프데이비드협정을 체결해 이스라엘을 인정하고 미국의 중동 지역 하위 파트너가 됐다. 그리고 이스라엘과 협상을 추구하는 노선으로 기운 파타는 결국 1993년 오슬로협정을 체결해 '두 국가 방안' 사기극에 공조하게 됐다.

하마스는 파타의 이런 노선을 거부하고 저항을 지속하면서 부상한 정당이다. 그러나 하마스의 노선은 많은 면에서 과거 파타의 노선을 계승하고 있다. 하마스의 무장투쟁은 미국과 이스라엘을 협상 테이블로 끌어내고 주변 아랍 정권들을 압박하기 위한 것이다. 이런 전략에 따라 하마스는 주변 아랍 정권들과의 충돌을 한사코 피하려 해 왔다.

그리고 이는 과거 파타가 부딪힌 것과 비슷한 난점을 낳았다. 가령 2023년 10월 7일 공격을 계기로 하마스는 요르단에서 엄청난 인기를 누리고 있다. 요르단에서는 팔레스타인인들과 연대하는 시위대와 정권이 충돌을 빚고 있다. 그런 상황에서 2024년 4월 5일 하마스는 요르단 왕에 감사를 표하는 공개서한을 보냈다. 이것은 국왕에 대한 정당한 분노의 목소리를 높이고 있는 팔레스타인인 지지자들의 행동을 제한하고, 요르단 정권의 기만극에 힘을 실어 주는 것이다.

제국주의와 아랍 정권들에 맞설 힘은 노동자·빈민 대중에게 있다

물론 하마스가 과거 파타의 한계를 답습한다고 해서 10월 7일 공격의 의의를 과소평가해서는 안 된다.

하마스의 전략과는 다른 측면에서 10월 7일 공격을 주목해야 한다. 바로 그 공격이 아랍 전역의 노동자·빈민의 행동을 촉구해 왔기 때문이다.

팔레스타인인들이 제국주의와 그에 협조하는 아랍 정권들에 맞설 힘은 바로 이들, 아랍 노동자·빈민에서 나온다. 그리고 팔레스타인인들의 대의는 아랍 전역에서 이들의 행동을 이끌어 낼 기폭제가 될 수 있다.

노동계급은 자본주의 사회에서 당하는 착취 때문에 특별한 힘을 갖는다. 바로 그 자신을 착취하는 시스템을 마비시킬 수 있다는 것이다. 이것은 아랍 사회에서도 마찬가지다.

물론 중동·북아프리카 전반에는 노동계급을 중시하지 않는 전통이 있어 왔다. 예컨대 알제리의 저명한 혁명가 프란츠 파농도 그런 태도를 취했다.

여기에는 중동·북아프리카 같은 낙후한 지역은 노동계급이 소수이고, 그들은 전국적 투쟁에 별로 나서지 않는 특권적 집단이라고 여기는 선입견이 깔려 있다.

그러나 레닌과 함께 러시아 혁명을 이끈 트로츠키는 노동계급이 소수인 나라에서도 노동계급이 다른 피억압 계급을 이끌고 혁명을 일으킬 수 있다고 지적했다. 그 나라 지배자들도 노동계급이 생산하는 부에 의존하고, 노동계급은 파업과 같은 효과적 집단행동을 벌일 수 있기 때문이다.

게다가 중동·북아프리카 지역을 그저 낙후하다고 하는 것도 지금의 현실과 맞지 않다. 그 지역의 많은 나라들에서 자본축적의 중심이 형성되고 자본주의가 성장했다. 그 지역의 도시인구 증가율은 수십 년 동안 세계 평균을 앞질러 왔다. 도시인구의 증가는 노동계급의 증가를 수반했다.

물론 도시에는 노동자 외에도 수많은 빈민이 있다. 그러나 노동자와 빈민은 같은 지역에 모여 살며 서로 영향을 주고받는다. 한 가족 안에 행상인, 하급 공무원, 생산직 노동자, 대졸 실업자가 같이 사는 경우가 부지기수다. 이들은 모두 교육받았고 많은 수가 30대 미만으로 매우 젊다. 생산과정의 핵심을 차지하는 노동계급은 자신의 힘을 입증할수록 빈민을 이끌 가능성도 커진다. 게다가 갈수록 그 중요성이 커진 운송과 같은 부문에서 노동자들이 발휘할 수 있는 힘은 더 커졌다.

중동·북아프리카 지역에서 이런 발전은 매우 심대한 모순 속에서 진행돼 왔다. 부의 분배는 극도로 불평등하다. 그러나 그곳의 억압적 정치체제는 이런 불만을 배출할 통로를 제한하고 있다. 1990년대부터 가속된 경제의 시장 지향적 전환은 이런 불평등과 모순을 더 심화시켰다. 여기에 더해 그 지역에서 끊임없이 벌어진 전쟁과 충돌도 대중의 삶을 악화시키고 제국주의에 대한 대중의 분노를 키워 왔다.

이런 상황에서 근래 크게 악화된 생계 문제를 둘러싸고 노동자들이 파업을 벌이고 이것이 독재 반대나 팔레스타인 해방과 같은 정치투쟁과 만나면, 서로 상승작용을 일으켜 실로 거대한 투쟁이 일어날 수 있다. 2011~2013년 아랍 혁명, 특히 이집트 혁명에서 이런 과정을 실제로 목격할 수 있었다.

흔히 이집트 혁명은 페이스북과 트위터로 시작된 광장 점거로 독재자를 몰아낸 사건으로 묘사된다. 그러나 이집트 혁명은 2000년대에 벌어진 일련의 투쟁에서 그 에너지를 축적해 왔다. 이집트에서는 2000년 제2차 인티파다를 계기로 민주주의 권리를 요구하는 정치 운동들이 벌어져 왔다. 그리고 2006년 즈음 정권의 극심한 탄압으로 그 운동이 가라앉던 중, 그 운동이 조성한 토양 위에서 마할라 섬유 노동자들의 대규모 파업이 벌어졌다. 그리고 그 파업은 다시 민주주의 운동의 새로운 국면을 열었다.

생계 문제를 둘러싼 투쟁과 정치투쟁의 만남과 상승작용은 2011년 이집트 혁명 초기 국면에서 훨씬 더 극명하게 나타났다. 당시 타흐리르 광장에서 벌어진 점거 농성은 노동자 파업 물결을 자극했다. 많은 경우 파업 자체는 독재 정권의 퇴진을 요구하기보다는 임금 인상 같은 생계 문제를 둘러싼 요구를 제기했다. 그러나 그 파업들은 섬유, 통신, 운송 등 이집트의 핵심 산업부문을 멈춰 시스템을 마비시키고 무바라크 정권에 치명타를 가했다. 이집트에 앞서 혁명이 일어난 튀니지나 2019년 알제리와 수단의 항쟁에서도 노동자들의 대규모 파업이 매 국면마다 결정적 구실을 했다.

독재자들을 타도하는 것은 민주주의를 향해 한 발 나아가는 것일 뿐 아니라, 제국주의 질서를 뒤흔드는 것이기도 했다. 서방은 자신과 친하게 지내던 독재자들이 줄줄이 타도되는 것에 크게 당혹스러워했다.

팔레스타인인들의 대의는 아랍 혁명을 관통하는 쟁점이었다. 앞서 언급했듯이 2011년 이집트 혁명을 일궈 낸 주역들은 팔레스타인에서 일어난 제2차 인티파다를 보고 각성한 청년 활동가들이었다. 혁명 초기 국면에 이집트 시위대는 이스라엘 대사관을 습격하고, 봉쇄된 가자지구로 구호품 호송대를 보내 연대를 과시했다. 당시에 네타냐후는 아랍 혁명을 이스라엘의 최대 안보 위협으로 규정했다.

2012년 가자지구에서 이집트 무르시 정부의 중재로 하마스와 이스라엘 사이에 휴전이 합의됐을 때, 그 방안은 하마스의 안에 더 가까운 것으로 평가됐다. 그럼에도 미국은 네타냐후를 압박해 그 합의안을 받아들이게 했다. 아랍 혁명이 제국주의 질서를 뒤흔들 잠재력을 힐끗 보여 준 또 다른 사례다.

아랍 혁명 패배의 교훈

그러나 아랍 혁명은 쓰라린 패배를 겪었다. 이집트에서는 엘시시가 군사 쿠데타를 일으켜 무슬림형제단원들을 학살했고, 리비아·시리아·예멘에서 혁명은 끔찍한 내전으로 귀결됐다. 그래서 중동에서 온 사람들 중에서는, '혁명을 너무 쉽게 이야기하지 말라'는 반감이 들지도 모르겠다.

그러나 팔레스타인의 해방을 위해 이스라엘 국가를 해체하고 비종교적 단일 민주국가를 건설하는 것은 그런 혁명이 아니면 불가능하다.

2019년에 수단, 알제리, 이라크, 레바논 등지에서 일어난 항쟁들은 2011년 혁명을 낳은 해묵은 문제들이 여전히 해결되지 않았고 더 심화되고 있음을 보여 준다.

따라서 우리는 비관할 것이 아니라 지난 혁명의 패배에서 도출한 교훈을 통해, 다가오는 혁명이 승리할 방법을 찾아야 한다.

앞서 얘기했듯이 2011년의 이집트 혁명은 노동자들의 생계 투쟁과 청년·빈민의 민주주의 투쟁이 결합되면서 분출했다. 그것은 "빵, 자유, 사회 정의"라는 당시 혁명의 구호로 잘 요약된다.

그러나 당시 무르시 정부는 그런 열망에 부응하지 못했다. 오히려 그런 열망을 두려워해 파업과 시위를 억압하기도 했다.

당시 무르시 정부는 군부를 잘 달래어서, 그들에게서 독재라는 요소를 제거하고 '정상적' 자본주의 사회에서 그들이 맡아야 할 제자리를 찾아 주려 했다. 그래서 엘시시를 국방부 장관에 앉힌 것이다. 그러나 군부의 힘은 이집트 자본주의 시스템 전반에 얽혀 있었고, 거기서 따로 떼어 낼 수가 없는 것이었다. 무르시 정부는 결국 군부에 재기할 기회를 줬을 뿐이다.

무르시 정부는 팔레스타인의 대의도 진척시킬 수 없었다. 물론 이스라엘의 미사일이 쏟아지는 가자지구를 총리가 방문하기도 하고, 가자지구 국경을 잠깐 개방하기도 했다. 그러나 그뿐이었다. 무르시 정부는 군부가 이스라엘과 체결한 평화협정을 존중한다고 선언했다. 그래야만 미국 등 서방에 의해 계속 안정적으로 투자와 원조를 유치할 수 있기 때문이다.

한편, 여러 좌파와 자유주의자들을 비롯한 세속 정치 세력들은 이와 다른 대안을 제시하지 못했다. 오히려 권좌를 되찾으려는 군부와 협력해 국가기구에 진출할 수 있다는 기대를 품었다. 그들은 그런 기대와 이슬람주의에 대한 적개심에 눈이 먼 나머지 군부가 대중의 불만을 이용해 반혁명 쿠데타를 일으키는 것을 후원하는 범죄적 행동을 했다.

이런 경험은 이집트 같은 사회에서는 자본주의의 시스템 자체는 건드리지 않은 채 독재만을 제거하는 것이 극도로 어렵다는 것을 보여 준다. 이것은 노동자들이 단지 독재자를 쫓아내고 민주주의를 성취하는 것으로 자신의 과제를 한정해서는 안 된다는 것을 뜻한다. 그리고 이것은 노동자들이 기존 국가기구가 아니라 저항 과정에서 발전시킨 자신의 민주적인 권력 기구로 국가를 대체하는 혁명으로 나아가야 하고, 오직 그런 혁명을 통해서만 민주주의나 민족 해방과 같은 해묵은 과제를 성취할 수 있다는 것을 뜻한다. 그리고 그런 혁명은 단지 그런 해묵은 과제를 해결하는 데 그치지 않고 자본주의적 사회관계 전반을 재편하는 혁명으로 나아갈 것이다. 이것이 바로 트로츠키가 말한 연속혁명론의 핵심이다.

이집트에서 이런 이론에 근거한 전략을 추구한 혁명가들은 극소수였고 안타깝게도 사태에 영향을 미치지 못했다. 그러나 이집트 혁명에서 그런 전략이 실행돼 민주주의를 쟁취하고 팔레스타인인들의 대의를 진전시켰다면 다른 아랍 혁명들의 판세도 크게 바뀌었을 것이다.

팔레스타인인들을 위한 정의는 오직 이스라엘 국가를 분쇄하고 비종교적 단일 민주국가로 대체할 때에만 실현될 수 있다. 그리고 그런 과제를 성취하기 위해 팔레스타인인들은 아랍 전역의 노동자·빈민의 혁명에서 힘을 얻어야 한다. 그리고 팔레스타인인들의 투쟁은 바로 그런 거대한 투쟁을 촉발할 기폭제 구실을 할 수 있다.

남아공 아파르트헤이트 철폐 투쟁의 교훈

남아공에서는 대중행동으로 아파르트헤이트 정부를 물리친 바 있다. 같은 방법으로 이스라엘의 아파르트헤이트에 맞서 승리할 수 있을까?

남아공의 경험을 보면 분명 누구나 희망을 가져야 마땅하다. 그 경험은 극도로 무자비한 정권, 심지어 온갖 무기로 무장하고 서방 제국주의의 지원을 받는 정권조차 저항으로 물리칠 수 있다는 것을 보여 준다.

그렇지만 남아공에서 아파르트헤이트를 어떻게 철폐했는지를 둘러싼 여러 왜곡도 있다. 그중 일부는 흑인들이 스스로 해방을 쟁취한 주체였음을 누락하기도 한다. 노동계급 사람들이 스스로의 힘으로 세계를 변화시킬 수 있다는 진실은 체계적으로 왜곡되고 외면돼 왔다. 그 진실은 아파르트헤이트가 철폐되던 당시 유행하던 '노동계급이 사라지고 있다'는 이론과 부합하지 않았다. 영국에서는 특히

1984~1985년의 광원 파업이 패배하고 나서부터 그런 이론이 유행했다.

아파르트헤이트는 1948년에 명문화됐지만 그것의 기초가 된 인종 분리는 한참 전부터 이어져 왔다. 아파르트헤이트는 테러와 잔혹 행위, 지독하게 관료적인 통제로 유지되는 체제였다. 누가 어느 해변에 갈 수 있고, 어떤 직장에서 일할 수 있는지 등 모든 것이 피부색으로 결정됐다. '부적합'한 인종과 성관계를 하는 것도 불법이었다.

백인은 남아공 인구의 7분의 1이었는데, 그들만이 투표권을 행사하고 온전한 권리를 누렸다.

반면, 흑인은 극심한 빈곤에서 벗어날 수 없었다. 45년 동안 남아공 어린이들은 머리카락이 곱슬거리는 정도나 손톱 모양 등을 검사받는 수모를 겪어야 했다. 그렇게 해서 국가는 아이들을 자의적 인종 범주들로 분류했다. 경찰과 군인은 '부적합'한 인종 구역에 사는 흑인 최대 600만 명을 집에서 쫓아내 멀리 떨어진 타운십[흑인 거주 지구]이나 척박한 시골로 보냈다.

사람들이 저항에 나서면 국가는 무자비한 탄압으로 대응했다. 1948~1993년에 2000명이 교수형을 당했다. 수십만 명이 투옥됐고 수백만 명이 체포됐다.

여러 형태의 투쟁이 이처럼 악랄한 체제의 패배에 기여했다. 그중 하나는 국제 연대였다. 전 세계의 수많은 사람들, 특히 청년들이 아파르트헤이트에 맞선 투쟁을 영감을 주는 해방의 상징으로 여기고 지지했다. 영국에서는 사람들이 시위와 행진을 벌이며 남아공과의 국교 단절을 요구했고, 아파르트헤이트 철폐 투쟁 지원금을 모금했다. 보이콧과 제재도 효과를 발휘했다. 남아공 안팎의 일부 기업주들은 대출과 투자 유치가 어려워지고 이윤에 타격을 입을까 봐 두려워했다.

게다가 1987~1988년 남아공 군대가 아프리카 대륙 남부 앙골라의 쿠이투쿠아나발르에서 패배했다. 아프리카민족회의 지도자 넬슨 만델라는 이 패배가 "우리 대륙과 우리 민중의 해방을 향한 전환점"이 됐다고 표현했다. 쿠바의 지원을 받는 흑인 앙골라 전사들은 백인이 지배하는 남아공의 군대를 격파했다. 남아공 군대의 패배는 아파르트헤이트 지배자들의 우월감과 오만을 산산조각 냈다.

1989년 베를린장벽이 무너지고 1991년 소련이 몰락한 것도 일정한 구실을 했다. 그 전까지 미국은 아파르트헤이트가 철폐되면 남아공이 '공산주의' 진영에 편입될 것이라고 우려했다. 그러나 그런 걱정거리가 사라지자 서방은 남아공 개혁을 더 쉽게 거론할 수 있게 됐다.

그러나 이런 것들은 모두 보조적 요인이었고 결정적 요인은 따로 있었다. 결정적 요인은 남아공 흑인들 자신의 행동, 특히 흑인 노동자들의 전투적이고 조직적인 행동이었다.

아파르트헤이트는 단지 인종주의자들의 흉포한 창조물이 아니었다. 아파르트헤이트는 남아공에서 자본주의가 발전한 방식의 산물이었다. 아파르트헤이트는 19세기에 광업 기업주들에게 저렴한 노동력을 공급하는 수단이었다. 오랫동안 아파르트헤이트 체제는 막대한 이윤을 벌어다 줬다.

이 공공연한 인종차별 체제가 뽑아내는 이윤을 좇아 국제 자본들이 남아공으로 몰려들었다. 임페리얼케미컬인더스트리스ICI, 제너럴일렉트릭컴퍼니GEC, 쉘, 필킹턴, 케이프애스베스터스, 제너럴모터스, 메르세데스-벤츠, 제너럴일렉트릭GE, 브리티시페트롤리엄, 블루서클인더스트리스, 캐드버리슈웹스 등의 주주들과 최고 경영자들이 돈 냄새를 맡았다.

그러나 아파르트헤이트 자본주의는 부를 생산하는 노동자들의 땀과 지혜가 없으면 어떤 부도 얻지 못하는 약점이 있었다. 금과 다이아몬드, 백금은 매우 혹독한 조건에서 누군가가 땅에서 캐내야 하는 것이었다. 아파르트헤이트를 살찌운 모든 산업과 농업은 노동자들이 필요했다. 그리고 이 노동자들을 탄압하고 소수 흑인 지도자층을 포섭하려는 시도는 결국 모두 실패했다.

노동계급과 빈민은 여러 방식으로 맞서 싸웠다. 그중 하나는 주요 도시 외곽의 대규모 타운십에 빽빽하게 모여 사는 수많은 흑인을 조직하는 것이었다. 이들은 경찰과 전투를 벌이고, 아파르트헤이트 체제가 1인 1표제의 대체물로 제시한 가짜 '민주주의'를 거부했다. 이들은 주택·교육·교통 같은 구체적 쟁점을 두고 싸우기도 하고, 또 자신들을 열등한 지위에 묶어 두는 정치체제에 맞서 싸우기도 했다. 이들은 경찰과 대결하고, 부역하는 흑인 관리나 흑인 경찰을 살해하고, 자신들의 대안적 행정·사법 체계를 구축했다.

혁명가들은 폭력 투쟁을 포함한 모든 종류의 저항을 좌고우면하지 않고 지지했다. 개혁주의 정당들이나 노동조합 지도자들이 그러기를 꺼릴 때조차 말이다.

대부분의 남아공 저항 세력들은 아프리카민족회의에 정치적 기대를 걸었다. 1950년대에 아프리카민족회의는 일련의 비폭력 대중 시위를 벌였는데, 이것은 계급을 불문한 모든 흑인을 민주주의 투쟁에 끌어들이기 위한 것이었다. 1960년대와 1970년대에 아프리카민족회의는 극심한 국가 탄압에 직면했고 사실상 궤멸됐다.

아프리카민족회의가 부활할 수 있었던 것은 1970년대 초 노동자들의 조직화가 고양되고 1976년에 소웨토에서 학생 반란이 분출한 덕분이었다. 아프리카민족회의가 그 파업들과 학생 반란을 이끈 것은 아니었지만 말이다. 1980년대에 이르면 아프리카민족회의는 남아공 내에서든 국제적으로든 아파르트헤이트 철폐 투쟁을 주도하는 세력으로 확고하게 각인됐다.

그러나 아프리카민족회의는 사회주의 운동이 아닌 민족주의 운동에 머물러 있었다. 아프리카민족회의는 조직 노동계급에게 요구를 삭감하라고 촉구했다. 그래야 아파르트헤이트 철폐를 바라지만 남아공 자본주의는 유지하기를 바라는 중간계급이나 대기업들과 동맹을 이룰 수 있다는 것이었다.

이런 노선은 1970년대 독립적 노동자 운동의 부활과 정면 배치되는 것이었다. 1973년 더반에서 일어난 파업을 시작으로 노동자들은 착취에 맞서고 그 착취를 가능케 하는 더 큰 정치 구조에 도전하며 조직화하기 시작했다.

1980년대 광산과 제조업 부문에서 벌어진 거대한 파업들을 보며 사용자들은 패닉에 빠졌고 혁명을 피하기 위한 협상을 애타게 촉구하게 됐다. 광산 대기업인 앵글로아메리칸의 이사 자크 드비어는 1986년에 이렇게 말했다. "오랜 아파르트헤이트 탓에 많은 흑인이 정치체제뿐 아니라 경제체제도 거부하고 있다. 아파르트헤이트라는 목욕물을 버리다가 자유기업이라는 아기를 함께 버리는 우를 범해서는 안 된다."

당시의 파업들은 아파르트헤이트의 심장부를 타격했고, 수많은 사람들을 대규모 행동으로 거듭 동원할 수 있었다.

지배자들이 이런 집단적 행동에서 위협을 느낀 것은 이런 집단적 행동들이 단지 혼란과 유혈 사태를 불러올 수 있어서가 아니라, 의식적으로 사회를 혁명적으로 재편하는 것으로 나아갈 잠재력이 있었기 때문이다. 파업 위원회, 활동가 네트워크, 노동자들의 자기 방어 조직이 출현해 기존 국가를 분쇄할 잠재력을 가진 새 권력이 태동하고 있음을 힐끗 보여 줬다.

이는 인종차별적 지배자들만이 아니라 아프리카민족회의에 대한 도전이기도 했다. 가장 앞서 나간 파업 지도자들은 노동자들의 이익을 뒷전으로 미루는 것이 아니라 계급투쟁을 아파르트헤이트 철폐 운동의 중심에 두길 바랐다. 그들은 노동자 권력으로 나아가는 동시에 인종차별적 구조를 철폐하려 했다.

그렇지만 그들은 아프리카민족회의의 영향력에 도전할 정치조직을 건설하지 않았던 탓에 주도권을 아프리카민족회의에게 내주고 말았다.

아프리카민족회의는 노동조합들의 거대한 사회적 힘을 사회의 "민족 민주주의적" 전환이라는 자신의 전략으로 흡수했다.

아파르트헤이트 국가가 마침내 물러설 수밖에 없게 됐을 때 아프리카민족회의는 아파르트헤이트를 종식시키는 협상을 주도했다. 그러나 그 귀결은 인종 분리에 기반하지 않은 신자유주의적 자본주의로 나아가는 것이었다. 그 결과 오늘날 흑인들은 정치적 권리와 형식적 평등을 누리지만 경제적으로는 아파르트헤이트 때만큼이나 열악하다.

남아공 노동자들은 그들이 자본주의 생산에서 하는 중심적 구실 덕분에 승리할 수 있었다. 그러나 팔레스타인인 노동자들은 그런 처지에 있지 않다. 이스라엘에서 팔레스타인인들은 노동력의 작은 일부만을 차지하고, 덜 핵심적인 부문에서만 일할 수 있다. 그리고 이스라엘 자본이든 국제 자본이든 어느 쪽도 시온주의 폐기를 고려할 만큼 절박한 처지에 있지 않다.

그러나 팔레스타인인들은 남아공 노동자들이 발휘한 힘보다 더 큰 잠재된 힘을 끌어올 수 있다. 팔레스타인 문제는 이집트·요르단·이란 등 인근 나라들의 수많은 노동자·빈민에게 중요한 쟁점이다. 아랍 정권들에 맞선 반란은 중동 전체를 뒤흔들고 더 광범한 혁명의 일환으로 팔레스타인을 해방시킬 수 있다.

이스라엘은 서방의 지원에 크게 의지하고 있기 때문에, 서방에서의 저항은 남아공 아파르트헤이트를 무너뜨렸을 때보다 더 큰 힘을 발휘할 수 있다. 서방에서 커다란 반란이 일어나 서방의 이스라엘 지원을 끊을 수 있다면 시온주의의 핵심 대들보가 무너져 내릴 것이다.

팔레스타인인들이 남아공 사례에서 배울 교훈이 하나 더 있다. 혁명적 변화가 없다면 아파르트헤이트를 끝내더라도 온전한 해방은 오지 않을 것이라는 점이다.

팔레스타인에서
아파르트헤이트를 철폐하기 위한 전략

역사적 팔레스타인 땅에 사는 모든 사람들의 삶을 지배하는 인종차별적 체제는 "아파르트헤이트"의 일종으로 갈수록 널리 일컬어지며 과거 남아공에서 다수인 흑인을 억압했던 지배 체제와 비교되고 있다.[1] 이스라엘의 정치체제에 대한 이런 분석은 팔레스타인 운동이나 그 연대 활동가들 사이에서 널리 받아들여질 뿐 아니라, 최근 미국의 자유주의적 인권 단체 휴먼라이츠워치가 발표한 유명한 보고서로 더 널리 알려졌다.[2] 이스라엘의 저명한 인권 단체 벳첼렘도 그런 분석을 받아들여 팔레스타인을 "요르단강에서 지중해까지 유대인 우월주의" 지배 체제 아래 있는 것으로 묘사했다.[3] 휴먼라이츠워치와 벳첼렘이 제시한 주장의 핵심에는 이스라엘 국가라는 하나의 국가가 역사적 팔레스타인 전역에서 주권을 행사하고, 출신 민족에 따라 팔레스타인인과 이스라엘인을 불평등하게 지배하고 있다는 현실 인식이 있다. 팔레스타인인들은 이스라엘 시민이든, 점령지[가자지구, 서안지구, 동예루살렘] 주민이든 모두 불평등한 대우를 받는다. 게다가 이스라엘 국가가 종교적·종족적 기준("유대인")으로 정의되는 집단에만 완전한 시민권을 부여하기 때문에, 팔레스타인인들은 그 위계에서 벗어날 방법이 없다.[4]

이 글에서는 두 가지 역설에 초점을 맞출 것이다. 첫째, 노골적 인종차별 이데올로기로 정당화되는 정치체제가 어떻게 제2차세계대전 이후 세계 도처에서 식민지 지배 질서가 종식됐는데도 살아남을 수 있었을까? 유럽의 유대인 공동체가 겪은 유대인 혐오적 박해와 학살(시온주의자들은 그 경험을 배타적 유대인 국가 건설을 정당화하는 데 이용하기도 했다)에도 불구하고 그 노골적 인종차별 이데올로기는 왜 약화되지 않은 것일까? 이 물음에 대한 자유주의적 접근과 달리, 이 글에서는 정치형태에 초점을 맞추지 않을 것이다. 그 대신 역사적 팔레스타인 내의 국민경제와 더 넓은 중동 경제, 세계경제 수준에서의 자본주의 발전이 시온주의 정착자 식민주의 프로젝트와, 팔레스타인인을 일상적으로 억압하는 특정한 인종차별적 제도를 지탱해 왔다는 점을 살펴볼 것이다. 특히, 중동에서의 제국주의 경쟁의 역학이야말로 이스라엘 지배계급이 아파르트헤이트 체제를 계속 운영할 수 있게 하는 주요 동력임을 보일 것이다. 알렉스 캘리니코스는 남아공 아파르트헤이트가 단지 "유난히 야만적인 형태의 인종 지배"가 아니라 그곳에서 "자본주의가 발전한 구체적 형태"라고 지적한 바 있다.[5] 이는 팔레스타인에서의 아파르트헤이트에도 해당하는 지적이다.

그러나 이는 둘째 역설에 대한 물음으로 이어진다. 고도로 군사화된 이스라엘 국가의 엄청난 압박에도 불구하고 팔레스타인인의 저항은 어떻게, 왜 지속될 수 있었을까? 2021년 5월 18일 총파업은 억압과 거듭되는 군사적 공격에도 불구하고 팔레스타인 대중운동이 어떻게 스스로 다시 일어설 수 있는지를 보여 준 사례다. 이런 일이 재외 팔레스타인인들과 역사적 팔레스타인에 사는 팔레스타인인들 사이에서 대대로 재현돼 왔다. 이 글에서는 2021년 총파업의 근원을 살펴보는 한편, 그 투쟁이 전 세계 수많은 사람들에게 계속 영감을 주고 불의와 억압에 맞선 저항의 상징이 된 이유를 이해하려면 팔레스타인 투쟁의 사회적 차원을 깊이 살펴봐야 한다는 점을 보일 것이다. 더 구체적으로 말하면, 팔레스타인인들의 저항이 대중저항으로 계속 이어질 수 있는 근본 원인은 그 투쟁의 사회적 측면과 정치적 측면 사이에서 나타나는 상호작용(때로는 융합)에 있다는 점을 보일 것이다. 나크바 이래 팔레스타인 대중행동의 정점들은 흔히 민족 해방과 국가 수립을 위한 정치적 투쟁(과 군사적 투쟁)의 한 국면으로 묘사된다. 그러나 역사적 팔레스타인 안팎에서 벌어진 모든 주요 팔레스타인 투쟁 사례에서 투쟁의 엔진 구실을 한 것은 팔레스타인인의 다수인 빈민과 노동계급의 집단적 에너지였다.

그러나 팔레스타인 노동계급은 인종 청소로 인해 파편화됐고, 이스라엘 지배계급은 팔레스타인 노동자를 착취하는 데 의존하지 않고도 억압 기구와 전쟁 기구의 비용을 대부분 조달할 수 있다. 이런 이유로, 두 역설을 해결하고 역사적 팔레스타인 땅에 사는 다수를 위한 지속적 정의와 평화를 성취할 유일한 방법은 중동 수준의 사회혁명 과정을 다시 활성화하는 것뿐이다. 팔레스타인 혁명의 "사회적 정신"을 확대하고 확장하는 투쟁은 중동 전체(특히 이집트, 레바논, 요르단)에서 혁명적 운동을 재건하는 과정과 함께 발전해야 한다. 이것은 민족 해방의 과제를 포기하거나 미뤄야 한다는 것이 아니다. 오히려 민족 해방의 성패가 사회적 투쟁을 심화시키는 데 달려 있다는 점을 인식해야 한다는 뜻이다.

새로운 제국주의 질서의 병영 구실을 하는 정착자 식민지

모든 자본주의 사회에는 체계적 인종차별이 여러 형태로 구조화돼 있지만, 이스라엘처럼 종족·종교에 따라 위계를 세운다는 원칙을 공공연하게 내세우며 작동하는 국가는 오늘날 없다시피 하다. 이를 식민지 시대의 유산으로 설명하는 것은 불충분하다. 그런 설명은 이스라엘 지배계급이 구축한 아파르트헤이트 체제가 왜 이토록 오래 살아남았는지 설명하지 못한다. 여기서 가장 먼저 살펴봐야 하는 문제는 제국주의의 국제적 역학과 시온주의 국가 건설 프로젝트 사이의 관계다. 물론, 이 관계는 이스라엘 건국 전부터 형성돼 있었다. 영국 지배계급의 지원이 없었다면 애초에 시온주의 식민

지가 팔레스타인에 건설될 수 없었을 것이다.[6] 그러나 이 글에서는 이스라엘 국가가 제2차세계대전 이후 미국이 구축한 새로운 제국주의 질서에 통합되는 과정을 중점적으로 다룰 것이다. 여기서 특히 중요한 것은 이 체제의 역학으로 인해 막대한 양의 군사 장비와 자금이 이스라엘 국가와 경제로 유입되고 그 국가와 경제를 거쳐 간다는 점이다. 다른 곳에서 이스라엘과 비슷한 정치적 프로젝트가 붕괴한 지 한참이 지났는데도 이스라엘에서는 식민 정착자 사회가 계속 유지될 수 있었던 것은 미국과 그 경쟁자들 사이에서 벌어진 제국주의적 경쟁의 부침 덕분이기도 하다.

이 글에서는 쇠락하는 소련에서 온 이민자 유입 물결이 1990년대 이후 이스라엘이 아파르트헤이트 체제에 재시동을 거는 데서 한 구실도 자세히 분석할 것이다. 이것은 세계적 강대국들의 갈등이 이스라엘 국가의 구체적 형태와 역사적 팔레스타인에서의 아파르트헤이트의 정치경제학에 미친 영향을 보여 주는 한 사례다. 1930년대와 1940년대에 영국과 미국이 나치의 인종 학살에서 도망쳐 온 유대인 난민들의 유입을 인종차별적 이민 정책으로 막으면서 그들의 고통을 이용해 자신의 중동 지배를 영속화한 것과 마찬가지로, 소련 붕괴 후에도 주요 제국주의 강대국들은 옛 소련의 유대인 공동체가 겪은 차별과 박해를 똑같은 목적에 이용했다.

세계 자본주의 체제 수준의 경쟁 과정이 팔레스타인에서 시온주의 프로젝트를 지탱하는 기관들과 이데올로기에 계속 영향을 미칠 수 있는 것은 이스라엘의 건국자들이 눈부신 전과를 올렸기 때문이다. 그 결과 그들은 미국 지배계급과 지속적 파트너십을 맺고 미국의 이스라엘 국가 보호를 보장받았다. 이 보호에는 최초의 토지 강탈과 인종 청소를 인정하는 것뿐 아니라, 인종차별적 정부 체제를 정당화하고 지속시키는 것도 포함됐다. 〈하아레츠〉는 1951년에 이미 이스라엘이 수행할 구실의 본질을 정확히 기술했다.

> 이스라엘은 경비견이 될 것이다. 이스라엘이 미국과 영국의 바람을 거스르면서까지 아랍 국가들을 적대하는 정책을 펼지도 모른다고 우려할 필요는 없다. 반면, 도를 넘어선 결례를 서방에 범한 이웃 국가들을 서방 열강이 어떤 이유에서든 못 본 체하기를 선호하는 때가 오면, 이스라엘은 그런 국가들을 응징하는 일을 듬직하게 맡을 수 있다.[7]

5년 후 이집트 민족주의 지도자 가말 압델 나세르가 수에즈운하를 국유화한 것을 "응징"하려고 영국과 프랑스가 이집트를 공격했을 때 이스라엘은 처음으로 자신의 "경비견" 구실을 검증할 주요 시험대에 올랐다. 이후 1967년 6월 이스라엘은 '6일 전쟁'에서 이집트와 시리아의 군대를 꺾음으로써 "경비견 국가"로서 정상 궤도에 올랐다. 야망 있는 '고용된 주먹'에서 서방 제국주의 열강의 완전한 하위 파트너로 발돋움한 것이다.

미국의 대對이스라엘 군사·경제 원조는 1970년대에 급증해 매우 높은 수준을 계속 유지하고 있고 시온주의 프로젝트의 정치경제학에서 핵심적 구실을 한다. 미국의 막대한 지원은 군사비 '부담'을 오

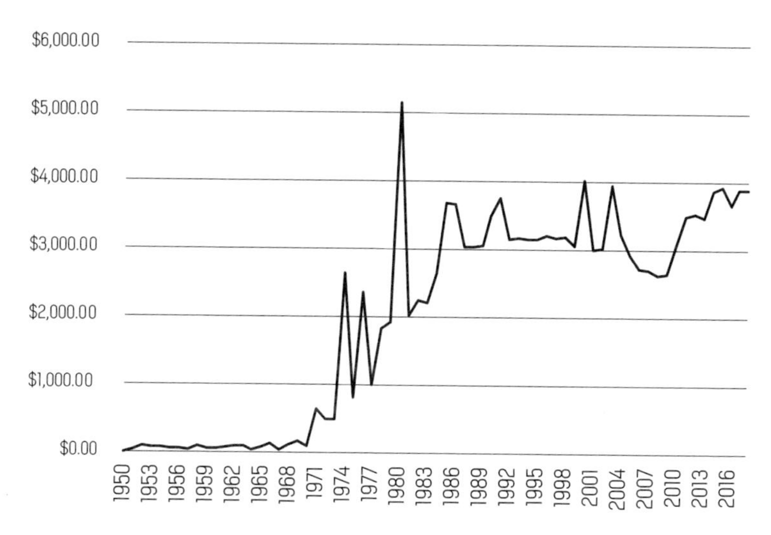

그림 3. 미국의 이스라엘 원조(단위: 100만 달러)*

출처: Jewish Virtual Library

* 물가 상승률을 감안한 고정 달러 가치(2018년 기준)

히려 외부 자금 유치 수단으로 만들었고, 그 과정에서 이스라엘 사회의 계급 구조에 심대한 영향을 줬다.[8] 또, 미국의 막대한 지원은 연구 집약적 첨단 기술 제조업·서비스 부문 호황의 토대를 마련하는 데서 중요한 구실을 했다. 이 부문들은 1990년대 이후 이스라엘 경제성장에서 가장 중요한 구실을 한다. 이에 관해서는 뒤에서 더 자세히 다룰 것이다.

이스라엘의 군사경제는 미국이 세계를 지배하면서 중동에서 유지해 온 더 광범한 제국주의 시스템의 필수적 일부다. 이스라엘이 중동의 미국 동맹국들을 포함한 다른 역내 강국들에 대해 갖는 "군사력의 질적 우위"는 근본적으로 이 제국주의 체제에서 비롯한다.

이스라엘의 구실이 매우 중요하기에 미국은 이스라엘 지배계급을 단속할 의지도 없고, 취약한 반쪽짜리 팔레스타인 국가라도 허용할 것을 그들에게 강요할 의지도 없다. 이는 1990년대의 '평화 프로세스'가 미국의 대이스라엘 군사 지원 수준을 전혀 줄이지 못한 것에서 분명하게 드러난다. 오히려 1990년대 말에 미국은 이스라엘과 체결한 10년 기한의 세 양해 각서 중 첫 번째를 체결한다. 그에 따라 미국은 향후 공화당이 집권하든 민주당이 집권하든 이스라엘에 천문학적 수준의 자금, 무기, 기술을 제공하기로 약속했다.[9] 그 양해 각서들의 핵심 조항 하나는 이스라엘이 전 세계 미국 군사원조 수혜국 중 유일하게 자국 통화로 원조를 사용할 수 있게 하는 것이다. 이는 미국 납세자의 돈으로 이스라엘 군수산업의 비용을 얼마든지 대신 지불해 주는 효과를 낸다.

'국가를 지배하는 군대'의 또 다른 사례인 이스라엘

미국의 군사력만으로는 중동에서 미국 지배계급의 이익을 보장할 수 없다. 이는 2001년 이후 이라크와 아프가니스탄에서 벌인 군사개입의 처참한 결과로 혹독하게 입증됐다.[10] 게다가 중동에 대한 미국의 지배력은 "경비견" 이스라엘에만 전적으로 의존한 적이 없고 다양한 현지 하위 파트너가 필요했다. 그렇다면 미국과 현지 동맹국들의 위계적 파트너십 체계는 실제로 어떻게 작동할까? 1945

년 마르크스주의 사상가 토니 클리프가 지적했듯이 제국주의는 “어떤 기계적인 외적 틀”이 아니라 피지배 국가 경제·사회의 “모든 씨실·날실과 이어진” 일단의 과정들로 이해하는 것이 가장 적합하다는 점을 강조하고 싶다.[11] 클리프의 지적은 옛 식민 열강(영국과 프랑스)과 중동의 피지배 민족들의 관계를 두고 한 것이었지만, 그 전반적 요지는 오늘날에도 유효하다. 미국, 이스라엘과 중동 지배계급들의 관계는 여러 국가기구들에 의해 여러 나라에 걸쳐 뿌리내려 있다. 그 관계는 전문가의 존재나 부재를 통해, 또는 정책 설명서와 지침이 공유되는 것을 통해, 또는 원조와 외교의 흐름을 통해 확인된다. 특히 그 관계는 그 국가들의 군사·보안 기구와 촘촘히 얽혀 있다. 군인들이 갖춘 장비의 종류와 품질, 주요 장교 계층을 훈련하는 과정과 그들의 경력, 군사 기구와 다른 국가기구들이 맺는 관계, 군부가 전체 사회에서 하는 구실 등이 모두 그 관계와 어느 정도 연관돼 있다.

중동 전역에 깔린 미군 기지들을 헤아리고 미국 군사학교를 통해 출셋길을 밟은 고위 장교들의 경력을 추적하다 보면, 중동이 직접 식민 지배를 받던 시절에서 거의 변한 게 없다고 결론짓기 쉽다. 그러나 이는 잘못된 결론이다. 중요한 변화를 짚자면, 식민지 해방 혁명 이후 제국주의가 중동 국가들에 “뿌리내리는” 과정은 현지에서 자본축적의 중심이 출현하고 자본가계급이 부상하는 과정과 맞물렸다. 그 시기 거의 내내 중동의 많은 지역에서 군부는 자본축적의 **직접적 주체**였고, 장교들은 자본주의 사업의 관리자·소유자·투자자로서 다양한 구실을 했다. 이것은 군대가 자본주의 국가에서 자본축적의 **간접적 주체**로서 수행했던 고전적 구실과 구별된다(물론, 대립되는 것은 분명 아니다). 19세기 말과 20세기 초에 프리드리히 엥겔스, 레닌, 카를 리프크네히트가 제시한, 자본주의하에서 군사 기구가 하는 구실에 관한 고전적 모델에서는 군부가 더 광범한 지배계급의 일원이고 자본주의 국가가 보유한 강제력의 핵심을 이룬다.[12] 군부의 핵심 기능은 자본축적의 필수 조건을 보장하는 것이다. 여기서 그들을 "간접적" 주체라고 일컫는다고 해서 그들을 부차적이거나 종속적인 것으로 이해해서는 안 된다. 레닌이 《국가와 혁명》에서 분명하게 설명했듯이 아래로부터의 사회혁명이 성공하려면 자본주의 국가를 반드시 "분쇄"해야 한다. 자본주의 국가란 직접 생산자를 상대로 한 강탈의 지속을 보장한다는 뚜렷한 목적을 위해 만들어진 강압 기구이기 때문이다.[13] 군대는 **국내 보안경찰** 구실을 하는 한편, 마치 동전의 앞뒷면처럼 동등하게 중요한 구실, 즉 그 국가와 결부된 부르주아지의 이익을 위한 **대외 약탈자** 구실을 한다. 그로 인해 한 국가의 부르주아지는 자본주의 지배계급들의 국제 공동체를 이루는 "싸우는 형제들"의 다른 성원들과 충돌한다.

이스라엘 국가의 형성과 이후 발전 과정에서 군부가 한 구실은 인근 중동 국가들과 공통점이 많다. 이것은 사회·경제가 고도로 군사화돼 있다는, 중동 전역에서 나타나는 패턴과 부합한다. 중동 경제의 장기적 군사화, 더 정확히 말하면 지배계급의 군사 부문과 민간 부분이 긴밀하게 뒤얽혀 그것을 푸는 것이 극도로 어렵게 된 상황은 여러 상이한 요소가 상호 작용한 결과다. 첫째 요소는 토착 부르주아지의 전반적 취약성이다(이것은 대체로 식민 지배에 의해 발전이 저해되고 뒤틀린 결과다).[14] 많은 경우, 중간계급이나 심지어 상대적으로 가난한 배경의 하급 장교들(시리아의 경우처럼 소수 종파 출신일 때도 있다)이 현대적 중간계급의 가장 활동적이고 응집력 있는 부분을 이뤘다. 이 중간계급은 국가권력을 장악해 식민 열강과 협조하던 정치체제를 타도함으로써, 부재하거나 미약했던 토착 부르주아지를 대체했다.[15]

중동 경제의 군사화를 추동한 둘째 요소는 세계적 열강이 중동에서 벌인 격렬한 제국주의 경쟁이다. 그 경쟁은 중동의 여전한 지정학적 중요성과 20세기 중반 세계경제에서 석유와 가스가 갖게 된 중심적 지위에서 비롯한다.[16] 그 경쟁의 한 측면으로서, 군사기지를 세우고, 군사 연습을 벌이고, 미국과 소련이 하위 파트너에 군사 훈련·자문을 제공하는 등의 군사적 활동이 미치는 지대한 영향을 중동 전역에서 확인할 수 있다. 그 경쟁의 또 다른 측면으로서 세계적 제국주의 강대국들과 중동 신흥 지배계급의 군사 부문은 무기와 각종 군사기술을 구매하고 소비하는 것에 확고한 공동의 이해관계를 갖게 됐다. 중동으로의 무기 이전은 강대국의 군산복합체들이 자원과 재정 지원을 게걸스럽게 빨아들이는 것을 정당화해 줬다. 중동 국가들 사이에서 벌어진 전쟁은 갈수록 더 많은 무기를 소모했고, 그러면서 무기를 바로바로 벌충해야 할 필요성이 생겼다. 이는 1970년대 이후 중동 지역 대부분의 경제가 국가자본주의 모델에서 더 신자유주의적인 모델로 전환했음에도 군부의 사회적·정치적 비중이 줄어들지 않은 이유를 설명해 준다.

이스라엘도 중동에서 나타난 이런 패턴('국가를 지배하는 군대'이자 '경제를 지배하는 군대')에 부합한다. 이스라엘의 경우에는 건국 당시의 폭력적 상황이 그것을 더 심화시켰다. 시온주의 운동의 군사 기구는 팔레스타인인 다수를 상대로 한 인종 청소를 통해 이스라엘을 건국하는 데서 중요한 구실을 했다.[17] 나크바 이후 그 군사 기구는 독립국가가 된 이스라엘의 군대가 됐고 미국의 군사원조를 받아내는 데서 중심적 구실을 했다. 그 후 그들은 군수 산업·서비스업으로 독자적 자본축적의 기반을 형성하는 데 일조했고, 그 부문들은 오늘날 이스라엘 경제의 전략적 핵심이 됐다. 반면, 1950년대와 1960년대 중동 곳곳에서 국가를 장악한 아랍민족주의 하급 장교들은 이스라엘보다 더 지그재그인 경로를 밟았다. 대부분의 경우 그들은 냉전 시기 두 초강대국 사이에서 갈팡질팡하다가 결국 미국과 동맹을 맺었다. 그렇지만 전반적 과정은 대체로 비슷했다. 신자유주의 시기에 이집트 군부는 이스라엘 군부와 마찬가지로 새로운 산업(자동차 제조와 전자 제품)을 육성하려 했고, 토지를 장악해 부동산 투기로 장교 계급의 부를 키우고 그들의 권력을 강화하고, 국가 자산을 헐값에 매입했다(이집트 국방부가 걸프 연안의 투자자들과 컨소시엄을 꾸려 알렉산드리아 조선소를 인수한 것이 그런 사례다).[18]

전쟁의 도가니 속에서 벼려진 이스라엘의 첨단 기술 경제

이스라엘 정보 기술 부문의 부상 과정을 보면 제국주의 경쟁의 역학이 어떻게 이스라엘의 인종차별적 국가형태를 지탱해 온 기관들과 경제 과정들에 작용해 왔는지 알 수 있다. 이스라엘 정부 통계에 따르면 첨단 기술 부문은 이미 1965년에 산업 생산의 37퍼센트를 차지했다. 그 비중은 1985년에 58퍼센트로 증가했고, 2006년에 70퍼센트로 다시 급증했다. 1990년대에는 첨단 기술 부문의 수출이 급증했다. 1991년에 30억 달러였던 그 규모는 2000년에 123억 달러로 네 배 증가했고, 2006년에 다시 두 배 이상 증가해 290억 달러가 됐다. 여기에 더해 약 59억 달러 규모의 첨단 기술 서비스도 수출됐다.[19] 그 결과 정보 기술 부문이 서비스 부문에서 차지하게 된 우위는 이스라엘의 무역 통계에서도 확인할 수 있다(표 1 참조).

표 1: 이스라엘 무역 통계, 1995~2019년(단위: 퍼센트)

	1995년	2000년	2005년	2010년	2015년	2019년
상업 서비스 수출 중 컴퓨터·통신 서비스 비중	36.5	57.7	60.2	63.4	73.5	78.4
GDP 대비 서비스 교역	16.2	21	22.2	18.8	20.5	22.2
GDP 대비 재화·서비스 수출	27.5	35.6	40.8	34.8	31.6	29.3

출처: 세계은행, WITS Data service

이스라엘 지배계급은 자국의 첨단 기술 산업이 성공한 진정한 이유를 은폐하려고 다양한 신화를 퍼뜨렸다. 그러나 이스라엘 정부의

회계가 보여 주듯이 이스라엘 첨단산업의 눈부신 발전은 '기업가 정신'이나 시장 원리 덕분이 아니라 국가가 대대적이고 지속적으로 투자한 결과였다. 이스라엘 국가가 (같은 시기의 남아공과는 달리) 그 성공에 필요한 자본과 인력을 확보할 수 있었던 주된 이유는 이스라엘의 군사 역량이 미국의 중동 지배 구조에서 하는 중심적 구실과 밀접한 관련이 있다.

1980년대 말부터 시작해 1990년대 내내 옛 소련에서 이민자가 대거 유입된 것도 중요한 구실을 했다. 이 이민자 유입 물결은 당시까지 "귀환법"하에서 일어난 이민자 유입 물결 중 가장 큰 것이었다. 귀환법은 부모, 조부모, 배우자가 유대인인 사람은 그들의 이민 여부나 생사 여부와 관계없이 누구나 이스라엘로 이주하고 이스라엘 국적을 취득할 수 있게 했다.[20] 2018년이 되면 옛 소련에서 이스라엘로 이주해 온 이민자는 120만 명에 달했고, 그중 대다수는 1990년 이후에 이주했다.[21] 옛 소련에서 온 이민자 노동력 중 과학자, 학자, 그 외 관련 전문직의 비율은 69.4퍼센트였다. 반면 전체 유대계 이스라엘인 노동력에서 그 직종이 차지하는 비율은 26.9퍼센트였다.[22]

옛 소련 출신 이주민과 비정통파 유대계 이스라엘인의 경제 격차는 20년도 안 돼서 급격하게 좁혀졌다. 그 이주민들의 평균임금은 유대인 노동인구의 평균임금에 거의 근접하게 됐다.[23] 이는 팔레스타인계 이스라엘 시민들의 경험과 크게 대비된다. 그들은 대부분 여전히 빈곤에서 벗어나지 못하고 있고, 교육과 더 전문적이고 보수가 높은 일자리에 접근하지 못하는 체계적 차별을 계속 당하고 있다.[24]

미국은 다른 중동 국가에 대한 이스라엘 군사력의 질적 우위를 유지하려고 엄청나게 투자하는데, 그 투자는 첨단 기술 부문을 특별히 강화하는 여러 피드백 메커니즘을 만들었다. 그중 하나는 이스라엘 군부가 정보 기술 상품·서비스의 소비자이자 개발자 둘 다가 된 것이다. 이는 이스라엘 군부가 맡은 이중 임무의 필요에서 비롯한다. 이스라엘 군부는 점령하 팔레스타인인의 삶을 지배하는 아파르트헤이트 체제를 유지하는 동시에, 중동에서 자신의 제국주의적 후원자인 미국의 군사적·외교적 이익을 관철시키는 집행자 지위를 유지해야 한다. 이스라엘은 미국의 무기·군사 기술을 구매하는 여느 국가와 달리 미국 군수 산업·서비스 복합체의 연구 개발 활동에 긴밀하게 접근하고 협업할 수 있다. 예컨대 이스라엘은 다른 중동 국가들보다 먼저 미군 군사기술에 접근하고 미국 무기 체계를 마음대로 개량해서 쓸 수 있다.

이스라엘군은 단순히 미국 무기를 소비하거나 개량하는 데서 그치지 않는다. 역으로 이스라엘의 군사 생산물과 서비스가 수출되기도 한다. 아이언돔 미사일 방어 체계와 기갑 차량 능동 방호 체계인 트로피가 그런 사례다.[25] 미국 군사 저널 《조인트 포스 쿼털리》 2020년 7월 호에 실린 한 기사는 이스라엘군과 학계가 기술에 능통한 장교층을 양성하는 장기 전략을 세워 군 복무의 일환으로 과학·기술·공학·수학 과목STEM 집중 교육과정을 제공하고 군대와 "민간" 기술 부문의 긴밀한 연계를 구축한 것을 높이 평가했다. 1979년에 시작된 탈피오트 프로그램은 고급 STEM 교육과정을 이수하면서 9

년간 군 복무를 할 고등학교 졸업생을 모집하는 훈련 과정으로, "이스라엘 기술 산업 최고 경영자 양성소로 인식되고 있다."[26] 이스라엘 국가사이버국에 따르면 전 세계 사이버 보안 "유니콘" 기업(기업 가치가 10억 달러 이상인 민간 기업)의 3분의 1 이상이 이스라엘 기업이고, 2021년 상반기에 이스라엘 사이버 보안 기업들이 유치한 자금은 전 세계 사이버 보안 기업들이 유치한 자금의 41퍼센트에 달했다고 한다.[27]

비에르셰바의 가브얌 기술 단지는 팔레스타인인들을 상대로 한 강탈과 이스라엘 사이버 보안 부문의 관계를 상징적으로 보여 준다. 사이버 보안 부문에 중점을 둔 이 기술 단지에는 주요 다국적 또는 이스라엘 정보 기업들과 군사 기업들(도이체텔레콤, IBM, 오라클, 록히드마틴, EMC, 페이팔 등)이 입주해 있으며, 이들의 사무실 건물은 벤구리온대학 사이버 보안 연구 센터와 이스라엘군 "IT 캠퍼스"와 가까이 있다.[28] 이 "기술 단지"는 대학, 민간 부문, 정부의 합작 투자 사업이다. 이곳은 알나카브(히브리어로는 "네게브") 사막 지역의 중심에 있는데, 이곳에서는 팔레스타인 마을과 주택의 강제 철거가 가속화되고 있다.[29]

이처럼 시온주의 정착자 식민지 프로젝트와 군사화된 이스라엘 경제의 상호 강화 과정은 역사적 팔레스타인 전역과 그 너머에서 국가, 사회, 경제의 여러 층위에서 진행되고 있다. 새로운 이스라엘 국가의 국경 안에 남은 팔레스타인계 이스라엘인들을 포함해 모든 팔레스타인인은 군수 산업·서비스 부문에 있는 전략적으로 가장 중요한 자본축적의 중심에서 체계적으로 배제돼 왔다. 역사적으로 이 부문들은 이스라엘군 핵심부와 유대인 시민들의 병역의무와 밀접하게 얽혀 있었고, 팔레스타인인들은 '국가 안보'를 이유로 그 부문들에서 배제됐다. 게다가 이스라엘의 군사 교리와 관리 기법, 중동 내 군사적 영향력을 뒷받침하는 기술들은 다른 누구보다도 팔레스타인인들을 대상으로 자주 시험됐다.

'단결 인티파다'로 가는 길

자본축적 과정은 끝없는 전쟁과 연이은 식민 물결을 추동해 나크바 이후 팔레스타인 사회의 계급 구조를 산산조각 냈다. 그러나 시간이 흐르자 그 과정은 오히려 쫓겨난 팔레스타인인들과 점령지의 팔레스타인인들 사이에서 저항이 부활할 사회적 토대를 재구성하기 시작했다. 1960년대와 1970년대 레바논과 요르단의 난민촌에 기반을 둔 대규모 민족주의 운동, 1987년 제1차 인티파다, 2021년 총파업['단결 인티파다'] 등 팔레스타인 투쟁의 모든 주요 물결은 사회적 불평등과 민족 억압의 상호작용으로 추동됐다. 본질적으로 이 투쟁들은 팔레스타인인의 다수를 이루는 노동계급과 빈민의 저항이자, 그들을 빈곤하게 만들고 천대하는 인종차별적 체제에 맞선 저항이었다. 그러나 역사적 경험들이 강력하게 시사하는 바는, 이스라엘 국가의 지배력을 분쇄하려면 팔레스타인 저항이 역사적 팔레스타인 너머로 확대돼야 한다는 것이다. 팔레스타인 저항의 성패는 그 저항이 더 광범한 지역의 국가들에 맞선 노동자·빈민의 혁명적 투쟁에 깊숙이 통합되는 것에 달려 있다.

2021년 5월 팔레스타인 전역에서 벌어진 역사적 총파업은 팔레스타인인들이 아래로부터의 집단행동으로 다시 단결했음을 보여 줬다. 이는 대규모 저항의 새로운 주기가 분출할 조건이 무르익고 있다는 것을 강력하게 시사한다. 저항이 분출하기도 전에 그 규모를 예측하는 것은 섣부르지만, 더 큰 폭풍이 다가오고 있는 것은 확실한 듯하다[이 글은 2022년 초에 발표됐다]. 팔레스타인 활동가 리야 알사나의 지적에 따르면, 2021년 총파업을 공식적으로 소집한 것은 '아랍계 이스라엘 시민을 위한 고위 대응 위원회'(팔레스타인계 이스라엘 시민들의 전통적 정치 지도자들로 이뤄진 기구)였지만 파업을 성사시킨 힘은 아래로부터 나왔다. "고위 대응 위원회는 … 종종 파업을 호소하지만, 그 파업은 항상 이스라엘 내 팔레스타인 공동체만의 파업이었습니다. 보통은 파업 당일에 아무 일도 일어나지 않습니다. 거리의 정치도 없고, 동원도 없습니다."[30] 그런데 이번에는 준비 기간이 겨우 이틀밖에 되지 않았는데도 결과가 사뭇 달랐다. 팔레스타인인 수십만 명이 작업을 거부하고 정치 집회와 행진에 참가했다. 파업은 이스라엘 국경 내의 야파, 하이파, 움알팜에서 서안지구의 헤브론, 제닌, 라말라까지 확대됐다.[31]

역사적 팔레스타인 전역에서 시위대는 동일한 요구를 제기했다. 가자지구 폭격과 봉쇄를 중단하고, 동예루살렘에서 팔레스타인인

인종 청소를 중단하고, 팔레스타인인을 상대로 한 시온주의 정착자 운동의 폭력과 폭력 부추기기를 중단하라는 것이었다. 이런 요구, 시위 전술의 일치는 이스라엘 당국과 아파르트헤이트 체제에 맞선 각종 국지적 운동들이 일시적으로 하나로 뭉쳤다는 것을 보여 준다. 그런 국지적 운동들 중에는 '다마스쿠스 문'과 같은 공공장소에서 집회를 벌일 권리와 알아크사 모스크에서 예배할 권리를 방어하려는 동예루살렘 팔레스타인 주민들의 고조되는(부분적으로는 승리한) 행동도 있었다. 더 일반적으로 말해 동예루살렘의 팔레스타인인들은 셰이크 자라 지구 등지에서 퇴거 명령에 맞서 자신의 집을 지키고 호전적 정착자 무장 집단의 인종차별적 괴롭힘에 저항하는 운동을 벌였다.[32] 이 운동들의 밑거름이 된 것은 젊은 팔레스타인인들이 수년간 벌여 온 운동들이다. 이 젊은 팔레스타인인들은 거리 시위와 운동으로 당국과 충돌하면서 스스로를 단련해 왔다. 청년 활동가 네트워크는 오랫동안 이어져 온 대중 위원회와 함께 움직였고, 대중 위원회는 흔히 지역사회 내 상이한 정치 경향의 활동가들이 모이는 장이 됐다. 아크람 살하브와 다후드 알굴에 따르면, 청년 활동가들과 대중 위원회가 벌인 운동들은 "대규모 시민 항쟁이었고 수만 명 규모의 지속적 시위를 수반했다. 이런 공동체 의식과 기층 구조를 바탕으로 2021년 항쟁이 시작된 것이다."[33]

그런 행동이 예루살렘 팔레스타인 청년들에게 불어넣은 자신감은 정치 영역뿐 아니라 거리의 음악과 문화에서도 느낄 수 있다. 이런 자신감은 권력자들에게 "엿이나 드세요" 하는 태도로 곳곳에 스며들어 있는데, 이것을 압축적으로 보여 주는 것이 "카와khawa"라는 표현이다. 거칠게 번역하면 "그러거나 말거나"라는 뜻이다.

> 예루살렘에서 "카와"는 삶의 방식이다. 팔레스타인인들은 탄압 기구가 자신들을 공격하고 셰이크 자라 입구가 봉쇄됐음에도 '그러거나 말거나' 예루살렘에서 시위를 이어 갔다. 시온주의자들은 예루살렘의 '재통일'을 축하하는 '예루살렘의 날'에 행사를 여는데, '그러거나 말거나' 팔레스타인인들이 그 행사를 망쳐 버리는 바람에 시온주의자들은 구도시에서 하려 했던 행진을 취소해야 했다. 팔레스타인인들은 총알과 최루가스가 쏟아짐에도 '그러거나 말거나' 알아크사 모스크 내부에 바리케이드를 치고 버텼다.[34]

팔레스타인계 이스라엘 시민들 사이에서도 비슷한 과정이 일어났다. 정치적 탄압이 갈수록 심해지고 경제적 배제가 지속된 결과다. 특히 두 가지 요인이 지난 몇 년 동안 그들의 일상생활에 대한 압박을 심화시켰다. 첫째, 2018년 민족국가법이 통과돼 유대계 시민에 대한 팔레스타인계 시민의 불평등한 지위가 공식화됐다. 사실, 이는 지난 수십 년간 차별이 지속돼 온 현실에 법적 형식을 부여한 상징적 변화에 불과했다. 그럼에도 민족국가법은 아파르트헤이트 체제에 맞서기 위해 다른 곳의 팔레스타인인들과 공동 행동을 벌여야 한다는 견해가 더 힘을 얻는 계기가 됐다. 둘째, 팔레스타인계 이스라엘 시민들을 상대로 한 정착자 운동의 괴롭힘과 폭력이 지난 몇 년 동안 더 심화됐다. 이미 서안지구 팔레스타인인들은 농작물과 재산을 파괴하는 무장 정착자들의 인종차별적 공격을 오랫동안 감내해 왔다. 그러나 최근에는 규모와 자신감이 커진 유대인 우월주의 극우 운동이 하이파·리드·야파 등 1948년 이스라엘 국경 내의 도시에서도 팔레스타인인을 공격하고 있다. 텔레그램과 왓츠앱 메신저 상의 정착자 그룹들이 2021년 5월 무장 폭도를 동원해 팔레스타인 주택과 가정과 사업체를 공격한 여러 사례도 보도된 바 있다.[35] 리드에서는 계엄령이 내려진 가운데 무장한 정착자들이 이스라엘 경찰과 함께 거리를 순찰했다.[36] 예루살렘의 팔레스타인인들이 그랬던 것처럼, 팔레스타인계 이스라엘 시민들 사이에서도 이런 만행에 맞서 지역사회 수준의 동원과 자기방어를 위한 새로운 구조가 형성되기 시작했다. 알사나는 이렇게 설명한다.

> 우리는 자기 조직화해야 하는 상황에 처했고 자기 조직화가 실제로 가능하다는 것을 깨달았다. 지역 위원회들이 건설됐다. 지역 수준의 조직들이 발전하고, … 기성 구조에서 벗어난 자율적 유형의 정치적 조직화가 진행된 것이다. 예컨대, 하이파에서는 지역 방위 위원회, 법률 지원 위원회, 의료 지원 위원회, 정신 건강 지원 위원회가 조직됐다. 지역 수준의 독립적이고 집단적인 다양한 위원회들이 있고, 이 위원회들은 2021년 항쟁의 일부로 기능했다. 이런 일은 하이파에서만 일어난 게 아니다.[37]

움알팜과 같이 주로 팔레스타인인이 거주하는 이스라엘 북부 도시들에서도 지난 몇 년 동안 거대한 대중운동이 벌어졌다. 많은 경우 이 운동들은 팔레스타인인 수백 명의 목숨을 앗아 간 폭력 범죄의 물결을 둘러싸고 일어난 것이었다. 움알팜에서는 2021년 2~3월에 10주 연속으로 수천 명이 거리 시위를 벌였다. 폭력 범죄의 증가는 2000년의 항쟁이 진압된 이후 그곳에 이스라엘 경찰서가 들어선 것과 직접적 연관이 있다고 팔레스타인 활동가들은 지적한다. 이스라엘 경찰이 정치적 저항을 약화시키려고 범죄 조직의 활동을 묵인하고 심지어 부추겼다는 것이다. 미국에서 경찰 폭력과 폭력 범죄 모두에 시달려 온 흑인들처럼, 이 팔레스타인인들도 경찰력 강화가 아닌 경찰 예산 철폐와 경찰 철수를 주요 요구로 제기했다.[38]

한편, 서안지구에서는 팔레스타인 당국 수립 이래 그 기구를 장악해 온 주요 민족주의 운동인 파타의 타락이 가속화하면서 새로운 운동들이 일어날 공간이 열렸다. 이 새로운 운동들은 다양한 쟁점에 대응하며 등장했다. 서안지구에서는 어려운 조건 속에서도 이스라엘 정착자와 이스라엘군에 대항하거나 팔레스타인 정치수를 방어하는 시위, 집단행동, 자기 조직화의 문화가 계속 이어지고 있다. 일부 활동가들은 여성을 상대로 한 성적 괴롭힘과 폭력 등에 맞서려 했고, 이는 2021년 9월 팔레스타인 청년 여성이 주축이 된 일련의 시위를 촉발했다. 이런 변화를 배경으로 신생 팔레스타인 페미니스트 운동인 탈랏("밖으로 나오다")과 같은 새로운 조직들이 등장했다. 파타 지도부의 극심한 부패도 불만의 한 원천이 됐고, 몇몇 옛 파타 당원들조차 비판 목소리를 내고 있다. 그런 비판자의 한 명인 니자르 바낫이 2021년 6월 팔레스타인 당국의 보안군에 의해 살해되자, 며칠 동안 대규모 시위가 분출했다.[39] 바낫은 2021년 5월로 예정된 팔레스타인 당국 의회 선거에 출마할 계획이었으나, 팔레스타인 당국 수반 마흐무드 압바스 대통령은 선거를 연기했다.

이 글을 쓰는 2022년 현재 파타의 장로長老 정치 지도부는 여러 도전에 직면해 있다. 현재 이스라엘 감옥에 수감돼 있는 파타 활동가 마르완 바르구티는 대선 입후보를 철회하라는 요구를 거부했다고 한다. 한편, 이슬람주의 운동 하마스는 2021년 4월 여론조사에 따르면 의회 선거가 열리면 압승할 듯하다.[40] 하마스는 이스라엘의 군사적 압박에 굴복하지 않은 덕분에 입지가 강화됐다. 이스라엘 보안군이 알아크사 모스크에서 예배하는 사람들을 탄압한 것에 대응해 하마스는 가자지구 국경 너머로 로켓포를 발사했다.

팔레스타인인들은 자신들의 투쟁을 국제적으로 알리는 것이 중요하다. 그래서 규모가 크고 정치적으로 활동적인 재외 팔레스타인인들과 연계를 맺는 것이 중요하고, 국제 연대 운동의 지원도 마찬가지로 중요하다. 그리고 갈수록 이 운동은 팔레스타인 시민사회와 노동조합이 호소하는 BDS(보이콧, 투자철회, 제재) 운동을 중심으로 조직돼 왔다. BDS를 호소하는 팔레스타인 시민사회와 노동조합은 낡은 민족주의 조류 바깥에 있으며, 팔레스타인 당국 충성파가 지배적이지도 않다. 소셜미디어는 일부 젊은 활동가들에게 중요한 도구다. 예컨대 모나 알쿠르드와 모하메드 알쿠르드는 셰이크 자라의 오랜 투쟁을 트위터로 널리 알렸다. 이들의 메시지는 팔레스타인 연대 운동 활동가, 정책 입안자, 자유주의적 NGO, 국제 언론을 포함한 광범위한 국제적 청중에게 전달됐다.

일란 파페가 2021년 1월 《인터내셔널 소셜리즘》에 기고한 글에서 지적했듯이, 이런 변화로 인해 파타 등 기존 정치 조류가 조만간 모두 몰락할 것이라고 전망해서는 안 된다.[41] 게다가 이스라엘의 아파르트헤이트 체제는 아래로부터의 운동을 끊임없이 민족주의적 틀 안으로 몰아넣는 압력으로 작용한다. 이 때문에 역사적 민족주의 조류는 스스로를 쇄신할 기회를 언제든 얻을 수 있다(대중 저항과 계속 연관을 맺는 한 말이다).

"경제적 파급력을 지닌 정치 파업"

기존 핵심 정치 세력들이 존속하고 있음에도, 새로운 투쟁 국면이 역사적 팔레스타인 전역에서 시작될 조짐들이 있다. 특히, 새로운 활동가 세대의 등장과 기존 정치 조류의 파편화가 두드러진다. 반항적인 청년, 시위 문화의 확산, 기존 정치 세력의 분열이라는 조합은 낯설지 않아 보이는데, 이런 패턴은 1970년대 말부터 팔레스타인(과 그 너머)에서 일어난 여러 주요 대중 항쟁의 주기마다 나타난 것이기 때문이다.

그러나 2011~2012년과 2019~2021년 중동과 북아프리카 혁명의 물결에서 배워야 할 교훈이 있다. "시민 항쟁"의 목표를 달성하려면 거리 시위의 규모를 키우는 것만으로는 충분하지 않다는 것이다. 더 필요한 것이 무엇인지를 알려면 팔레스타인 저항의 사회적 측면을 더 주의 깊게 살펴보면서, 이 저항이 이스라엘 국가의 억압 기구를 곤경에 빠뜨리고, 마비시키고, 궁극적으로는 분쇄할 수 있을 만한 사회 세력을 동원할 수 있는지 물어야 한다. 리야 알사나는 2021년 총파업을 "경제적 파급력을 지닌 정치 파업"으로 묘사했다.[42] 그 파급력은 이스라엘 경제의 일부 부문에는 상당한 타격을 줬지만, 다른 부문에는 그렇지 않았다. 이스라엘 일간지 〈하아레츠〉에 따르면, 이스라엘 건설 부문이 특히 큰 타격을 받았다.

> 건설 호황이 일고 있는 베이트 셰메시에서 모든 크레인이 멈췄다. 한 크레인 운전사는 파업 중인 크레인 운전사의 많은 수가 아랍인이라고 전하며 "우리 모두가 노동자의 권리를 위해 그렇게 싸운다면, 무엇인가를 쟁취할 수 있을 것"이라고 했다.[43]

매일 '그린 라인'[1967년 전쟁 이전의 이스라엘 국경]을 넘어서 이스라엘에 있는 건설 현장에 출근하는 6만 5000명의 팔레스타인 노동자 중 겨우 150명만이 파업 일에 출근했고, 이는 4000만 달러에 달하는 손실을 냈다. 이스라엘 기업에서 일하는 1000명에 가까운 팔레스타인인 버스 노동자도 파업에 참여했는데, 이는 전체 버스 노동자의 10퍼센트에 해당한다.[44] 약사와 보건 부문 등 다른 부문의 팔레

스타인 노동자들은 파업에 동참할 만큼 자신감이 높지는 않았다고 한다.[45]

앤드루 로스는 2021년 총파업이 제1차 인티파다와 제2차 인티파다의 파업 전통을 계승하고 있다고 지적한다. 작업 거부는 많은 경우 철시, 영업 중단, 납세 거부, 이스라엘 상품 불매 운동 등 더 광범위한 전술들과 함께 전개된다.[46] 물론, 민족 해방 투쟁의 일환으로 정치 파업을 촉구하고 노동자·빈민의 대중적 참여를 호소하는 전략은 팔레스타인과 중동에서 더 오랜 역사가 있다. 그런 전략은 남아공에서 아파르트헤이트 반대 투쟁이 성공한 비결이기도 했다. 남아공의 운동은 작업장 투쟁과 지역사회 조직화를 결합해 "스테이어웨이stay-away"[작업장별이 아니라 흑인 거주 지구에서 조직하는 작업 거부]를 동원하는 전술을 발전시켰다.

그러나 남아공 아파르트헤이트에 맞선 투쟁을 포함해 다른 대중 항쟁들의 경험이 주는 교훈은 새로 고양된 팔레스타인 민족해방운동에서 팔레스타인 노동자들이 그저 노동계급인 참가자로서가 아니라 **노동자 집단**으로서 자기 조직화를 재활성화해야 한다는 것에 그치지 않는다(물론 그것도 그것대로 중요하지만 말이다). 또 다른 중요한 교훈은 역사적 팔레스타인 너머의 노동계급을 움직여서, 그들이 미국과의 동맹 관계를 통해 이스라엘의 아파르트헤이트를 지탱해 온 자국 국가와 대결하게 해야 한다는 점이다.

자본주의 체제가 성숙해짐에 따라, 거대한 대중 항쟁으로 민주주의로의 유의미한 전환을 강제해 평범한 사람들의 삶에 변화를 가져오는 사례가 점점 드물어지고 있다. 그런 전환은 유력자들이 정부 직책과 자원 배분을 놓고 선거 경쟁을 벌이는 정치형태를 발전시키는 것을 뜻하지 않는다. 그보다는 노동자들과 가난한 사람들이 착취와 차별에 대항하기 위해 조직을 만들고, 공공장소와 작업장과 지역사회에서 공개적으로 논쟁하고 시위를 벌일 권리를 쟁취하는 것을 뜻한다. 그러나 많은 경우 혁명적 분출은 민주주의의 가능성을 일시적으로 허용하도록 강제하는 데 그치거나, 그런 가능성이 있다는 것을 보여 주는 선에서 그치고 말았다.

대부분의 지속성 있는 민주주의적 전환을 이뤄 낸 사례들과 민주주의적 돌파구가 일시적으로 열린 사례들에서 공통된 핵심 요소는 조직 노동자와 작업장 투쟁이 핵심적 구실을 했다는 것이다. 세계적 수준에서 보면 1974~1975년 포르투갈 혁명, 1980~1988년 한국의 민주주의 투쟁, 1980년대 브라질의 군사정권에 맞선 투쟁, 남아공의 아파르트헤이트에 맞선 투쟁에서 노동자들은 핵심적 구실을 했다. 중동에서도 2010~2012년의 저항 주기에서 민주주의적 돌파구가 가장 오랫동안 열린 곳은 튀니지였다. 튀니지는 중동에서 노동자 운동이 가장 크고 정치적으로 영향력 있는 나라다.[47] 반면, 전 사회적으로 참혹한 결과를 맞은 시리아, 리비아, 예멘 같은 나라에서는 조직 노동자가 정치 세력은커녕 사회 세력으로서도 부재했다. 반면, 이집트에서 노동자 운동은 집단행동으로 사회적 힘을 발휘해 이집트 혁명 초기의 궤적에 지대한 영향을 줄 수 있었다. 그러나 이집트의 노동자 운동은 정치적으로 부차화되면서 생겨난 제약을 벗어나지 못했고, 그 결과 혁명 과정이 유산되고 말았다.

이런 경험들은 팔레스타인 민족해방운동의 미래에 어떤 함의가 있을까? 이 복합적인 역사적 경험이 뚜렷하게 보여 주는 바는 이스라엘 지배계급의 군사화되고 권위주의적인 정치체제의 지배력에 균열을 내기 시작하기 위해서라도 조직 노동자들이 팔레스타인 해방이라는 대의를 위해 대규모 **사회적** 투쟁을 벌여야 한다는 것이다. 팔레스타인 투쟁의 경험도 이를 시사한다. 1987년 제1차 인티파다는 거의 20년 동안 노동조합 조직이 성장하는 과정 끝에 분출했다. 그 과정은 팔레스타인 노동계급의 구조가 변화하면서 제기된 여러 사회적 문제에 대한 대응이었다. 그리고 팔레스타인 노동계급의 구조가 변한 것은 1967년 전쟁 이후 이스라엘이 팔레스타인 점령지를 팔레스타인 '이주' 노동자들의 집단 거주지로 삼는 경제 전략을 취한 결과였다.[48]

1987년 서안지구에는 130개의 노동조합이 있었다. 대부분은 상대적으로 규모가 작고 조합원이 250명 미만이었지만, 라말라의 건설·일반기관 노동조합과 예루살렘의 호텔·식당·카페 노동조합처럼 조합비를 내는 조합원 수가 평균 1000여 명인 곳도 있었다.[49] 이 노동조합들은 협소한 의미의 작업장 문제에만 몰두하지 않고 광범한 영역에서 조합원들을 지원하는 조직들의 촘촘한 그물망을 발전시켰다. 여기에는 의료, 보건, 보험·저축 서비스, 사회·문화 활동, 자원 봉사, 스포츠, 재정 운영을 위한 위원회 등이 포함된다. 이런 조직들은 대부분 선출됐고, 적어도 원칙상으로는 노동조합 기층 활동가들이 전국 지도부를 선출하는 지부 대의원을 선출하는 것을 통해 의사 결정에 영향을 미칠 수 있는 민주적 장치가 있었다.[50]

이스라엘에서 근무하는 팔레스타인인 노동자를 대표하는 노동조합은 이스라엘 고용주와 직접 교섭과 합의를 할 수 없었다(지금도 마찬가지다). 점령 당국의 법 체계에 따르면 팔레스타인인들은 이스라엘 '내'에서 노조를 조직할 수 없다. 또, 팔레스타인인 사용자에 의해 고용된 노동자들의 노동조합은 민족 단결을 위해 계급투쟁을 자제하거나 중단하라는 압력을 받았다.

1970년대 후반에는 부활하는 노동자 운동의 주도권을 두고 공산당과, 주요 민족주의 조류들(특히 파타, 팔레스타인해방인민전선, 팔레스타인해방민주전선) 사이의 경쟁이 격화됐다. 1980년 초에는 이런 경쟁으로 인해 노동조합이 정파 노선에 따라 분열하고, 동일한 노동자 집단에서 정파별로 노조들이 따로 조직되기도 했다.[51]

1987년 12월 첫 분노의 폭발 이후에도 인티파다가 [수년간] 지속될 수 있었던 것은 기층에서 시위를 추동하는 조직 구조들이 있었기 때문이다. "대중 위원회"(아랍어로 "리잔 샤아비야"), 지하 노동조합, 지역사회 조직 등이 그런 사례다. 이런 조직들의 상당수는 인티파다 전에 이미 결성돼 있었거나, 수년 전 지역 수준의 투쟁들을 통해 기초가 놓였다. 지역 수준의 투쟁들은 1987~1988년의 대대적 대결을 준비하는 예행연습 구실을 했다. 이런 대중조직들의 활동 범위는 시위를 조율하고 동원하는 것을 훨씬 뛰어넘었다. 그 조직들은 교육이나 보건과 같은 분야에서 팔레스타인인을 위한 대안 서비스를 구축하기도 했다. 이스라엘이 학교를 폐쇄하자 팔레스타인 교사들이 대안적 교육을 제공하려 한 것이 그런 사례다. 교육자이자 활동가인 야밀라 후세인이 지적하듯이 이스라엘 당국은 인티파다 기간에 팔레스타인 아이들을 교육하는 것을 사실상 범죄화했다. 이스라엘 보안군은 "'지하' 수업에 참여하거나 심지어 그저 책을 소지했다는 이유로" 학생들과 교사들을 괴롭히고 체포했다.[52] 이에 대응해 팔레스타인인들은 "인민 교육"을 발전시켜 이스라엘이 검열하는 교육과정에 급진적으로 도전하고 교육과 저항을 연결했다.[53] 의료 구호 위원회, 보건 조직, 사회복지 조직, 지역사회 갈등 해결 기구도 인티파다를 지속하는 데 기여했다. 여기에 더해 1988년 초가 되면 점령지 내 거의 모든 마을, 난민촌, 지역사회에서 주로 정치 활동에 중점을 둔 대중 위원회들이 등장했다.[54]

안타깝게도, 오슬로협정이 체결되고 팔레스타인 당국이 수립된 1990년대에는 기층의 노조 조직화와 지역사회의 동원 네트워크가 모두 쇠퇴했다. 주요 민족주의 조직의 활동가층, 특히 파타 활동가층의 에너지는 팔레스타인 당국의 기구들을 구축하는 데로 빨려 들어갔다. 많은 사람들은 그것이 팔레스타인 독립국가로 나아갈 발판이 될 것이라고 기대했다. 그러나 오슬로협정은 함정이었다. 이스라엘인 정착촌이 더 확대됐고, 팔레스타인 땅과 수자원, 인구 밀집지에 대한 이스라엘의 "통제의 그물망"(제프 핼퍼의 표현)이 더욱 강화됐다.[55]

전통적으로 주요 민족주의 분파들은 노동자들이 팔레스타인인이 소유한 기업에 맞서 자신의 권리를 요구하는 투쟁을 벌이거나 팔레스타인 당국에 도전하는 것을 자제시켜 왔다. 민족 해방 투쟁이 다른 무엇보다 중요하다면서 말이다. 이런 계급투쟁의 "동결"은 이제 끝날 조짐이 보인다. 2012년 택시 노동자 파업, 2016년과 2020년 교사 파업 등이 그런 사례다.[56] 2016년 교사 파업에는 거의 3만 5000명의 교사가 참가했다. 이는 팔레스타인 역사상 최대 규모의 교사 파업이며, 교사들은 노조 지도부가 "조합원들을 대변하기보다는 팔레스타인 당국의 중재자 구실"을 했음에도 그런 파업을 벌일 수 있었다.[57]

그러나 앞서 살펴봤듯이 팔레스타인에서 아파르트헤이트가 작동하는 방식은 이스라엘이 지배하는 영역에서 팔레스타인 노동자들이 계급적 힘을 발휘하는 것을 구조적으로 어렵게 한다. 팔레스타인 공공 부문은 국제 원조와 이스라엘의 자금에 의존한다. 이스라엘의 검문소와 정착자의 토지·수자원 수탈은 팔레스타인의 농업과 산업 상당 부분을 파괴하거나 심각하게 손상시켰다. 이런 "역개발" 과정은 팔레스타인 노동계급의 전략적 힘을 약화시켰다.[58]

아파르트헤이트 구조는 이스라엘 유대인 노동자들의 경제투쟁을 정치적으로 무력하게 만들었다. 유대인 노동자들 또한 파업과 대규모 사회적 항의 운동을 벌이기도 한다. 노동계급과 중간계급의 생활수준 하락에 항의해서 일어난 2011년의 "사회정의" 시위 물결이 그런 사례다. 그러나 그런 투쟁들은 시온주의 이데올로기의 제약을 돌파해 팔레스타인인과의 연대로 나아가지 못했다. 사실 이스라엘의 유서 깊은 노동조합들은 이스라엘 국가보다도 오래된, 정착자 식민주의 프로젝트의 일부였다. 히스타드루트(이스라엘노동총연맹)는 영국 위임통치 시절 팔레스타인 노동자를 경제에서 배제하는 인종차별적 "유대인 노동" 정책의 선구였다. 히스타드루트는 하가나라는 무장 조직을 창설했는데, 하가나는 나크바 때 자행된 팔레스타인인 인종 청소에서 중심적 구실을 한 시온주의 무장 조직의 하나였다.[59] 또한, 이 "노동총연맹"은 수십 년 동안 주요 사용자이자 국가기관이기도 했다. 히스타드루트는 자신이 대표하기를 거부한 팔레스타인 노동자들에게서도 의료보험료와 사회보장세를 임금에서 공제해 거액을 거둬 갔다. 히스타드루트는 오슬로협정에서 합의한 대로 그 돈을 서안지구의 팔레스타인 노조에 이체하는 것도 거부했다.

히스타드루트는 1990년대 중반 이스라엘의 의료 개혁으로 의료보험 가입이 노조 가입과 연동되지 않게 되면서 조합원 수가 급감했다. 그러나 히스타드루트는 더 진보적인 대안으로 대체되지 않았다. 히스타드루트의 규모가 줄어든 뒤 — 현재 조합원 수는 70만 명가량이다 — 둘째로 큰 노조 연맹이 된 곳은 히스타드루트 레우밋(민족 히스타드루트)으로, 강경 우익인 리쿠드당과 제휴하고 있고 10만 명의 조합원이 있다. 그다음으로 큰 노조 연맹은 좀 더 좌파적인 코아흐 라오브딤('노동자에게 힘을')으로, 2018년에 그 조합원 수는 1만 3000명에 불과했다(단체협약을 통해 약 3만 5000명의 노동자를 대표한다고 주장하지만 말이다).[60] 코아흐 라오브딤과 2300명의 조합원을 보유한 '노동자 자문 센터 — 마안' 노조는 팔레스타인

인도 조합원으로 받고 있지만, 수마야 아와드와 다프나 티어가 지적하듯이 두 노조 모두 유대인 조합원을 시온주의에서 떼어 놓지 않았다. 노동조합운동과 정착자 식민주의가 뒤얽힌 결과

> 이스라엘 노조는 유대인 조합원에 의해 오른쪽으로 끌려간다. 조합원을 늘리려면 점령 문제를 제쳐 놓아야 한다. 그러지 않으면 주변화되는 운명을 피할 수 없다. 이것이 아파르트헤이트 경제하의 노동의 성격이다. 거의 완전한 분리로 인해 유대인과 팔레스타인인은 (그 분리의 의도대로) 동료로서 함께 일하는 경우가 거의 없다. 이들은 서로 분리돼 있으며, 이는 인종차별을 고착화하고 민족에 대한 충성이 계급의식을 압도하게 한다.[61]

팔레스타인과 중동의 혁명

세계 다른 곳과 마찬가지로 역사적 팔레스타인 지역의 노동계급은 사회의 다수를 이루고 착취당하는 운명을 공유하지만 차별의 경험으로 분열돼 있다. 이 노동계급 중 이스라엘 유대인 노동계급 사이에서는 아파르트헤이트를 정당화하는 인종차별의 지배력이 확고부동해 보인다. 이 인종차별적 관념은 자체적으로 지속되는 악순환 속에서 계속 재생산되고 있는데, 이는 그런 관념이 전능하기 때문이 아니라 그런 관념을 낳는 물질적·사회적 과정이 역사적 팔레스타인

의 정치경제학을 계속 지배하고 있기 때문이다. 앞서 살펴봤듯 이스라엘 지배계급은 식민 정착자 국가 건설 프로젝트를 위해 미국에게서 막대한 지원을 받고, 이스라엘 경제는 군수 산업·서비스 복합체에 의존하고 있으며, 이스라엘 군수 산업·서비스 복합체는 미국의 훨씬 큰 거대 군산복합체에 기생하고 있고, 대규모 유대인 정착촌 확대는 사회 전반에 영향을 미치고 있다.

휴먼라이츠워치는 팔레스타인인과 유대인 인구가 각각 약 680만 명이라고 전한다.[62] 역사적 팔레스타인 내의 유대계 이스라엘인과 팔레스타인인의 숫자가 거의 비슷하다는 점은 팔레스타인 민족해방 운동에 정치적 어려움을 안겨 준다. 현 이스라엘 국가를 팔레스타인인들이 군사적으로 패퇴시키는 것은 이웃 국가들과 연합하더라도 거의 불가능해 보인다. 게다가 전쟁 상황이 되면 이스라엘의 유대인 노동계급은 "자신들의" 국가와 "자신들의" 군대에 더 강한 유대감을 갖게 될 것이다. 패배하면 생존이 직접 위협받는다고 두려워하는 상황에서는 더욱 그럴 것이다. 그렇기에 비종교적 단일 민주국가를 팔레스타인에 세워 모두가 동등한 시민권을 누리게 한다는 목표는 시온주의자들의 주장에 대한 중요한 반박이다. 시온주의자들은 유대인만의 국가만이 유대계 이스라엘인을 보호할 수 있다고 주장한다.

팔레스타인에 진정한 민주주의 국가를 건설하는 데 필요한 변화의 깊이와 규모는 팔레스타인에서의 투쟁과 더 넓은 중동에서의 투쟁 사이의 긴밀한 관계를 보여 준다. 이스라엘의 군사화한 아파르트헤이트 체제를 해체하는 것은 역사적 팔레스타인과 인접한 권위주의 정권들을 극복하는 것만큼이나 어려운 과제다. 그러나 두 과제 모두 성취 가능하다는 희망의 핵심 근거가 있다. 팔레스타인에서의 혁명적 투쟁과 더 넓은 중동에서의 혁명적 투쟁이 서로를 강화해 온 수십 년의 역사가 있다는 것이다. 팔레스타인과 더 넓은 중동에서 나타난 저항의 지난 주기에서 겪은 패배들은 혁명적 투쟁들의 상호작용을 우연에 내맡겨서는 안 된다는 것을 보여 준다. 저항이 승리하려면 대중 속에 깊이 뿌리내린 혁명적 조직이 팔레스타인과 그 주변국 모두에 있어야 한다.

2011년 이래의 대중 항쟁 경험이 이를 잘 보여 준다. 튀니지가 대규모 파업과 시위로 독재자 벤 알리를 타도하면서 앞장섰고, 뒤이어 이집트·시리아·바레인·리비아·예멘에서도 항쟁이 벌어졌다. 사우디아라비아조차 혁명의 파도를 피할 수 없었다. 바레인과 가깝고 시아파 인구가 많은 사우디아라비아 동부 지역을 대규모 시위대가 뒤흔든 것이다. 도시 빈민과 조직 노동계급, 중간계급의 상당한 일부가 참여한 대중 시위들로 중동의 혁명 과정이 시작됐다. 이 사건들은 제국주의 지배 구조의 약한 고리를 이루는 중동 독재 정권들에 균열을 낼 가능성이 있었다. 여러 나라에서 독재 정권들이 잇따라 휘청거렸고, 튀니지·이집트·리비아·예멘의 독재자들은 권좌에서 쫓겨났다.

이런 사건들이 전개되는 동안 팔레스타인인들의 저항에 대한 조직적이고 대중적인 연대도 중동 전역에서 지속됐고, 혁명 과정의 특정 시점에서는 중요한 사안으로 부상하기도 했다. 이는 아랍민족주의 좌파와 스탈린주의 좌파의 타락(이들은 1970년대와 1980년대에 국가권력을 가까이 하면서 자신들의 원칙과 신뢰를 훼손했다)과 팔레스타인 민족 지도자들이 '평화 프로세스' 동안 벌인 배신에도 불구하고 팔레스타인인들과의 연대가 지속되고 있다는 것을 입증했다. 사실 팔레스타인인들과의 연대는 혁명 전부터 '시위 문화'가 성장할 때마다(특히 이집트와 튀니지에서) 어김없이 나타나는 특징이었다.

팔레스타인인들의 대의는 반정부 정치 스펙트럼의 상이한 조류(아랍민족주의, 이슬람주의, 자유주의, 좌파 등)에 속한 활동가들을 잇는 가교 구실을 할 잠재력이 있었다. 이슬람주의자들과 그 외 정치 경향 사이의 공식적 협력과 공동 활동은 비교적 드물었는데, 팔레스타인인들과의 대중적 연대는 분열된 반정부 운동들을 하나로 묶는 합의점이 됐다. 팔레스타인인들의 대의는 대중적 집단행동을 촉발하는 데서 중동의 다른 거의 모든 쟁점들을 능가한다는 것을 거듭 입증했다. 팔레스타인 연대 운동은 혁명적 위기 상황에서도 계속 확대·강화될 때가 많았다. 이집트의 경우, 팔레스타인 저항과의 연대를 드러내는 행동은 2011년 5월 '나크바의 날' 타흐리르 광장 시위로 나타났다가 몇 달 후 보안군과의 대규모 충돌로 확대됐다. 2011년 9월에는 시위대가 대사관을 포위해 이스라엘 대사가 카이로에서 도망쳐야 했다. 2012년 11월 이스라엘군의 가자지구 폭격은 변화한 정치 상황 속에서 벌어졌다. 당시는 이슬람주의 운동인 무슬림형제단이 의회 선거와 대통령 선거에서 승리한 뒤였다. 이집트 활동가들은 봉쇄된 가자지구로 구호품을 전달하는 연대 호송대를 조직했다. 심지어 이집트 총리 히샴 칸딜이 이스라엘의 미사일이 쏟아지는 가자지구에서 하마스 지도부와 함께 모습을 드러내기도 했다.[63]

그러나 이집트 혁명은 전진할 힘을 잃었고 반혁명이 우세해졌다. 이렇게 된 데에는 크게 두 가지 요인이 있다. 첫째, 개혁주의적인 이슬람주의 정치 세력은 혁명 이후 선거를 통해 국가기구에 부분적으로 진출했지만, 그들은 이집트 군부가 국가 내에서 하는 구실이나 이스라엘·미국과 맺은 관계에 도전하기를 분명하게 거부했다. 이스라엘과의 "평화"라는 각본에서 벗어나면 국제 원조와 투자를 얻기가 극히 어려워졌을 것이기 때문이다. 무슬림형제단 지도부는 군부와의 협상으로 권력을 분점하기를 바라기도 했다. 2012년 무슬림형제단 후보로 대선에 출마해 당선한 무함마드 무르시 대통령은 그런 바람에 따라 육군 원수 압델 파타 엘시시를 국방부 장관으로 임명한 것이다. 그러나 엘시시는 이후 쿠데타를 일으켰다.

둘째, 혁명적 운동이 거리에서 동원한 대중 시위와 작업장에서 조직한 파업은 국가에 대한 군부의 장악력에 도전하라고 개혁주의자들을 압박할 만큼 강력한 압력을 형성하지 못했다. 그런 상황에서 개혁주의적인 이슬람주의자들은 팔레스타인인들과의 연대를 표하는 언사를 넘어 자신들의 오랜 공언대로 이집트-이스라엘 평화조약을 실제로 파기하려 들지 않았다. 1978년 이집트와 이스라엘 사이에서 체결된 캠프데이비드협정의 파기를 요구하는 대중운동이 2010년이나 2011년에 이집트에서 일어났다면 틀림없이 거대한 정치 위기가 벌어졌을 것이다. 그런 운동은 미국과 그 동맹국인 이스라엘의 이익을 이집트 군대가 보증하고 관철시켜 주고 있다는 사실을 초점으로 만들 수 있었을 것이다. 그러나 이슬람주의 운동은 기존 정치체제를 뒤흔들지 않으면서 협상을 통해 권력의 핵심부로 진출하겠다는 열망에 사로잡혀 있었다.

한편, 2010년과 2011년 중동의 다른 곳에서 일어난 항쟁은 옛 정권이 군사적으로 반격하면서 내전에 휘말려 교착 상태에 빠졌고, 많은 경우 세계적 제국주의 강대국들과 역내 아亞제국주의 강국들이 그 분쟁에 뛰어들었다. 오직 튀니지에서만 대중운동이 진정한 정치개혁 프로그램을 국가기구에 강제하는 데 성공한 것처럼 보인다. 시리아, 리비아, 예멘에서 혁명 과정이 탈선한 결정적 원인은 기존 정권에 대항하는 사회·정치 세력의 연합 속에 조직 노동자 운동이 없었다는 데 있다. 2011년 3월 바레인에서는 노동조합이 항쟁에서 중요한 구실을 했지만, 그 항쟁은 이웃한 사우디아라비아의 군사개입으로 패배했다.

혁명 과정에 영향을 준 또 하나의 요소는 팔레스타인 대중운동의 일시적 소강이었다. 이것은 제2차 인티파다가 가라앉은 뒤에 찾아온 것이었다. 제2차 인티파다는 2000년 9월 이스라엘 우파 정치인 아리엘 샤론이 경찰 1000명을 대동하고 알아크사 모스크를 찾아간 것을 계기로 분출했다. 시위대는 또다시 잔혹한 탄압에 직면했고, 항쟁 몇 주 만에 거의 500명이 살해당했다.[64] 제1차 인티파다 때와 달리 저항은 더 군사적인 형태를 띠었고 무장 단체들이 일련의 자살 폭탄 공격을 감행하여 이스라엘 민간인 수백 명을 살해했다. 하마스는 이 전략을 적극 지지한 세력의 하나였다. 하마스는 이런 전략을 통해 팔레스타인과 이스라엘 간의 힘의 격차를 해소하려 했다. '평화 프로세스'가 팔레스타인 독립국가 건설에 실패한 만큼 이런 전략은 협상에서 더 유리한 조건을 조성할 수 있을 것이라는 기대를 받았다.[65] 그러나 제2차 인티파다는 1990년대의 후퇴를 되돌리지 못했다. 역사적 팔레스타인에 대한 이스라엘군의 장악력은 고스란히 유지됐다. 이스라엘의 우파 정부는 인종차별적이고 억압적인 정책에 대한 대중적 지지로 더 강화돼 정착촌 건설을 가속시켰고, 거대한 장벽을 건설해 유대인들과 팔레스타인인들을 "분리"하겠다고 약속했다. 이런 패배로 팔레스타인 운동 지도부 내의 분열은 심화됐고, 서안지구와 가자지구에는 각각 파타와 하마스가 지배하는 두 개의 경쟁하는 팔레스타인 행정부가 등장했다.

팔레스타인에서의 아파르트헤이트에 맞선 혁명의 필요성

이스라엘 지배계급과 팔레스타인인들의 저항은 장기적으로 불안정한 균형 상태를 이루는 경향이 있다. 이스라엘의 지배와 팔레스타인인들의 저항이 팔레스타인의 정치경제학에 내린 뿌리는 앞에서 설명한 거대한 사회적 과정에서 계속 자양분을 얻고 있다. 그렇다고 팔레스타인 운동이 결코 패배하지 않는다거나 팔레스타인 민족주의가 결코 사라지지 않을 무적의 세력이라는 것은 아니다. 다만 팔레스타인인의 저항은 차별과 불의, 착취에 맞선 가난한 사람들의 투쟁을 기반으로 하는 사회적 차원을 갖는 한, 소생과 쇄신을 위한 대중적 기반을 계속 갖고 있을 것이라는 뜻이다.

대중 항쟁의 새로운 주기가 시작된다면 팔레스타인과 중동의 활동가들은 이전 세대의 운명을 피하기 위해 어떤 선택을 해야 할까? 지금까지 이 글에서는 혁명적 전략을 발전시킬 필요성을 뒷받침하는 분석을 제시하고자 했다. 그 혁명적 전략은 팔레스타인 해방을 더 넓은 중동의 노동계급의 힘과 유기적으로 연결된 혁명적 운동을 건설하는 투쟁의 일부로 만드는 것이다. 이런 전략적 지향이 필요한 두 가지 중요한 이유가 있다. 첫째, 팔레스타인에서의 아파르트헤이트가 중동 수준에서의 제국주의적 역학의 일부로 **기능**하고 그 역학에 의해 **재생산**된다는 것이다. 게다가 팔레스타인에서 아파르트헤이트가 존속하는 것은 시대착오적 현상이 아니다. 식민지 시대에서 전해져 내려와 '미처 처리되지 못한' 잔재가 아니라는 것이다. 팔레스타인에서 아파르트헤이트가 존속하는 것은 세계적 수준의 제국주의 강대국들에게 중동 지역이 여전히 특별한 중요성이 있다는 점을 반영한다.

둘째, 팔레스타인 저항의 거듭되는 소생은 중동에서 혁명적 위기와 대중 항쟁을 거듭 낳아 온 사회적·정치적 과정의 **특정 사례**라는 것이다. 안타깝게도 팔레스타인 투쟁에서 지배적인 정치적 사고방식은 독립국가 건설에 초점을 두는 것이다. 그렇다고 해서 팔레스타인 대중운동의 사회적 성격이 달라지는 것은 아니다. 그 운동의 지도부는 대체로 중간계급이나 재외 팔레스타인인 부르주아 출신이지만, 여전히 운동 자체는 점령지에서든 난민촌에서든 팔레스타인인의 다수인 빈민과 노동계급의 투쟁과 깊게 연결돼 있다. 팔레스타인인들의 저항은 중동에서 여전히 대중운동의 **본보기**로 남아 있다. 이는 평범한 사람들이 그 투쟁에 자신들의 투쟁을 투영하기 때문이기도 하고, 그들을 억압하는 정권들이 미국과 그 동맹국들에 직접 협조하고 있기 때문이기도 하다.

이 글은 또한 이스라엘 국가를 보는 관점을 뒤집고자 했다. 즉, '중동의 예외적 민주주의 국가'라는 이스라엘의 거짓된 자기 이미지를 거부하고, 이스라엘이 중동에서 흔히 볼 수 있는 '국가를 지배하는 군대'의 또 다른 사례임을 보이고자 했다. 기본적으로 이스라엘은 고도로 군사화된 주변의 다른 권위주의 정권들과 동일한 부류다. 다만 다른 주변국들보다 더 성공적으로 제국주의 최강대국의 지원을 받아서 산업 발전 비용을 마련하고 경찰력을 무장시킨 것이다. 냉정하게 평가하면 이스라엘 국가는 요르단강에서 지중해까지 팔레스타인 땅을 지배하는 단일한 권위주의적 기구다. 이런 분석에서 내릴 수 있는 한 가지 결론은 그런 국가가 **자발적으로** 영토 일부를 포기하고 주권이 있는 실질적 팔레스타인 독립국가가 바로 옆에 세워지도록 허용할 것이라는 기대가 순진하다는 것이다. 제국주의 최강대국인 미국이 반세기 넘게 이스라엘 국가에 돈과 무기를 퍼줬다는 점을 고려하면 더욱 그렇다.

풀어야 할 또 다른 문제는 팔레스타인인들의 투쟁이 시온주의의 전략이 가한 객관적 제약을 지난 역사 동안 극복하지 못했다는 것이다. 이스라엘은 경제의 전략적 부문에서 팔레스타인 노동자를 배제하는 전략을 취해 왔다. 그 결과 팔레스타인인들은 지배계급에 맞선 혁명적 대결에서 조직 노동자들이 보통의 경우에 갖는 전략적 힘을 행사하기 어렵게 됐다. 게다가 수많은 팔레스타인인들은 주변 지역에 뿔뿔이 흩어져 파편화돼 있다. 따라서 팔레스타인인들의 투쟁이 역사적 팔레스타인 내의 투쟁으로 머문다면, 그 투쟁은 아파르트헤이트 국가에 맞서 수적 우위를 누릴 수도 없다.

따라서 팔레스타인인들의 대의를 더 넓은 중동의 혁명적 운동을 건설하는 과정 안에 심을 방법을 찾는 것은 시급한 과제다. 그러나 그런 과제를 해결할 전략을 순전히 무에서 만들어야 하는 것은 아니다. 지난 투쟁의 경험을 출발점으로 삼을 수 있다. 나크바 이후 팔레스타인 1세대 혁명가들이 벌인 투쟁, 1987년 제1차 인티파다를 포함한 1980년대 말의 항쟁, 2011년부터 시작된 중동의 혁명 물결이 바로 그 출발점이 될 수 있다. 그 경험들에 비춰 보면, 팔레스타인인들의 대의를 중동 다른 나라에서 벌어지는 혁명적 운동의 중요한 일부로 만들 가능성을 높이는 경로는 핵심적으로 두 가지가 있다. 하나는 레바논과 요르단처럼 팔레스타인 난민 공동체가 상당한 규모로 존재하는 곳에서 가능한 경로로, 팔레스타인인들의 투쟁이 그 나라의 계급투쟁과 상호 작용하며 위기를 촉발하고 국가와 대결하는 것으로 나아가는 것이다. 1960년대에 팔레스타인 민족운동이 부활했을 때 그런 일이 벌어졌다.

또 다른 경로는 팔레스타인인들과 연대하는 운동이 현지 계급투쟁을 가속시키는 것으로, 이는 팔레스타인 난민 인구가 많지 않은 나라에서 역사적으로 되풀이돼 왔다. 이것은 아래로부터의 행동이 갖는 정치적 측면과 경제적 측면 사이의 "상호작용"(로자 룩셈부르크의 표현)을 촉발하고 심화시키는 방식이다. 튀니지 혁명과 이집트 혁명의 전사前史를 보면 거리와 작업장에서 팔레스타인 연대 문제가 얼마나 중요한 쟁점이 될 잠재력이 있는지 알 수 있다. 팔레스타인 연대는 '거리 시위의 문화'를 하나로 엮는 데 일조했다. 작업장에서도 팔레스타인 연대는 2010~2011년 혁명이 시작되기 몇 년 전부터 노동자들의 조직화에 "정치"를 들여오는 몇 안 되는 쟁점이었다. 게다가 미국, 이스라엘, 중동의 군부들이 이루고 있는 3각동맹의 영향력은 현지 국가들로 깊숙이 뻗어 있기 때문에, 팔레스타인 저항과의 연대는 현지 군 당국에 맞서는 대중행동의 한 기본 구성 요소가 될 수 있다.

지난 반세기 동안 팔레스타인과 더 넓은 중동에서 벌어진 다양한 형태의 투쟁이 주는 교훈은 국가의 핵심부에 있는 군부에 맞서고 그들과 대결하고 궁극적으로는 그들을 무너뜨릴 효과적 전략이 없으면 참혹한 패배를 당한다는 것이다. 1970년대 초 팔레스타인인들의 첫 혁명적 조직화 물결이 일었을 때 민족주의적 팔레스타인해방기구 지도부는 "검은 9월" 사태 동안 요르단 왕정과의 대결을 피했다. 레바논에서도 팔레스타인해방기구는 사태가 내전으로 미끄러지는 것을 막지 못했다. 1987년 제1차 인티파다로 정점에 이른 두 번째 물결 때 팔레스타인해방기구 지도부는 정치적·사회적 변화를 염원하는 중동 대중의 행동에 위협을 느낀 중동 정권들과 협력해, 그 대중행동과 팔레스타인 투쟁 연대가 서로를 강화하는 선순환을 끊으려 했다. 2010년 이후 혁명이 일어났을 때 대중적 팔레스타인 연대 운동은, 어떻게든 군부와 타협하고 국가기구를 보존하는 데 골몰한 개혁주의 세력의 정치적 지배력이 가하는 제약에 부딪혔다.

반혁명과 전쟁의 불길이 이집트·시리아·리비아·예멘을 집어삼킨 지금, 중동과 북아프리카에서 혁명이 돌아올 가능성을 이야기하는 것이 과연 가당하냐고 반문할 수 있다. 우리는 이렇게 되물어야 한다. 그런 사태에 대비하고 조직하는 것 외에 다른 선택이 있는가? 2019~2020년에 대중운동이 일어난 나라들은 모두 2011~2012년 혁명 물결의 패배와 맞먹는 상흔을 갖고 있다. 레바논과 알제리는 내전을 경험했고, 이라크는 제재와 전쟁, 점령에 시달렸고, 수단은 여러 차례 전쟁과 인종 학살을 겪었다. 인구 다수가 팔레스타인인인 요르단은 지난 항쟁의 주기 때 혁명도, 재앙적 패배도 경험하지 않았다.

물론, 시리아에서는 전 사회적 재앙이 남긴 깊은 상처가 아무는 데 오랜 시간이 걸릴 것이고, 그만큼 그곳에 거주하는 팔레스타인인들의 고통도 커질 것이다. 이집트에서도 반혁명의 상흔이 오래갈 테지만, 이집트 사회는 시리아와 달리 전쟁으로 완전히 파괴되지 않았다. 군부의 지배력에도 불구하고 이집트에서는 여전히 산발적 파업과 시위가 벌어지고 있다. 더 큰 미지수는 어떤 종류의 반정부 운동이 살아남아 다시 부상할 것이며, 그 안에서 좌파가 얼마나 강력할 것이냐다. 확실한 것은 현재 군사정권이 그 정권에 반대하는 거의 모든 사람의 마음속에 팔레스타인인들의 대의를 각인시켰다는 것이다. 이집트 활동가이자 블로거인 알라 압드 엘파타는 토라 교도소에서 수감 생활을 하던 시절, 2021년 역사적 팔레스타인 전역에서 벌어진 총파업과 하마스의 텔아비브 로켓 공격 소식이 은밀하게 전해지자 수감자들이 보인 반응을 전한 바 있다. 당시 그 교도소에서는 팔레스타인 저항에 환호하는 노래와 구호가 좌파, 이슬람주의, 민족주의 활동가들의 감방 사이로 울려 퍼졌다고 한다.[66]

또 하나 분명한 것은 대중 항쟁의 부침이라는 쳇바퀴에서 벗어나려면 혁명적 사회주의 조직을 건설하려는 의식적 노력이 필요하다는 점이다. 혁명적 사회주의 조직은 반드시 노동계급의 사회적 힘 속에 뿌리내려야 하고, 개혁주의적 타협 압력과 민족주의의 유혹을 뿌리칠 능력을 갖춰야 한다. 그런 혁명적 사회주의 조직은 역사적 팔레스타인과 중동 전체에서 기존 국가를 분쇄할 수 있는 대중운동을 건설하는 데 이바지할 수 있을 것이다.

후주

1 이 글을 쓰는 데 조언을 준 조셉 추나라, 리처드 도널리, 롭 퍼거슨, 톰 히키, 실라 맥그리거, 존 로즈에게 감사를 표한다. 이 글에서 "역사적 팔레스타인"이란 요르단강과 지중해 사이의 영역을 뜻하는 말로 현재 이스라엘 국가, 서안지구, 가자지구로 나뉘어 있다.

2 Human Rights Watch, 2021.

3 B'Tselem, 2021.

4 현재 이스라엘과 같은 식으로 시민권을 제한하는 국가는 비교적 소수다. 특정 종교 신자(또는 남성)에게만 공직을 맡을 권리(예컨대 대통령 피선거권)를 보장하는 구절이 헌법에 포함된 국가는 훨씬 많다. 사회주의자는 당연히 이런 억압적이고 차별적인 조처에 반대해야 한다. 그런데 이스라엘이 국민 공동체의 온전한 일원이 될 자격을 비유대인에게 부여하기를 거부하는 것은 실로 유별난 것이다. 오늘날 대다수 국가는 혈연, 종족, 종교에 의한 제한 없이 새로운 구성원이 국민 공동체에 합류할 수 있는 방법을 (적어도 원리상으로는) 제공한다.

5 Callinicos, 1985, p31. 팔레스타인에서의 아파르트헤이트가 중동 수준과 세계 수준의 제국주의의 역학에 깊숙이 뿌리내린 과정으로 지탱되고 있다고 해서, 자본주의의 타도 없이는 그 지배 체제를 종식시킬 가능성이 전혀 없다는 것은 아니다. 자본주의 국가를 유지하는 개혁주의적 타협은 언제나 가능성으로 남아 있다. 남아공에서 아파르트헤이트를 철폐했을 때 정확히 그런 일이 벌어졌다. 이에 대해서는 Callinicos, 1990과 Callinicos, 1992를 보라.

6 Rodinson, 2014.

7 Rose, 1986.

8 Orr and Machover, 2002.

9 Alexander, 2018.

10 Callinicos, 2014; Alexander, 2015.

11 Cliff, 2001.

12 Engels, 1884; Lenin, 1917; Liebknecht, 1973.

13 Lenin, 1917.

14 Trotsky, 1930.

15 Cliff, 1990.

16 Angus, 2016.

17 Pappé, 2006.

18 Alexander and Bassiouny, 2014.

19 Ministry of Foreign Affairs, 2013.

20 Ministry of Foreign Affairs, 2013.

21 Jewish Virtual Library, 2018.

22 Sabella, 1993.

23 Lieberman, 2018; Swirski, Attias-Konor and Lieberman, 2020, p18.

24 Sultany, 2012.

25 Dougherty, 2020.

26 Dougherty, 2020.

27 Solomon, 2021.

28 Hirschauge, 2015.

29 Masarwa and Abu Sneineh, 2020.

30 Notes From Below, 2021.

31 Kingsley and Nazzal, 2021

32 Salhab and al-Ghoul, 2021.

33 Salhab and al-Ghoul, 2021

34 Hassan, 2021.

35 Maiberg, 2021.

36 Ziv, 2021; Notes From Below, 2021

37 Notes From Below, 2021.

38 Alsaafin, 2021.

39 Abu Sneineh, 2021.

40 Abu Amer, 2021

41 Pappé, 2021.

42 Notes From Below, 2021.

43 Yaron, 2021.

44 Yaron, 2021.

45 Kingsley and Nazzal, 2021.

46 Ross, 2021.

47 튀니지의 민주주의 실험이 중동의 다른 나라들에 비해 오래 지속되고 있다고 해서 튀니지일반노총(UGTT)을 무비판적으로 지지할 수는 없다. 튀니지일반노총 지도부도 아래로부터의 대중운동이 지닌 혁명적 잠재력을 약화시키고 권위주의적 대통령제가 일부 복권하게 된 것에 책임이 있다.

48 Hiltermann, 1993, p64.

49 Hiltermann, 1993, p69.

50 Hiltermann, 1993, p70.

51 Hiltermann, 1993, p69

52 Hussein, 2005, p17.

53 Hussein, 2005, p19.

54 Chenoweth and Stephan, 2012, p124.

55 Halper, 2014.

56 Beinin, 2021.

57 Abu Moghli and Qato, 2018.

58 Roy, 1987.

59 Pappé, 2006.

60 https://workers.org.il/?lang=en

61 Awad and Thier, 2021.

62 Human Rights Watch, 2021.

63 Al Jazeera, 2012.

64 2000년 9월 29일부터 2001년 1월 1일까지 이스라엘 보안군은 팔레스타인인 487명을 살해했고, 그중 124명이 아동이었다. 같은 기간 이스라엘 보안군 44명, 민간인 112명이 팔레스타인인에게 살해당했다. https://statistics.btselem.org 참고.

65 Matta and Rojas, 2016.

66 Abd el-Fattah, 2021.

참고 문헌

Abd el-Fattah, Alaa, 2021, *You Have Not Yet Been Defeated: Selected Works 2011-2021*. Fitzcarraldo Editions.

Abu Amer, Adnan, 2021, "Postponed Palestinian Elections: Causes and Repercussions", Carnegie Endowment (11 May), https://carnegieendowment.org/sada/84509.

Abu Moghli, Mai, and Mezna Qato, 2018, "A Brief History of a Teacher's Strike", Middle East Research and Information Project (5 June), https://merip.org/2018/06/a-brief-history-of-a-teachers-strike

Abu Sneineh, Mustafa, 2021, "Who was Nizar Banat, the Outspoken Critic Who Died in Palestinian Authority Custody?", Middle East Eye (24 June), www.middleeasteye.net/news/palestine-nizar-banat-who-critic-palestinian-authority

Alexander, Anne, 2015, "ISIS and Counter-Revolution: Towards a Marxist Analysis", *International Socialism* 145 (winter), http://isj.org.uk/isis-and-counter-revolution-towards-a-marxist-analysis

Alexander, Anne, 2018, "The Contemporary Dynamics of Imperialism in the Middle East: A Preliminary Analysis", *International Socialism* 159 (summer), https://isj.org.uk/contemporary-dynamics-of-imperialism

Alexander, Anne, 2020, "Behind the Lebanese Apocalypse", *International Social-*

ism 168 (autumn), http://isj.org.uk/lebanese-apocalypse

Alexander, Anne, and Mostafa Bassiouny, 2014, *Bread, Freedom, Social Justice: Workers and the Egyptian Revolution* (Zed Books).

Al Jazeera, 2012, "Egypt PM Decries Gaza 'Aggression'" (16 November), www.aljazeera.com/news/2012/11/16/egypt-pm-decries-israeli-aggression-on-gaza

Alsaafin, Linah, 2021, "Palestinians Protest Israeli Police Inaction Amid Crime Wave", Al Jazeera (19 March), www.aljazeera.com/news/2021/3/19/umm-al-fahm-protests-against-israeli-police-amid-surge-in-crime

Angus, Ian, 2016, *Facing the Anthropocene: Fossil Capitalism and the Crisis of the Earth System* (New York University Press).

Awad, Sumaya, and Daphna Thier, 2021, "In Israel, Zionism Prevents Working-class Solidarity", *Jacobin* (4 April), https://jacobinmag.com/2021/04/israel-zionism-palestine-unions-workers

Beinin, Joel, 2021, "Palestinian Workers Have a Long History of Resistance", *Jacobin* (6 June), https://tinyurl.com/2p89z6u3

B'Tselem, 2021, "A Regime of Jewish Supremacy from the Jordan River to the Mediterranean Sea: This is Apartheid" (12 January), www.btselem.org/publications/fulltext/202101_this_is_apartheid

Callinicos, Alex, 1985, *South Africa: The Road to Revolution* (Socialist Workers Party).

Callinicos, Alex, 1990, "Can South Africa be Reformed?", *International Socialism* 46 (spring).

Callinicos, Alex, 1992, "Reform and Revolution in South Africa: A Reply to John Saul", *New Left Review*, I/195 (October).

Callinicos, Alex, 2014, "The Multiple Crises of Imperialism", *International Socialism* 144 (autumn), http://isj.org.uk/the-multiple-crises-of-imperialism

Chenoweth, Erica, and Maria Stephan 2012, *Why Civil Resistance Works: The Strategic Logic of Nonviolent Conflict* (Columbia University Press).

Cliff, Tony, 1990 (1963), *Deflected Permanent Revolution* (Socialist Workers

Party).

Cliff, Tony, 2001 (1946), "The Problem of the Middle East", in *International Struggle and the Marxist Tradition: Selected Works*, Volume 1 (Bookmarks), www.marxists.org/archive/cliff/works/1946/probme/chap14.html

Dakhli, Leyla, 2021, "The Fair Value of Bread: Tunisia, 28 December 1983–6 January 1984", *International Review of Social History*, volume 66, issue 29.

Dougherty, George, 2020, "Accelerating Military Innovation: Lessons from China and Israel", *Joint Force Quarterly* 98 (July), www.dasadec.army.mil/News/Article-Display/Article/2342531/accelerating-military-innovation-lessons-from-china-and-israel

Engels, Friedrich, 1884, *The Origin of the Family, Private Property and the State*, www.marxists.org/archive/marx/works/1884/origin-family [국역: 《가족, 사유재산, 국가의 기원》, 두레, 2012]

Halper, Jeff, 2014, "The Key to Peace: Dismantling the Matrix of Control", Israeli Committee Against House Demolitions, https://icahd.org/get-the-facts/matrix-control

Hassan, Budour, 2021, "Palestine's Uprising and the Actuality of Liberation", Mada Masr (24 May), www.madamasr.com/en/2021/05/24/opinion/u/palestines-uprising-and-the-actuality-of-liberation

Hiltermann, Joost R, 1993, *Behind the Intifada: Labor and Women's Movements in the Occupied Territories* (Princeton University Press).

Hirschauge, Orr, 2015, "Israeli Army Builds a Desert Outpost—Tech Firms Follow", *Wall Street Journal* (5 June).

Human Rights Watch, 2021, "A Threshold Crossed: Israeli Authorities and the Crimes of Apartheid and Persecution", Human Rights Watch (27 April), www.hrw.org/report/2021/04/27/threshold-crossed/israeli-authorities-and-crimes-apartheid-and-persecution

Hussein, Yamila, 2005, "The Stone and the Pen: Palestinian Education During the 1987 Intifada", *The Radical Teacher*, number 74.

Jewish Virtual Library, 2018, "Total Immigration to Israel from the Former Soviet

Union", Jewish Virtual Library, www.jewishvirtuallibrary.org/total-immigration-to-israel-from-former-soviet-union

Kingsley, Patrick, and Rami Nazzal, 2021, "In Show of Unity, Palestinians Strike Across West Bank, Gaza and Israel", *The New York Times* (18 May).

Lenin, V I, 1917, *The State and Revolution*, www.marxists.org/archive/lenin/works/1917/staterev [국역: 《국가와 혁명》, 돌베개, 2015]

Lieberman, Aviv, 2018, "The Rise of the Former Soviet Union: A Picture of the Labor Market", Adva Center (26 June), https://adva.org/post-soviet-aliyah-laborforce

Liebknecht, Karl, 1973 (1907), *Militarism and Anti-militarism*, www.marxists.org/archive/liebknecht-k/works/1907/militarism-antimilitarism/index.htm

Maiberg, Emanuel, 2021, "Israeli Mob Organized Destruction of Arab Business on WhatsApp", Vice (19 May), www.vice.com/en/article/jg8myx/israeli-mob-organized-destruction-of-arab-business-on-whatsapp

Masarwa, Lubna, and Mustafa Abu Sneineh, 2020, "Palestinian Citizens of Israel Protest Against Land Arab in Negev Desert", Middle East Eye (22 June), www.middleeasteye.net/news/israel-palestinian-bedouin-negev-protest-land-grab

Matta, Nada, and René Rojas, 2016, "The Second Intifada: A Dual Strategy Arena", *European Journal of Sociology*, volume 57, issue 1.

Ministry of Foreign Affairs, 2013 (1950), "Law of Return 5710-1950", www.mfa.gov.il/MFA/MFA-Archive/1950-1959/Pages/Law%20of%20Return%205710-1950.aspx

Notes from Below, 2021, "Report on the General Strike in Palestine" (26 May), https://tinyurl.com/5n7vjy6j

Orr, Akiva, and Moshe Machover, 2002, "The Class Character of Israel", *International Socialist Review*, number 23 (June), www.marxists.org/history/etol/document/mideast/toi/chap2-05.html

Pappé, Ilan, 2006, *The Ethnic Cleansing of Palestine* (Oneworld). [국역: 《팔레스타인 비극사》, 열린책들, 2017]

Pappé, Ilan, 2021, "Palestinian Youth: A Silver Lining and a Ray of Hope" *International Socialism* 169 (winter), http://isj.org.uk/palestinian-youth-a-silver-lining-and-a-ray-of-hope

Rodinson, Maxime, 2014, *Israel: A Colonial-settler State?* (Pathfinder).

Rose, John, 1986, *Israel: The Hijack State—America's Watchdog in the Middle East* (Socialist Workers Party). [국역: 《강탈국가 이스라엘: 팔레스타인 강탈의 역사》, 책갈피, 2018]

Ross, Andrew, 2021, "Palestinian Workers Against Israeli Occupation", *Jacobin* (25 May), https://jacobinmag.com/2021/05/palestinian-labor-workers-general-strike-israel-occupation-unity-strike-karameh

Roy, Sara, 1987, "The Gaza Strip: A Case of Economic De-development", *Journal of Palestine Studies*, volume 17, issue 1.

Sabella, Bernard, 1993, "Russian Jewish Immigration and the Future of the Israeli-Palestinian Conflict", *Middle East Report*, issue 182, https://merip.org/1993/05/russian-jewish-immigration-and-the-future-of-the-israeli-palestinian-conflict

Salhab, Akram, and Dahoud al-Ghoul, 2021, "Jerusalem Youth at the Forefront of 2021's Unity Intifada", Middle East Research and Information Project (10 November), https://merip.org/2021/11/jerusalem-youth-at-the-forefront-of-2021s-unity-intifada

Solomon, Soshanna, 2021, "Israel Cybersecurity Firms Raise Record $3.4 Billion, 41 Percent of Global Sector Investment", *Times of Israel* (1 July), www.timesofisrael.com/israel-cybersecurity-firms-raise-record-3-4b-41-of-global-sector-investment

Sultany, Nimer, 2012, "The Making of an Underclass: The Palestinian Citizens of Israel", *Israel Studies Review*, volume 27, issue 2.

Swirski, Schlomo, Etty Attias-Konor and Aviv Lieberman, 2020, *Israel: A Social Report 2020*, Adva Center, https://adva.org/wp-content/uploads/2020/02/social-2020-ENG.pdf

Trotsky, Leon, 1930, "Preface" to *The History of the Russian Revolution*, www.marxists.org/archive/trotsky/1930/hrr [국역: 《러시아 혁명사》, 아고라, 2017]

Yaron, Lee, 2021, "General Strike Highlights Israel's Dependency on Palestinian Workers", *Ha'aretz* (19 May), www.haaretz.com/israel-news/.premium.MAG-AZINE-general-strike-highlights-israel-s-dependency-on-palestinian-workers-1.9824446

Ziv, Oren, 2021, "Lydd's Palestinians are Leading a New Uprising", +972 Magazine (20 May), www.972mag.com/lydd-police-settlers-palestinians

팔레스타인: 연속되는 전쟁 아니면 연속되는 혁명?

가자지구에서 팔레스타인 사망자가 속출하는 가운데, 미국 대통령 조 바이든은 기자회견을 열어 이스라엘과 공존하는 '진정한' 팔레스타인 국가를 세우는 '두 국가 방안'만이 이 충돌을 끝낼 수 있다고 주장했다.[1] 영국 총리 리시 수낙과 유럽연합 지도자들도 일제히 '두 국가 방안'을 해법으로 내세우며, 그 해법에 따른 평화 프로세스가 역사적 팔레스타인 땅 일부에서나마 팔레스타인의 주권을 보장해 준다는 전망을 제시했다.[2] 한편, 미국과 영국이 제공한 무기와 전투기가 가자지구를 초토화하는 가운데, 이스라엘 정치인들은 수많은 팔레스타인인을 영구히 내쫓는 강제 "이주"를 완수할 계획을 공공연하게 거론하고 있다.[3] 2023년 11월 16일 대규모 유엔 전문가단은 성명서를 발표해 이렇게 경고했다. "긴급하게 휴전이 이뤄지지 않으면 현 상황은 21세기 전쟁의 수단과 방법으로 자행되는 인종 학살로 치달을 수 있다." 나아가 그 성명서는 이렇게 지적한다. "이스라엘은 그런 범죄 의도를 실행에 옮길 군사적 능력이 있음을 입증했다."[4]

평화 운운하는 서방 지도자들의 언사와, 그들의 지원 속에서 전쟁을 벌이는 이스라엘의 실천 사이의 모순이 지금처럼 극명했던 적이 없다. 그러나 서방 지도자들의 이런 기만적 언사는 전혀 새로운 일이 아니다. 이스라엘 자체가 그와 비슷한 기만적 언사를 수반한 인종 청소와 전쟁으로 건국됐다. 팔레스타인인들을 예속하는 이 식민 정착자 사회의 인종 분리 체제가 계속 유지될 수 있는 이유는 이스라엘 국가가 제국주의 체제 내에서 하는 구실 덕분이다. 이전의 "평화 프로세스"들이 모두 실패한 원인도 결국 여기에 있다. 그렇기 때문에 이 "상시 전쟁" 상태에서 벗어날 유일한 길은 팔레스타인만이 아니라 주변국들까지 포괄하는 심대한 정치적·사회적 변혁을 위해 지속적으로 투쟁하는 것뿐이다.[5] 이 글에서는 오직 이런 "연속혁명" 과정을 통해서만 팔레스타인인들이 곤경에서 빠져나오고 정의와 해방이 성취될 진정한 가능성을 열 수 있다는 점을 보이려 한다.

'두 국가 방안'이냐 '한 국가 방안'이냐?

서방 지도자들은 1990년대에 오슬로협정에 따라 시작된 '평화 프로세스'가 파탄 나 유의미한 팔레스타인 국가가 세워지지 않은 것이 팔레스타인인들 탓이라는 주장을 자주 한다. 그런데 유럽연합 외교 대표 호세프 보렐은 이스라엘 측의 탓도 일부 있을지도 모른다고 인정했다. 보렐은 지난 30년 동안 서안지구에서 불법 정착촌이 확대돼 팔레스타인 영토가 "서로 이어지지 않은 군도"로 쪼개진 것이 지금 충돌의 주요 원인이라고 설명했다. 보렐은 '아브라함 협정', 즉 미국의 후원하에 이스라엘과 중동 국가들 사이에서 체결된 일련의 양자 협정들이 팔레스타인 문제를 우회하지 못했다고 지적했다.

> 그 협정들로 팔레스타인 문제를 우회할 수 있을 것이라는 환상은 증오의 불쏘시개가 됐다. 이스라엘 내에서는 팔레스타인인들을 굴복시키거나 내쫓아서 팔레스타인 문제를 매듭지으려는 극단주의 세력이 증오를 키웠다. 팔레스타인인들 사이에서는 이스라엘을 파괴하고 서방을 위협하려는 극단적 이슬람주의자들이 증오를 키웠다.[6]

이런 왜곡된 묘사에는 난점이 하나 있다. 민족 정체성을 문제 삼으며 팔레스타인인들에게 시민적·사회적·민주적 기본권을 인정하지 않는 이스라엘 국가는 자신이 지배하는 땅 어느 곳에서든 팔레스타인인들의 진정한 주권 행사를 체계적으로 방해할 것이다. 이것은 단지 "극단적 이슬람주의자들"의 주장이 아니다. 이스라엘의 인권 단체인 벳첼렘은 이스라엘의 이런 지배 체제를 "유대인 우월주의" 체제로 규정했다. 휴먼라이츠워치와 국제앰네스티는 이스라엘 국가가 아파르트헤이트 체제라는 국제법상 범죄를 저지르고 있다고

결론지었다.[7]

이스라엘이 인종 분리 체제라는 사실을 지적하는 것이 중요한 이유는 오슬로협정에 따른 평화 프로세스가 '두 국가 방안'을 실현할 진정한 기회를 제공했다는 서방 지도자들의 주장이 전혀 근거가 없다는 것을 보여 주기 때문이다. 오슬로 프로세스가 낳은 팔레스타인 당국은 가능한 모든 영역에서 이스라엘 국가에 굴종했다. 팔레스타인 당국 기구들의 주된 기능은 팔레스타인 주민에게 공공서비스를 제공하는 부담을 이스라엘에게 덜어 주고, 이스라엘군에 부역하는 하청 경찰력 구실을 하는 것이다. 명목상 팔레스타인이 통제하는 영토도 이스라엘인 정착촌의 확대로 계속 침식돼 왔다. 그 정착자들은 처벌받을 두려움 없이 팔레스타인인들을 일상적으로 살해하거나 다치게 하고, 농작물을 파괴하고, 우물을 메워서 못 쓰게 만드는 등의 만행을 저질렀다.[8] 요르단 외교관이자 분석가인 마르완 무아시르의 표현을 빌리면, 그런 상황에서 "팔레스타인인들이 바랄 수 있는 최선은 자치 수준은 넘어서지만 국가에는 못 미치는 것, 즉 이스라엘에 의해 사방이 포위된 '반투스탄' 비슷한 것을 얻는 것이다."[9]

그러나 오슬로 프로세스에 따른 두 국가 방안의 한계를 거듭 드러낸 것은 서안지구의 집권당인 파타가 아니라 봉쇄된 가자지구를 통치하는 하마스였다. 팔레스타인 당국과 비교하면 가자지구의 하마스는 여러 면에서 '진정한' 국가를 주장하기에 더 나은 위치에 있는 듯하다. 가자지구의 하마스는 이스라엘의 통제에 정면으로 맞서 독자적 군대를 운영하고, 독자적 외교 활동을 하고, 주민들을 위한 일부 공공서비스를 조직한다. 그런데 미국이 허용하는 팔레스타인 주권의 한계선을 드러낸 계기는 사실 하마스의 무장투쟁이 아니라 하마스의 선거 승리였다. 하마스는 2006년 팔레스타인 의회 선거에서 승리했다. 유럽의회가 파견한 참관인들은 그 선거가 "중동 지역에서 모범으로 삼을 만했으며 … 민주주의를 실현하려는 팔레스타인인들의 열의를 뚜렷하게 입증했다"고 인정했다.[10] 그러나 유감스럽게도 민주주의 실현에 대한 미국 정부의 태도는 훨씬 시큰둥했다. 당시 미국 국무부 장관 콘돌리자 라이스는 팔레스타인 당국의 수반 마흐무드 압바스를 만나 무력으로 선거 결과를 뒤집으라고 촉구했다. 결국 파타는 가자지구에서 쿠데타를 감행하려 했고, 이에 하마스는 가자지구를 장악해 쿠데타 시도를 사전에 차단했다.[11]

그렇다고 해서 하마스의 가자지구 지배 체제가 민주적인 것은 아니다. 하마스의 정치에는 매우 반동적인 요소들이 여럿 있다. 파타와 마찬가지로 하마스의 정책들은 팔레스타인 사회의 대다수를 이루는 노동자와 빈민이 아니라 팔레스타인 자본가계급 일부의 이해관계와 열망을 반영한다. 가자지구에서 하마스가 집권한 뒤 벌어진 일은 파타의 비극적 궤적과 여러 면에서 닮았다. 하마스는 세속적·민족주의적 경쟁 세력인 파타보다 정치적으로나 군사적으로나 더 강경한 태도를 고수하고 있지만, 파타와 마찬가지로 사실상 막다른 골목에 이르렀다. 하마스는 비민주적 지배 체제를 유지하는 가운데 이스라엘과의 상시적 전쟁에서 빠져나오지 못하고 있고, 중동 강대국들의 지원에 의지하여 연명하는 처지가 됐다. 가자지구 팔레스타인인들의 끈질긴 저항에도 불구하고, 가자지구는 어떤 실질적 측면에서도 이스라엘로부터 독립적이라고 할 수 없다. 이런 현실을 보여 주는 극명한 사례로서, 가자지구는 전력 공급을 이스라엘에 의존하고 있고 이스라엘은 이런 상황을 무기처럼 이용한다. 또, 이스라엘군은 가자지구의 식량 공급을 완전히 차단할 수 있다. 이는 이집트 정권의 적극적 협력 없이는 불가능한 일인데, 이에 관해서는 뒤에서 더 살펴보겠다.

역사적 팔레스타인 내의 민족 해방 혁명을 가로막는 요인들

'두 국가 방안'의 파산은 팔레스타인 국가를 세우려면, 현 정치·사회 질서에 맞서 얼마나 심대한 혁명적 도전이 제기돼야 하는지를 극명하게 보여 준다. 팔레스타인 민족해방운동에는, 운동의 목표가 민주주의 혁명의 형태를 취해야 한다는 사상이 오랫동안 지지받아 온 역사가 있다. 즉, 팔레스타인 민족 해방을 성취하려면 현 이스라엘 국가의 인종차별적 토대를 파괴하고 팔레스타인인과 유대계 이스라엘인, 그 외 팔레스타인에 사는 모든 사람을 위한 진정한 민주적 대안을 제시해야 한다는 것이다. 그리고 그렇게 해서 세워진 팔레스타인 국가는 모두에게 동등한 시민권을 보장하는 것을 기본 원칙으로 삼을 것이다.

이런 사상의 일종이 1969년 팔레스타인해방기구에 의해 채택됐고, 팔레스타인해방기구를 주도한 파타도 이를 지지했다. 1970년 파타는 자신들이 "종족적·종교적 공동체인 유대인들과 싸우는 게 아니"라며 이렇게 선언했다.

> 파타는 인종주의, 확장주의, 신정 체제의 산물이자 시온주의의 산물인 이스라엘과 대결한다. … 파타는 모든 시민이 종교와 관계없이 동등한 권리를 누리는 자주적이고 민주적인 팔레스타인 국가를 되찾는 것을 투쟁의 최종 목표로 삼는다고 준엄하게 선언한다.[12]

유대계 이스라엘인과 팔레스타인인의 인구 비중 변화는 동등한 기본권에 기초한 다수결에 따른 통치를 도입해야 할 강력한 근거가 된다. 현재 이스라엘이 통제하는 [역사적 팔레스타인] 땅에는 팔레스타인인이 740만 명, 유대계 이스라엘인이 720만 명 살고 있고, 팔레스타인인들의 훨씬 높은 출산율을 고려하면 그 격차는 더 벌어질 것이다.[13] 민주주의 혁명이 더 심화되면 팔레스타인인들이 배타적 시민권 주장을 기꺼이 포기하려는 유대계 이스라엘인들과 진정한 의미에서 "땅을 공유"할 가능성도 열릴 수 있을 것이다. 또, 그런 혁명은 팔레스타인 난민의 귀환권을 보장해 강제 이주라는 역사적 부정의를 바로잡게 해 줄 것이다.

그러나 오늘날 역사적 팔레스타인에서 팔레스타인인의 수가 유대계 이스라엘인의 수를 압도할 만큼 많은 것은 아니다. 이는 인종 분리 체제나 정착자 식민지 지배 체제를 극복하는 데 성공한 다른 운동들과 달리 팔레스타인 해방운동이 직면한 어려움을 뚜렷하게 보여 준다. 민주주의를 쟁취한 과거의 대중 항쟁과 혁명운동의 경험을 보면, 조직 노동자들의 대중파업이 권위주의 국가를 회복하지 못하도록 무너뜨리는 데서 핵심적 구실을 했다는 것을 알 수 있다. 1974년 포르투갈 독재 정권을 타도한 대중투쟁, 1980년대 브라질과 아르헨티나의 군사정권들에 개혁을 강요한 대중투쟁, 1980년대 말 한국과 남아공에서 일어난 민주주의 투쟁 등에서 조직 노동자들은 결정적 순간에 중요한 구실을 했다.[14] 2011년 튀니지와 이집트에서 일어난 항쟁과 2019년 수단에서 일어난 항쟁도 이런 패턴을 다시금 확인시켜 준다. 노동자들이 민주주의 투쟁에 뛰어들면서 일으킨 파장이 일시적인 경우에도, 총파업은 지배 체제의 핵심부에 균열을 내어 독재자의 몰락을 촉발하고 민주주의의 가능성이 활짝 열리는 시기를 여는 데서 핵심적 구실을 했다.[15]

그러나 이런 모델을 역사적 팔레스타인에서만 일어나는 팔레스타인인들의 투쟁에 적용하는 데는 어려움이 따른다. 이스라엘 국가는 팔레스타인 노동자들의 총파업이나 집단행동으로 인한 타격을 다른 지배 체제들보다 훨씬 더 잘 견딜 수 있는 처지에 있기 때문이다. 예컨대 남아공 노동자들과 달리, 팔레스타인 노동자들은 일손을 놓아도 이스라엘 경제의 가장 역동적이고 수익성이 높은 부문(특히 첨단 기술 부문)을 직접 타격할 수 없다. 물론, 팔레스타인 노동자들의 투쟁이 아무 효과도 없는 것은 아니다. 예컨대 역사적 팔레스타인 전역의 팔레스타인인들을 단결시킨 2021년 5월 총파업은 건설 부문과 운송 부문 일부에 상당한 차질을 줬다.[16] 그러나 팔레스타인 노동자들의 투쟁만으로는 이스라엘 국가기구를 마비시킬 수 없다. 이스라엘 국가를 마비시킬 방법을 찾으려면 중동이라는 더 큰 맥락 속에서 이스라엘 국가를 바라봐야 한다.

이스라엘은 미국이 중동을 지배하려고 수십 년 동안 구축해 온 제국주의 체제 내에서 구조적으로 중요한 구실을 한다. 이것이 역사적 팔레스타인에 국한된 해방 투쟁이 민주주의로 나아가는 돌파구를 열지 못한 핵심 원인이다. 미국과 그 동맹국들의 오랜 지원 덕분에, 인종 분리 체제 형태의 시온주의 국가는 다른 정착자 식민 프로젝트들이 몰락한 지 수십 년이 지나도록 유지될 수 있었다. 이런 분석에서 제국주의가 중심적 노릇을 한다는 것은 아무리 강조해도 지나치지 않다. 그것이 함의하는 바는 '시온주의 로비', 더 나쁘게는 '유대인 로비'가 막강한 영향력을 행사한다면서 그것을 핵심 문제로 놓는 설명을 거부해야 한다는 것이다.[17]

제국주의자들이 이스라엘을 지원하는 이유는 간단하다. 이스라엘 지배계급이 중동에서 미국 국익의 군사적 수호자가 되겠다고 약속했기 때문이다. 그런 점에서 이스라엘은 "병영 국가 사회"라고 할 수 있다. 적대적 토착민들로부터 "서방을 수호하는" 현대판 스파르타인 것이다.[18] 그러나 이를 더 큰 맥락 속에서 보지 않으면, '이스라엘 방위'가 중동 전역의 지배계급들의 경제적·정치적·군사적 이익과 직결돼 있다는 점을 간과할 수 있다. 더 나아가, 시리아처럼 미국에 적대적인 국가를 포함해, 적잖은 팔레스타인인들이 사는 **모든** 국가의 지배계급은 자국 내의 팔레스타인인들을(이스라엘의 가자지구 봉쇄를 돕고 있는 이집트의 경우에는 국경 바로 바깥의 팔레스타인인들까지) 통제하고, 천대하고, 가난하게 만드는 데 체계적으로 관여하고 있다.

다시 말해 팔레스타인 해방은 단지 어떤 외부 세력이 중동에 구축해 놓은 압제의 보루를 습격하는 식으로 성취되는 것이 아니라, **모든** 중동 국가의 주권과 권위를 거슬러서 성취되는 것이다. 이 국가들이 다양한 정치적 형태를 띠고 있고 다양한 부르주아적 정치 전략을 추구하고 있다는 사실(예컨대 요르단은 왕정이고 오랫동안 합법적 이슬람주의 반정부 운동을 용인해 왔으며, 레바논은 종단·종파별로 나뉜 군벌들의 금권정치 체제이고, 이집트와 시리아는 권위주의적 군사독재다)은 팔레스타인 문제가 근본적으로 **계급** 문제임을 시사한다. 이 "전선 국가들"[이스라엘 주변국들]을 하나로 꿰는 공통점은 팔레스타인 해방이라는 대의가 대중의 커다란 사회적·경제적 불만과 융합돼, 특정 정부의 정책이나 특정 지도자만이 아니라 국가 구조 전반에 정면으로 맞서는 투쟁을 촉발할 가능성이 있다는 것이다. 수십 년 동안 이 주변국들의 지배계급은 그런 융합을 사전에 차단하는 데에 막대한 노력을 쏟아부었다. 그리고 그것이 어느 정도 성공한 덕분에 팔레스타인인들과 비非팔레스타인인들 모두 재앙적 결과를 맞이한 것이다. 이스라엘이 팔레스타인인들을 상대로 또 다른 전쟁을 개시한 현 국면은 모두를 혹독한 시험대에 올릴 것이다.

현재의 위기 상황에서 팔레스타인과 국경을 맞댄 나라들에서 벌어지는 일은 가자지구에서 벌어지는 전쟁의 결과와, 역사적 팔레스타인 내에서 벌어지는 정치·사회 운동의 발전에 가장 큰 영향을 미칠 것이다. 한편, 팔레스타인과 인접한 나라들을 강조한다고 해서, 더 넓은 중동에서 벌어지는 일의 의의를 부정하는 것은 아니다. 팔레스타인인들과의 연대는 모로코, 튀니지, 알제리를 포함한 북아프리카 전역에서 대중의 자기 조직과 행동을 여전히 자극하고 있다. 이번에 이스라엘이 가자지구를 폭격하기 시작한 이래 이라크, 예멘, 이란에서도 대규모 시위가 일어났지만, 이 시위들은 스스로를 팔레스타인 저항운동의 동맹으로 여기는 국가들과 무장 조직들이 독려한 것이다.

요르단: 검은 9월의 유령

2023년 11월 24일 요르단에서는 가자지구 학살에 분노하고 팔레스타인인들의 대의에 지지를 표하려는 대규모 시위대가 거리로 쏟아져 나왔다. 시위대는 유독 한 사람의 이름을 줄곧 외쳤다. 그 이름은 요르단 왕 압둘라도, 팔레스타인계 왕비 라니아도 아니었다. 이스라엘의 전쟁범죄를 비판해 미국 관료들과 충돌하고, 이스라엘 주재 요르단 대사를 철수시키고, 어느 아랍 국가도 가자지구를 통제하러 군대를 보내지 않을 것이라고 선언한 요르단 외무부 장관 아이만 사파디의 이름도 아니었다.[19] 거리 시위대가 연호한 이름은 바로 아부 오바이다였다. 그는 하마스의 군사 조직인 이즈알딘 알카삼 여단의 대변인이다. 많은 시위자들은 대중 시위를 일으켜 달라는 오바이다의 호소에 응해 자신들이 거리에 나왔다고 역설한다.[20] 팔레스타인계가 인구의 다수인 요르단에서 하마스가 누리는 정치적 인기는 이스라엘과 미국의 관료들이 직면한 어려움을 선명하게 보여 준다. 이것은 그 관료들의 바람과 달리, 군사작전을 펴고 가자지구를 파괴한다고 해서 하마스를 간단하게 "제거"할 수 있는 것이 아님을 보여 준다. 그러나 팔레스타인 민족주의 분파들의 역사, 특히 그들이 1970년에 요르단 국가와의 충돌 과정 끝에 맞이한 재앙적 결과를 보면 과거 팔레스타인해방기구와 현재 하마스가 추구하는 대對요르단 전략의 한계를 잘 알 수 있다.

요르단의 팔레스타인인들이 처한 상황은 다른 주변국들에서와 구별되는 여러 특징이 있다. 그중 하나는 인구의 절대 다수가 팔레스타인계이고, 많은 팔레스타인인들이 요르단 시민권을 갖고 있다는 점이다. 팔레스타인인들은 요르단 국가의 모든 수준에서 공직을 맡아 왔고 요르단 자본가계급의 중요한 일부다. 요르단 왕정은 여러 권위주의적 특징이 있지만, 합법적 이슬람주의 반정부 단체들을 역사적으로 용인해 왔다. 이슬람행동전선이나 무슬림형제단 요르단 지부가 그런 사례다. 하마스는 여러 해 동안 요르단에서 반半합법 활동을 할 수 있었다. 전 하마스 지도자인 칼리드 마슈알 등 하마스의 여러 주요 인물도 팔레스타인계 요르단 시민이다. 마슈알은 국왕 압둘라가 대대적 단속·추방을 벌이던 1999년에 요르단에서 추방된 여러 하마스 지도자 중 한 명이다.[21]

그러나 요르단에 사는 팔레스타인인들의 처지는 레바논이나 시리아에 사는 팔레스타인인들의 처지와 많은 면에서 비슷하다. 요르단의 수많은 팔레스타인인은 다른 시민과 동등한 권리를 누리지 못하고, 탈출구가 없는 구조적 차별 때문에 난민촌의 빈곤에서 벗어나지 못한다. 이들은 유엔팔레스타인난민구호기구UNRWA가 제공하는 교육, 의료, 지원에 의존한다. 그런데 그 유엔팔레스타인난민구호기구도 갈수록 사정이 나빠지고 있다. 이스라엘의 요구에 따라 미국이 유엔팔레스타인난민구호기구를 약화시키려고 수년간 애쓴 결과 갈수록 심각한 재정난에 시달리고 있다. 이는 인력 감축과 임금 체불로 이어졌다. 그리고 유엔팔레스타인난민구호기구의 인력 또한 대부분 팔레스타인인들이다.[22]

역사적으로 요르단 왕정과 더 광범한 요르단 지배계급은 미국의 중동 지배 체제를 구축하는 데서 두 가지 중요한 구실을 해 왔다. 하나는 중동에 걸린 미국의 이해관계에 적대적인 무장 조직이나 정치 운동이 발 딛기 어려운 환경을 요르단에 조성하는 것이었다. 앞서 언급했듯이 요르단 지배계급은 그저 잔혹한 탄압에만 의존하는 게 아니라, 반대 세력을 이간질해 각개격파하는 정치 전략을 자주 구사했다. 예컨대 요르단 지배계급은 이슬람주의 운동을 파편화시키려고 체계적으로 노력해 왔다. 이를 위해 이슬람주의 운동을, 유순한 야당이 돼 아래로부터의 불만을 안전하게 배출시키는 안전밸브 구실을 하려 하는 "충성파"와, 정치적으로 더 자주적이려 하는 분파로 끊임없이 분열시키는 공작을 벌여 왔다.[23] 요르단 지배계급은 팔레스타인계 내부의 계급 분단을 자신에게 이롭게 이용하는 데서 특히 성공적이었다. 위기의 순간마다 요르단 정권은 팔레스타인계 정치인들에게, 왕정이 살아남아 팔레스타인인들의 자주적 조직화를 계속 억누르는 것이 그들에게도 가장 이로울 것이라고 설득할 수 있었다.

요르단 정권의 둘째 핵심 기능은 주변국에서 벌어진 충돌에서 피란해 온 수많은 난민에게 사회 서비스를 제공하는 일을 하청받아서 수행하는 것이다. 2022년 미국은 요르단과 체결한 "양해 각서"에 따라 2023~2029년에 매년 14억 5000만 달러를 요르단 정권에 지원해 주기로 했다.[24] 역사적으로 요르단의 사회 서비스는 두말할 필요 없이 팔레스타인 난민을 대상으로 한 것이었지만, 지난 몇 년 새 그 범위는 이라크와 시리아에서 온 난민들로 확대됐다. 유엔 자료에 따르면 요르단에는 난민 330만 명이 있다. 이는 요르단 인구의 약 3분의 1에 해당하는 규모다.[25] 요르단에는 유엔에 등록된 팔레스타인 난민 200만 명 외에도, 현재 시리아인 약 66만 명이 있다. 이들은 시리아 독재자 바샤르 알아사드가 2011년 대중 혁명을 분쇄하려고 자행한 무자비한 탄압과 그에 따른 내전을 피해 온 사람들이다. 한편, 2003년 미국이 이라크 침공을 주도했을 때 이라크 난민 수십만 명이 요르단으로 유입되기도 했다. 현재는 그 수가 줄어들었지만 여전히 이라크 난민 약 6만 6000명이 유엔에 등록돼 있다.[26] 팔레스타인 난민이 겪는 배척과 빈곤은 예외적 현상이 아니라 더 큰 패턴의 일부다. 2022년 유엔난민기구의 설문 조사에 따르면 요르단에 사는 난민의 64퍼센트가 빈곤층이며, 응답자의 90퍼센트는 "하루하루 생계를 유지하려고 외상으로 살림살이를 구입하거나 식사량을 줄이는 등의 부정적 대응책"을 선택한 적이 있다고 답했다.[27]

1967년 '6일 전쟁'에서 이스라엘이 승리한 뒤, 자주적인 팔레스타인인 조직들과 난민촌의 열악한 조건이 맞물린 결과 요르단 지배계급에 대한 전례 없는 도전이 벌어졌다. 파타와 팔레스타인해방인민전선, 팔레스타인해방민주전선 같은 팔레스타인 무장 조직들이 이스라엘과 관련돼 있거나 국제적 상징성이 있는 표적들을 타격했고 곧바로 난민촌에서 대중적 지지를 누렸다. 파타 지도자들은 요르단 왕정과의 충돌을 피하려고 필사적으로 노력했지만, 많은 팔레스타인인들은 자신들이 직면한 정치적·사회적·군사적 어려움의 근원에 요르단 지배자들과 미국의 동맹이 있다는 결론에 도달했다. 그 결과 1970년 9월 새 정부를 선출하기 위한 '민중 의회' 소집을 요구하는 총파업이 벌어졌다. 그러나 그 투쟁은 결국 패배했다. 파타는 도저히 투쟁을 회피할 수 없는 순간이 닥치고 나서야 그 총파업을 승인했다. 팔레스타인 민족주의 분파들과 좌파들은 모두 국왕 후세인(현 국왕의 아버지)의 군대의 무자비한 공격을 받았다. 후세인의 군대는 수많은 팔레스타인인들을 학살했다. 팔레스타인 전사들을 지원하겠다고 약속한 이라크와 시리아 등의 이웃 아랍 국가들은 수수방관했고, 그 짧은 내전이 팔레스타인인들의 패배로 끝나는 것을 지켜보기만 했다.[28]

"검은 9월"로 불리는 이 학살극을 오늘날 아부 오바이다와 그 밖의 하마스 군사 지도자들도 의식하고 있다. 그래서 "저항"을 지지하는 시위를 일으켜 달라는 하마스의 촉구는 요르단 국가에 맞선 대중행동을 촉발하기 위한 것이 아니라 요르단 정권을 상대로 한 신중한 정치적 압력 행사 수준에 머물 공산이 크다. 과거 팔레스타인 민족주의자들과 좌파들이 그랬던 것처럼 오늘날 팔레스타인 이슬람주의 분파들도 1948년 나크바 이래 팔레스타인 민족운동 지도부가 헤어 나오지 못했던 잘못된 군사적·정치적 양자택일 상황에서 벗어나는 데 실패했다.

종파별 권력 안배 체제의 포로가 된 레바논

레바논 팔레스타인인들의 역사 또한 이웃 국가 지배계급들의 집단적 행태를 보여 주는 또 다른 사례다. 그 역사는 이웃 국가 지배계급들이 팔레스타인 난민의 기본적 존엄성과 권리를 부인하고, 그 난민들의 '외국인' 지위를 이용해 가난하고 천대받고 착취당하는 더 광범한 대중을 경제·정치 시스템에 맞서 단결하지 못하도록 이간질해 왔다는 것을 잘 보여 준다. 여기에 더해 레바논에서는 이스라엘군의 거듭된 공격이 낳은 파괴적 결과와 1985년부터 2000년까지 이어진 이스라엘의 레바논 남부 점령이 상황을 더 어렵게 만들었다. 1982년 당시 레바논의 경험은 오늘날 가자지구 사람들이 겪는 고통을 미리 보여 줬다. 당시 이스라엘은 레바논을 침공해 수도인 베이루트까지 밀고 들어갔고, 그 과정에서 수많은 사람들을 살해하고 다치게 했다. 가톨릭 자선단체 카리타스는 이스라엘의 침공 개시 겨우 22일 후인 6월 28일까지 레바논에서 1만 4000명이 사망하고, 2만 5000명이 중상을 입고, 40만 명이 집을 잃었다고 추산했다.[29] 지금 가자지구에서 그러는 것처럼 많은 사람들이 집단 매장되거나 건물 잔해에 깔려 죽었고, 이스라엘 관료들은 팔레스타인 민간인들과 팔레스타인해방기구 전투원들을 구분하기를 체계적으로 거부했다. 인구가 밀집한 도시들에 대한 무차별 폭격으로 레바논인, 팔레스타인인을 불문하고 많은 사람이 죽었다. 한 팔레스타인 통신사에 따르면 1982년 8월 1일에는 단 14시간 동안 베이루트 서부에 약 18만 5000개(초당 3개)의 포탄이 떨어졌다.[30]

이런 무지막지한 파괴를 보면, 시아파 이슬람주의 조직 헤즈볼라가 레바논 사회에서 광범한 지지를 누리는 이유를 잘 알 수 있다. 헤즈볼라는 이스라엘의 점령에 맞서 효과적 군사작전을 조직했고, 결국 2000년에 이스라엘을 레바논 남부에서 철수시키는 데 성공했다. 이런 전쟁과 점령의 경험은 평범한 사람들 사이에서 특별한 유대가 형성되는 촉매가 되기도 한다. 2006년 7월 헤즈볼라가 이스라엘 군인 3명을 죽이고 2명을 포로로 잡자, 이스라엘은 레바논에서 대규모 공습과 지상 작전을 폈고 그 과정에서 1300명이 사망했다. 그 공격은 정말 격렬했다. 이스라엘 전투기가 폭탄 7000발을 투하했다. 베이루트를 포함한 레바논 전역에 미사일이 떨어졌다.[31] 그러자 레바논 무장 조직들의 연합이 이 침공에 맞섰다. 그중에서 가장 큰 조직은 헤즈볼라였지만, 레바논 공산당의 무장 조직도 그 연합의 일부였다. 전시 상황에서 대중적 연대와 저항이 단결을 일궈 낸 가장 고무적인 사례는 사미둔이라는 구호 활동 자원자 네트워크였다. 사미둔은 레바논 활동가들이 민간 위기 대응을 조율하려고 구축한 기층 조직이었다. 사미둔은 국제 구호 기구들과의 협상을 중재하고 소수 직원들로 운영되는 전문화된 NGO와는 거리가 멀었다. 그보다는 아래로부터의 정치적 대중 저항운동의 성격을 띠었다. 사미둔은 레바논 사회의 광범한 부문에서 활동가들을 동원했고, 매일 대중 총회를 열어 결정을 내렸다. 얼마 지나지 않아 사미둔은 베이루트에서 제구실을 하는 몇 안 되는 구호 조직의 하나가 됐다.[32] 사미둔의 지도적 활동가들이 헤즈볼라에 대해 취한 태도는, 이스라엘에 맞서 레바논을 지키는 투쟁에 연대를 표하면서도 헤즈볼라와의 차이를 흐리기를 거부하는 것이었다. 사미둔의 활동은 무장 조직들로부터 독립적이었으며, 대중적 형태의 연대 활동을 위해 기층 운동을 건설하는 데 중점을 뒀다.[33]

사미둔의 경험이 특별히 경이로운 것은 레바논에서 종파 간 분열이 뿌리 깊기 때문이다. 이 분열은, 1975년에 시작돼 1990년까지 이어진 레바논 내전의 결과다. 15년간 이어진 이 처절한 충돌 때문에

최소 15만 명이 죽고, 100만 명이 해외로 내몰렸다.[34] 이 내전은 레바논 지배계급 내 마론파 그리스도교 세력과 그 동맹자들의 주도면밀한 대응에서 비롯한 것이다. 이들은 당시 레바논 시아파 무슬림, 팔레스타인인 난민, 좌파 사이에서 형성되는 듯했던 정치적 동맹을 분열시켜서, 레바논 국가에 맞선 사회적 투쟁의 급진화를 차단하려 했다.

대중이 단결할 가능성은 공통된 차별의 경험에 기초해 있었다. 시아파 무슬림들은 [팔레스타인 난민과 마찬가지로] 정치적으로나 경제적으로나 배척당해 왔다. 한편, 마론파 지배계급은 국가 구조의 지배력을 다시 관철시키기 위한 노력을 주도했는데, 이것은 자원과 의석을 종파적 정체성에 따라 안배하는 것이었다. 이런 시스템은 각 종파 공동체들의 최하층민들이 저마다 지배계급 내의 '자기' 지도자들을 지지하고 다른 종파 공동체의 최하층민들과 다투게 만들었다. 팔레스타인인들은 내전의 주요 국면마다 레바논의 여러 무장 조직에 의해 학살당했다. 그중에서도 마론파 카타이브 무장 조직은 가장 끔찍한 학살의 장본인들이다. 그들은 1976년 8월 텔 알자타르 난민촌에서 약 1500명을 학살했고, 1982년 9월 사브라·샤틸라 난민촌에서 3500명을 학살했다. 사브라·샤틸라 학살은 이스라엘 침공군의 암묵적 협조 속에서 벌어졌다.

레바논의 종파별 권력 안배 체제는 레바논 내전 말기에 확고하게 자리를 잡았다. 다만, 중요한 변화가 하나 있었다. 레바논 자본가계급의 구성원들이 처음으로 시아파 대표들을 받아들인 것이다. 헤즈볼라는 이 과정의 주된 정치적 표현체 구실을 하게 됐다(물론 헤즈볼라는 이스라엘에 맞서 레바논을 방어하는 기존 구실도 계속 수행하고 있다). 한편, 헤즈볼라는 이란과 시리아 정권과 맺은 연계를 통해 시리아에서 반혁명적 구실을 했다. 종파에 기초해 시리아 내전에서 아사드 정권 편에서 싸운 것이다.

그 결과 레바논 팔레스타인 난민들의 처지는 어떻게 됐는가? 유엔팔레스타인난민구호기구의 자료를 보면 레바논 내 팔레스타인 난민의 수는 약 20만 명이다. 그중 3만 명은 시리아에서 온 팔레스타인 난민이다. 레바논의 팔레스타인 난민 20만 명 중 자그마치 80퍼센트가 레바논의 공식 빈곤선 이하에 있다. 유엔이 분기마다 지급하는 지원금이 없으면 그 수치는 93퍼센트로 오를 것이다. 유엔팔레스타인난민구호기구는 다음과 같이 지적한다.

> 팔레스타인 난민들의 높은 빈곤율은 고용 기회와 관련된 체계적 차별과 재산 소유권을 인정받지 못하는 현실이 레바논에서 수십 년간 지속된 결과다. 여기에 더해 최근 레바논의 경제·재정·통화 위기가 상황을 더 악화시켰다.[35]

요르단과 마찬가지로 레바논에서도 팔레스타인 난민은 시리아 난민 수십만 명과 함께 레바논 사회의 가장 가난한 층을 이루고 있다.

게다가 레바논의 팔레스타인인들은 현재 레바논 사회 전반에 잇달아 파괴적 결과를 가져온 또 다른 소용돌이에 휩쓸리고 있다. 그

소용돌이의 원인은 전쟁이 아니라, 레바논 국가를 운영하는 부패한 장로 정치 군벌들의 탐욕과 부패가 촉발한 금융 위기였다.[36] 이를 배경으로 레바논에서는 2019년 베이루트와 그 외 도시들에서 수많은 사람들이 거리 시위를 벌인 "10월 혁명"으로 불리는 대중 항쟁이 분출했고, 그 후에도 대중 저항이 여러 차례 벌어졌다. 시위자들은 은행들과 정치 엘리트들을 규탄했다. 헤즈볼라도 다른 종파 정당들과 마찬가지로 규탄을 면치 못했다. 시위에서 인기를 끈 구호는 레바논 지배계급을 비난한다. "너희는 내전이다. 우리는 민중 혁명이다!" 그러나 레바논에서 벌어지는 아래로부터의 투쟁은 여러 면에서 여전히 종파 체제의 틀 안에 갇혀 있다. 저항의 상징으로 선호되는 것은 레바논 국기이고, 팔레스타인인들과 시리아인들은 저항에서 배제될 때가 많았다.

가자지구의 곤경과 이집트

현재 이집트 지배계급이 직면한 가장 첨예한 문제 하나는 2023년 10월 7일 이래 시작된 이스라엘군의 공격이 가자지구를 거주 불가능한 곳으로 만들려는 의도임이 매우 뚜렷하다는 것이다. 이스라엘 정치·군사 지도층의 상당한 일부는 나크바 이래 전례 없는 규모로 팔레스타인인들을 대거 쫓아내는 편을 선호한다는 의사를 공공연히 밝혀 왔다.[37] 그런데 이는 이집트의 핵심 대외 정책의 하나를 좌절시키는 것이다. 이집트 정권은 팔레스타인 난민이 대거 이집트로 이주해 오는 일을 피하려 해 왔기 때문이다. 가자지구를 파괴하고 그 주민들을 내쫓는 것은 충격적 범죄일 것이고, 팔레스타인인들과 대다수 이집트인의 분노를 살 것이다. 그러나 이집트 대통령 압델 파타 엘시시와 그의 정권이 이스라엘의 계획에 맹렬하게 반대하는 것은 팔레스타인인들의 권리를 옹호해서가 아니다. 엘시시는 이스라엘군이 가자지구를 폐허로 만들고 "과격 분자들을 처리"하는 것을 환영한다고 밝혔다. 단, 이스라엘이 가자지구 민간인들을 이집트로 내쫓는 게 아니라 [이스라엘 남부의] 알나카브(히브리어로는 "네게브") 사막에 일시적으로 이주시킨다는 조건하에서 말이다.[38]

1970년 이집트 지도자 가말 압델 나세르가 사망한 이래 이집트 군부 내 지배적 분파는 팔레스타인인들을 예속시키는 일에 동참하는 대가로 경제적·군사적 혜택을 누리며 미국 주도 세계 질서의 하위 파트너로 자리 잡았다. 이것은 이집트 경제에 커다란 영향을 줬다. 이집트 경제는 서방 경제학자들이 제시한 원칙에 따라 서서히 재편되기 시작했고, 경제 지원과 차관을 받는 대가로 일련의 구조조정이 추진됐다. 이 과정에서 형성된 정치적 지배 체제는 2011년 아래로부터 일어난 이집트 혁명으로 파열을 겪었지만 이스라엘과의 협력 관계는 고스란히 유지됐다. 물론, 팔레스타인인들의 대의는 이집트의 거리에서 엄청난 지지를 받았고, 주요 개혁주의 이슬람주의 세력인 무슬림형제단은 팔레스타인 해방에 헌신하겠다는 언사를 고수했다. 그러나 혁명 직후에도 상황은 근본적으로 바뀌지 않았다.

가자지구는 여전히 대부분 봉쇄돼 있었고 이따금씩 폭격을 당했다. 이슬람주의자들을 포함해 모든 주류 정당들은 1979년 이집트-이스라엘 평화조약을 존중하겠다고 선언했다.[39]

수십 년 동안 군부가 이집트의 경제·정치 생활에 지대한 영향력을 행사할 수 있었던 것은 이집트 지배계급이 미국의 지도 아래에서 이스라엘과 동맹을 맺은 덕분이다. 미국의 권력 핵심부는 이집트에 제공하는 천문학적 액수의 군사·경제 원조와, 이집트 장교들에게 제공하는 미국 군사학교 연수 기회 등을 통해, 자신들이야말로 "공화국의 진정한 주인"이라는 이집트 권력 핵심부의 자기 확신을 뒷받침해 주고 있다.[40]

이스라엘이 가자지구에서 벌이는 전쟁의 진전은 이집트 국가를 틀어쥔 군부의 힘을 약화시킬 수 있을까? 자신의 행동이 팔레스타인인들의 이익을 방어하려는 것이라는 엘시시의 주장은 전쟁이 진전될수록 공허하다는 것이 드러날 것이다. 군사적 유능함을 과시하는 이집트 군부의 태도와, 코앞에서 벌어지는 인종 학살에 대응하지 못하는 현실의 대비 또한 극명해질 것이다. 이집트 왕정이 붕괴하던 시기에도 이와 비슷한 상황이 군대 핵심부에 치명타를 가했다. 불량 무기를 둘러싼 추문과 1948년 가자지구에서 이집트군이 시온주의 무장 세력에 당한 패배는 젊은 장교들이 반란에 나서는 계기가 됐다. 그리고 이는 1952년 국왕 파루크의 타도로 이어졌다.[41]

엘시시 정권은 이전 정권들처럼 가자지구에서 일어나는 전쟁의 정치적·군사적 파장뿐 아니라 경제적 파장에도 취약하다. 하마스의

10월 7일 공격 이전에도 이미 이집트 경제는 위태로웠다. 한 사회주의 활동가가 카이로에서 전하듯이

> 경제적 수준에서 국가는 상당한 압력에 시달리고 있다. 지난 몇 년 새 이집트의 대외 부채가 급격히 늘었다. 이는 생산을 늘리는 것과 무관한 사업들(대규모 건설 계획 등) 때문에 빌린 자금의 이자가 누적된 결과다. 거기에 더해 이집트 정부는 세계시장에서 수입해 와야 하는 것들의 대금을 지불할 달러가 부족하다. 두 문제 모두 장기적 문제이고, 시간이 갈수록 위기가 깊어지고 있다. 오래된 부채가 쌓이면서 이집트 국가는 대출에 필요한 신용을 얻기도 더 어려워지고 있다. 외환 위기도 격화돼 왔다. 2013년 환율은 달러당 7이집트파운드였지만, 현재는 달러당 30이집트파운드다.[42]

최근 몇 년간 세계경제를 휩쓴 팬데믹, 전쟁, 투기 등으로 잇따라 심각한 타격을 입은 이집트 정부는 식량 수입 대금과 연료 수입 대금을 지불하지 못하고 부채도 상환하지 못하는 지경에 이르렀다. 2022년에 이집트 정부는 국제통화기금에서 120억 달러를 빌리려 했지만, 원치 않는 조건에 마지못해 동의하고도 30억 달러밖에 빌리지 못했다. 몇 년 전 이미 이집트에 돈을 빌려준 바 있는 걸프 국가들의 지지 속에서 국제통화기금 관료들은 이집트 경제에서 군부의 비중을 줄이고, 정부의 보조금 지출을 줄이고, 통화를 평가절하하라고 이집트 정부에 요구했다.[43]

평범한 이집트인들이 엘시시와 그의 정권을 신뢰할 이유는 거의 없다. 엘시시의 정책은 수많은 이집트인을 빈곤의 나락에 빠뜨렸고, 현재 이집트 인구의 3분의 1이 공식 빈곤선 이하에 살고 있다.[44] 엘시시가 쿠데타를 일으켜 2011년 혁명 이후 선출된 무슬림형제단 정부를 타도하고 7년이 지난 후, 정부가 보조하는 빵의 무게는 130그램에서 90그램으로 줄어들었다(그 빵에 의지하고 있는 이집트인이 7000만 명에 달한다).[45] 여기에 더해 연료·식량·의약품 가격이 잇따라 올랐다. 삽시간에 큰불로 번질 요인들이 이집트 사회 저변에 깔려 있음이 분명하다.

> 현재까지 이집트 정권은 생계비 문제를 둘러싼 항의 시위가 커지는 것을 탄압으로 막아 왔다. 몇몇 작업장에서는 임금 인상을 요구하는 파업이 벌어졌다. 2022년에 노동자 파업과 시위가 눈에 띄게 늘어났다. 작업장 수준에는 노동자들이 스스로 조직한 조직들이 있지만, 작업장들 간의 활동을 결합하려는 만만찮은 시도는 아직까지 이뤄지지 않았다. 능동적 노동조합 활동가들은 있지만 진정으로 자주적인 노동조합은 없는 상황이라고 할 수 있다.[46]

이런 상황 속에서 팔레스타인 문제는 공공장소에 대한 이집트 정권의 물샐틈없는 통제에 균열을 내기 시작하는 쟁점이 되고 있다. 이집트 활동가들은 '팔레스타인인들의 대의에 연대하는 대중운동'을 재건했다. 이 조직은 2011년 혁명의 조건을 예비한 2000년대에 팔레스타인 연대 운동을 구축하는 데서 중요한 구실을 했던 조직이다. 이 글을 쓰는 현재 팔레스타인인들과 연대하는 자주적 시위는 이집트에서 비교적 소규모로만 벌어졌다. 더 큰 집회들은 정권이 후원한 것이었다. 그러나 그런 집회들조차도 평범한 사람들이 엘시시에게 가자지구를 "구원"하라고 촉구하며 분노를 배출할 기회를 준다는 점에서 정권에 위험한 것으로 드러났다. 몇몇 지역에서는 그런 집회에 참가한 군중이 반정부 슬로건을 외치기도 했다.[47]

연속혁명의 전망

강조해야 할 중요한 점 하나는 시리아나 이란처럼 미국과 공식적으로 동맹 관계를 맺지 않은 국가들도 서방 제국주의와 그 동맹국들에 맞설 진정한 대안이 되지 못한다는 것이다. 이란 정권과 시리아 정권 모두 자국 대중과 반동적이고 권위주의적인 관계를 맺고 있다. 그 정권들은 대다수 인민을 탄압하고, 종파·민족·종교에 따른 차별을 체계적으로 이용해 지배를 유지하고 있다. 최근 이란에서는 여성과 소수민족, 소수 종교 집단에 대한 정권의 차별과 억압에 맞서 아래로부터 고무적 반란이 일어났다. 그 반란을 주도한 것은 대개 청년들이었고, 특히 젊은 여성 청년들의 용기가 그 반란의 상징이 됐다.[48] 한편, 시리아 정권은 자주적인 팔레스타인인 조직을 직접 탄압해 온 오랜 역사가 있다. 시리아의 아사드 정권은 2011년에

일어난 대중 항쟁에 맞서 잔혹한 반혁명을 수행하는 동안에도 자주적인 팔레스타인인 조직을 탄압했다.[49]

가자지구에서 벌어지는 전쟁이 초래한 엄혹하고 위급한 상황은 다른 모든 것을 압도하는 경향이 있다. 고통과 파괴의 규모가 워낙 커서 '평범한' 형태의 시위와 행동은 마치 아무 소용도 없는 일처럼 보일 수 있다. 그러나 가자지구와 그 밖의 지역에 있는 팔레스타인인들에게 이롭고 지속성 있는 변화를 성취하려면 이집트, 요르단, 레바논과 더 광범한 지역에서 노동자·빈민이 능동성을 되찾고 힘을 발휘해야만 한다. "상시적 전쟁" 상태를 벗어나려면 역내 체제 전반에 균열을 낼 아래로부터의 대중운동이 다시 등장해야 한다. 바로 그런 체제 덕분에 이스라엘은 책임 추궁을 두려워하지 않고 또한 가장 취약한 순간에서도 다시 힘을 얻을 수 있기 때문이다.

그런 체제에 도전하는 운동의 시작은 지극히 소박한 행동일 수도 있다. 그것은 유인물을 거리에서 반포하거나 일터의 동료들에게 나눠 주는 것일 수도 있고, 구호를 외치며 한 줌의 사람들을 불러 모으는 것일 수도 있고, 휴식 시간 연장 같은 사소해 보이는 요구를 걸고 사용자와 대결하는 것일 수도 있다. 그리고 이런 운동들을 촉발하는 요구는 소위 정치적인 것일 수도 경제적인 것일 수도 있다. 그러나 이런 운동들이 대중의 자기 조직화를 추동하는 강력한 엔진이 돼 사람들을 국가와의 집단적 대결로 나아가게 하는 경우들을 보면 몇 가지 공통된 특징이 있다.

하나는 그런 운동에서는 언제나 "정치"와 "경제"의 구분을 넘나드는 일이 시작된다는 것이다. 2011년 이집트 혁명이 그런 과정을 생생하게 보여 줬다. 혁명이 일어나기 전인 2000년대에 이집트에서는 정치 행동의 물결이 여러 차례 있었다. 이런 행동들은 정권의 탄압에 굴하지 않고 거리, 대학 캠퍼스, 직능단체 본부를 정치적 조직화와 자기 표현의 장으로 삼았다. 이 과정의 포문을 연 것은 2000년 팔레스타인의 제2차 인티파다에 연대하는 청소년 학생들과 대학생들의 수업 거부 물결이었다. 이 행동은 팔레스타인을 지지하는 대중적 보이콧과 연대 운동의 발전을 자극했을 뿐 아니라, 이집트 정권을 직접 공격하는 정치 운동을 추동하기도 했다. 그런 정치 운동의 하나가 키파야("이제 그만") 운동이다. 이 운동은 정치 개혁을 요구하고, 이집트 독재자 호스니 무바라크의 아들 가말 무바라크에게 권력을 세습하는 계획에 반대했다. 팔레스타인 연대 활동이 이집트에서 민주주의 운동의 기초를 놓은 방식은 많은 경우 매우 직접적이었다. 2004년 12월 카이로 대법원 계단에서 열린 시위로 시작된 키파야 운동은 이슬람주의자, 나세르주의자, 사회주의자들을 포괄하는 매우 광범한 정치 스펙트럼의 지지를 받았다. 카이로 대법원에서 시위를 벌인 활동가들의 많은 수는 며칠 전 연대 호송대를 꾸려서 가자지구로 구호 물자를 전달하러 가다가 시나이주州 경계에서 이집트 경찰에 저지당한 사람들이었다. 다양한 정치적 요구들이 서로 만나는 과정은 운동 발전의 내적 논리에서 비롯하기도 했다. 팔레스타인을 지지하는 대중 시위의 규모가 커지자 그 시위들은 곧바로 정권이 가하는 제약에 부딪혔는데, 정권이 시위를 벌일 공간을 허락하지 않고 활동가들을 탄압하면서 이스라엘과는 공공연히 협력한 것이다.

정치투쟁과 경제투쟁의 상호작용은 2011년 혁명이 성공할 수 있었던 근본 요인이었다. 그 혁명은 1월 25일에 시작되고 얼마 지나지 않아 무바라크를 타도했다. 18일간의 대중 항쟁에서 결정적 전환점이 된 것은 2월 6일경 이집트 전역으로 확산된 파업 물결이었다. 그 파업들이 전부 공공연하게 "정치적" 성격을 띤 것은 아니었다(다수가 그랬다고 하기도 어렵다). 대개 그 파업들은 임금과 노동조건에 관한 요구를 제기했다. 그러나 그 파업들은 전화 교환국, 카이로 버스 운행망, 수에즈운하에 필요한 것을 공급하는 기업들, 지방정부 관청, 군부 소유의 제조업 공장 등 경제의 핵심 부문을 마비시켰다. 이는 정권의 의지를 꺾은 중요한 요인이었고, 그 결과 2월 11일 무바라크는 자신의 장성들에 의해 권좌에서 끌려 내려왔다.[50]

2018년 12월 이후 수단 혁명의 전개에서도 비슷한 과정을 확인할 수 있다. 수단 혁명의 경우 출발점은 식량·현금·연료의 부족이 낳은 첨예한 사회적 위기였다. 즉, 경제적인 것이었다. 그런데 그 위기가 촉발한 항의 시위가 몇 주가 지나도 사그라들지 않은 것은 조직 노동자들의 개입 덕분이었다. 예컨대 보건 부문 노동자들은 자기 일터에서 시위를 벌이기 시작하고, 이르면 12월 25일부터 운동의 요구를 지지하는 최초의 파업을 벌였다. 한편, 포트수단 노동자들은 항구 민영화에 맞서 항구를 봉쇄하고 정권에 맞선 반란을 상징하는 구호를 외쳤다. 2019년 3월, 5월, 6월 총파업을 거치면서 일터의 행동은 항쟁의 전반적 궤적에 지대한 영향을 줬고, 그 항쟁이 정권과의 대결로 전면화하는 데서 핵심적 구실을 했다.

"정치"투쟁과 "경제"투쟁의 상호작용 외에도, 그와 비슷한 진자 운동을 통해 대중운동의 동력을 키우고 그 운동을 혁명적 방향으로 이끄는 데서 중요한 다른 중심축들이 있다. 가장 중요한 중심축의 하나는, 차별에 맞선 투쟁과 착취에 맞선 투쟁이 대중운동의 성장 속에서 상호 작용하는 것이다. 어떤 점에서 이것은 위에서 개괄한 "정치"투쟁과 "경제"투쟁 간 상호작용의 한 사례라고 할 수 있다. 그러나 차별에 맞선 도전이 일반 대중 사이에서 확산되는 것이 그 자체로 중요한 이유가 여럿 있다. 차별의 경험, 즉 소수민족, 소수 종교, 여성, 성소수자, 그 외에 국가에 의해 정체성과 자기 표현을 체계적으로 공격받는 집단들이 겪는 차별은 평범한 사람들을 분열시킬 수 있다. 그러나 차별에 맞선 도전이 일반화되면 차별 경험은 오히려 권력자들에 맞선 단결의 촉매제가 될 수 있다. 이를 잘 보여주는 최근 두 사례가 있다. 하나는 수단에서 다르푸르인에 대한 인종차별을 이용해 반대자들을 분열시키던 수단 국가의 능력이 2019년 혁명 동안 붕괴한 것이다. 다른 하나는 2022년 이란에서 '도덕 경찰'에게 살해당한 젊은 쿠르드족 여성 지나 마흐사 아미니가 이란 사회의 더 광범한 사람들에게 저항과 희망의 상징이 된 것이다.

팔레스타인 해방이라는 대의 또한 여러 맥락에서 비슷한 구실을 할 수 있다. 팔레스타인인들의 문제는 민족 정체성에 따른 체계적 차별의 한 사례이고, 앞에서 개괄했듯이 중동 전반의 정치경제학과 구조적으로 얽혀서 지속되는 것이기 때문이다. 그래서 예컨대 이집트의 통신 부문 노동자들은 자신들의 사용자를 보면서 이렇게 자문할 수 있다. '어째서 저들은 봉쇄와 폭격으로 고통받는 팔레스타인인들에게 연대를 표하기 위해 서비스 지역을 가자지구 남부로 확대하는 간단한 조처조차 취하지 않는가?' 일부 노동자들은 여기서 더 급진적인 결론에 이를 수 있다. 사용자들의 그런 이기적 행위는 노동자를 착취하고 팔레스타인인을 억압하는 시스템을 유지하려 하는 더 광범한 지배계급이 기울이는 노력의 일부라고 말이다. 한편, 이집트의 예인선 조종사들과 도선사들은 다음과 같은 사실을 잘 알고 있을 것이다. 이집트 정권이 가자지구에서 벌어지는 인종 학살을 두고 이러저러한 우려와 변명을 늘어놓지만, 포트사이드나 수에즈에 컨테이너선을 배치해 수에즈운하를 막아 버리기만 하면 세계무역의 주요 항로에 막대한 지장을 줄 수 있다는 것을 말이다. 그리고 그렇게 해서 서방 정부에 압력을 가해 그들로 하여금 휴전을 이끌어 내는 데 온 신경을 쏟게 할 수 있다는 것을 말이다.

대중운동이 전 사회적 규모로 발전하면 평범한 사람들은 차별과 착취의 연관성을 이해하고 빠르게 행동에 나설 수 있다. 알제리는 북아프리카의 많은 다른 나라들과 마찬가지로, 아랍어가 아닌 아마지그[베르베르]어를 모어로 쓰는 대규모 집단이 있다. 아마지그인의 언어와 문화는 자주 국가에 의해 배척되고 차별당해 왔다. 2019년 알제리에서 항쟁이 한창일 때 알제리 정권은 아마지그인들의 깃발과 상징들을 금지하는 '이간질해서 각개격파하기' 전술을 구사했다.

그러나 오히려 그 결과 아마지그 깃발이 아마지그인이 다수인 지역뿐 아니라 알제리 전국에서 거리 시위, 노동자 피켓라인[파업 대체 인력 투입 저지선], 점거에 대한 연대와 저항을 상징하는 깃발로 쓰이게 됐다. 어느 시점에 알제리 정권은 팔레스타인 깃발 사용도 금지했는데, 이 또한 천대받는 사람들의 투쟁과 정권에 맞서 정치적 자유를 쟁취하기 위한 투쟁이 서로 만나는 과정을 촉발했다. 이런 과정은 정치적 자유를 쟁취하는 투쟁과 자본에 맞선 사회적 투쟁 사이의 깊은 연관성을 더 선명하게 드러내기도 했다.

한편, 일국의 특정한 맥락 속에서 겪는 차별의 경험은 대중운동 발전의 또 다른 축(중심부에서 주변부로 뻗어 나간 뒤 다시 반대로 돌아오는)과 연결될 때도 많다. 제도적·경제적·정치적 중심지(수도, 주요 정부 청사, 주요 작업장과 경제 부문)를 겨냥한 강력한 항의 행동은 대중운동의 동력을 키우는 중요한 방법이다. 이런 행동은 평범한 사람들이 엘리트층의 영역 한복판에 있는 공간을 (문자 그대로의 의미에서든 비유적 의미에서든) 장악할 힘이 있다는 것을 보여 준다. 그런데 여기서도 이런 중심지를 겨냥한 행동과, 평범한 사람들이 생활하고 일하는 더 '주변적'인 공간에서 벌어지는 행동 사이의 진자 운동이 벌어진다. 2019년 항쟁에서 수단 활동가들이 조직한 대중적 점거가 정확히 그런 사례다. 당시 수단에서는 수많은 사람들이 전국 각지의 군사 본부 건물 앞에서 농성을 벌였다. 수도 하르툼의 육군 총사령부 건물 앞에는 최대 규모의 농성장이 차려졌다. 이런 점거 농성장은 논쟁과 토론의 장이 됐다. 그리고 새로운 삶의 방식을 스스로 조직하고 실험하는 해방구이자 저항의 슬로건과 요구를 제시하는 공간이 됐다. 이는 2011년 이집트 혁명 당시 카이로의 타흐리르 광장과 이집트 전역의 다른 광장들에서 벌어진 점거 농성과 비슷했다.

그러나 하르툼에서 벌어진 점거 농성은 이집트의 사례보다 훨씬 오래 지속됐고, 혁명 과정을 심화시키는 데서 더 중요한 구실을 했다. 그럴 수 있었던 중요한 요인 하나는 하르툼의 경우 그런 점거 농성과 변두리의 주거 지구 사이에서 더 체계적인 연계가 발전했다는 것이었다. 활동가들은 지역사회에서 농성 비용 모금과 식량 조달, 새로운 농성자 모집을 조직했고, 그 과정에서 동원을 지속시키는 하나의 인프라가 형성됐다. 하르툼의 점거 농성은 일국 수준의 주변부와도 유기적 연관을 맺었다. 다르푸르 같은 배제된 지역이 그런 사례다. 수단 활동가 무잔 알닐은 버스를 타고 하르툼의 농성장에 온 다르푸르 활동가들이 남긴 강렬한 인상을 감동적으로 묘사한 바 있다. 그 활동가들은 자신의 종족을 상대로 인종 청소와 학살을 벌인 군 장성들과 준군사조직 지도자들이 기거하는 곳 앞에서 벌어지는 농성에 합류하려고 수백 킬로미터를 이동해 온 것이었다. 농성자들은 독재자 오마르 엘바시르에 맞서 이런 구호를 외쳤다. "이 오만한 인종주의자들아! 온 나라가 다르푸르다!" 이런 연대의 표현은 반대 세력을 이간질하려는 정권의 거짓말이 다르푸르인들을 더 광범한 연대 운동으로부터 고립시켜 왔다는 하르툼 활동가들의 인식을 수반한 것이기도 했다.[51]

기존 질서를 교란하면서도 대중적 대안을 건설할 수 있는 자주적 조직의 발전도 대중운동을 성장시키고 혁명적 방향으로 나아가게 하는 또 다른 중심축이다. 대중 동원의 규모가 크고 정치투쟁과 경제투쟁의 경계가 흐려질수록 그런 조직의 필요성은 더 절실해진다. 수단에서 대중적 규모로 기존 질서의 교란을 조직하는 인프라(지역 수준의 저항 위원회)가 형성되자, 그것은 금세 대안을 창출하는 방향으로 나아가 평범한 사람들이 사회의 자원을 직접 관리하고 서비스를 제공하도록 했다. 저항 위원회들은 원래 동원을 조직하려고 결성됐지만, 얼마 지나지 않아 농성에 필요한 것을 공급하고, 취사와 배식 담당 팀을 조직하고, 코로나19 팬데믹이 한창인 가운데 필요한 공중 보건을 제공하고, 협동조합을 꾸리는 등 일상생활의 많은 측면에 개입하기 시작했다. 저항 위원회를 조직했던 활동가들은 2023년 4월 수단 군벌 사이에서 전쟁이 벌어지자 "응급실"을 만드는 데서도 핵심 구실을 했다. 이 "응급실"은 의료 서비스를 제공하고, 발전기를 수리하고, 학교나 다른 공공 건물을 개방해 전쟁을 피해 도망쳐 온 피란민들에게 대피소를 제공했다.[52]

이런 운동이 구축되는 조직의 형태는 놀라울 만큼 단순할 때가 많다. 그 형태는 많은 경우 더 일상적인 투쟁에서 이미 그 맹아적 형태를 볼 수 있다. 거기에는 대개 지역 주민이나 일터 노동자들의 대중 집회 내지 대중적 총회와, 상이한 부문들을 조율하는 일에 자원한 활동가들의 위원회가 포함돼 있다. 지난 혁명과 대중 항쟁의 경험을 보면 이 두 가지 기본 형태(총회와 위원회) 사이의 관계가 민주적일수록 일반 대중이 운동의 발전 과정에 더 강력한 영향력을 발휘한다는 것을 알 수 있다. 특히, 운동 조직에서 권위가 실질적이고 구체적인 방식으로 기층에서 지도부로 행사되기 시작하고, 그 지도자들이 자신이 총회 대표로서 처신해야 하고 총회 결정에 종속된다는 점을 의식하는(그리고 끊임없이 의식할 수밖에 없는) 상황이 될수록, 운동 참여자들이 급진적인 정치적 결론에 도달할 가능성도 커질 것이다. 기존 국가의 위기가 깊어질수록 이런 조직 형태는 대안적 정부 형태로 나아가는 실천들을 실험하는 장이 된다. 이런 조직 형태는 민주주의를 일상생활 깊숙이 끌고 들어오는 수단이 된다. 그리고 그 과정에서 아래로부터 사회를 운영하는 새로운 종류의 권력이 구축될 수 있다. 가장 중요하게는, 자본주의 국가를 분쇄하려면 이런 민주적 형태가 단지 노동계급 거주지나 빈민 거주지가 아니라 일터에 뿌리내려야 한다. 그리고 이것이 바로 수단 혁명에서(그 혁명의 활력과 창조력에도 불구하고) 빠져 있었던 요소다.

민주적인 미래 팔레스타인 국가라는 비전(이것은 팔레스타인과 그 너머의 가장 가난하고 천대받는 사람들의 자기 조직화된 투쟁을 통해서만 실현될 수 있을 것이다)은 인종 분리 체제인 이스라엘과의 대결만을 뜻하지 않는다. 그 비전을 통해 팔레스타인인들과 그들과 이해관계를 같이하는 가난하고 천대받는 주변국 대중은 그들이 바라는 민주주의가, 자유주의 모델에서처럼 위로부터 하사받는 것이 아니라 그들 자신의 실천으로 만들어 내는 것임을 이해하게 될 수 있다. 팔레스타인인들의 투쟁이 정치적 해방과 사회적 해방 모두를 위한 요구를 융합하는 방향으로 거듭 나아간 것은 결코 우연이 아니다. 급진적 아랍 지도자들조차 이 융합이 가져올 결과를 두려워하며, 팔레스타인 민족운동을 주도하는 세력이 그런 방향과 거리를 두게 하려고 최선을 다한 것도 별로 놀라운 일이 아니다.

인종 분리 체제와 대결하며 그 속에서 투쟁 수단을 스스로 구축하는, 아래로부터의 자기 조직화된 민주주의 운동이라는 비전은 1987년 제1차 인티파다에서 현실로 나타난 바 있다. 제1차 인티파다는 자기 조직화된 대중적 위원회의 거대한 네트워크를 낳았다. 이 위원회들은 시위를 조직할 뿐 아니라 팔레스타인인들을 위한 교육, 보건 등 기본적 서비스를 조율했다.[53] 물론 그것만으로는 이스라엘 국가를 마비시킬 수 없었기에 아래로부터의 투쟁은 결국 패배했고, 오슬로 프로세스를 통해 이스라엘과 타협하려는 경향이 득세했다. 그러나 한 세대가 지난 후 2021년 5월에 벌어진 팔레스타인인 총파업은 갈수록 수위가 높아지는 이스라엘 국가의 폭력에도 불구하고 비슷한 자기 조직화 형태의 맹아가 발전할 가능성을 보여 줬다.

이런 전통의 부활과 재건은 하루아침에 이뤄질 수 없을 것이다. 팔레스타인 주변국에서 대중운동을 지속시킬 수 있는 조직 형태가 발전하고 다양한 형태의 저항이 숨쉬고 발전할 여지를 확보하는 데에도 시간이 걸릴 것이다. 그러나 팔레스타인 혁명의 "사회적 정신"을 확대함으로써, 즉 팔레스타인인들의 투쟁을 더 광범한 지역의 가난하고 천대받는 사람들이 자국 국가에 맞서서 벌이는 투쟁들과 유기적으로 결합시킴으로써 얻을 수 있는 소득은 어마어마할 것이다

(물론 그러려면 그런 과정을 실현하려고 분투할 당이 조직돼 있어야 한다).[54]

팔레스타인 해방을 위한 혁명은 따라서 두 측면을 띤 과정일 수밖에 없다. 첫째, 비종교적 단일 민주국가를 추구하는 혁명이 팔레스타인인들의 주도로 팔레스타인 내에서 일어나야 한다. 그런 국가는 아래로부터의 운동으로 인종 분리 체제의 사회 시스템과 정치 시스템 전반을 해체할 때에만 성취할 수 있다. 그러나 이것은 둘째 측면 없이는 완수될 수 없다. 바로 팔레스타인 바깥의 혁명적 과정이다. 물론, 팔레스타인 바깥의 혁명에서도 팔레스타인 해방은 주요 목표의 하나일 것이다. 팔레스타인인이 적잖은 소수로 있거나(예컨대 레바논) 다수인 나라(요르단)에서 팔레스타인인들은 당연히 그런 혁명적 투쟁의 능동적 지도부의 일부가 돼야 할 것이다. 이집트의 경우에는 이집트인들의 대중적 혁명운동과 팔레스타인인들의 대중적 혁명운동(역사적 팔레스타인 안에서 벌어지는 것이든 팔레스타인 디아스포라 사이에서 벌어지는 것이든) 사이의 유기적 파트너십이 구축돼야 한다. 혁명적 과정의 이 두 측면은 서로 얽혀서 상승작용을 일으킬 수 있다. 그 역학은 로자 룩셈부르크가 1905년 러시아 혁명 때 분출한 대중파업의 정치적 측면과 경제적 측면 사이에서 나타났다고 지적한 역학과 비슷할 것이다.[55]

역사적 팔레스타인 내의 혁명적 과정은 여러 면에서 중요하다. 오직 혁명만이 — 또는 적어도 혁명의 가능성이 있는 시기가 열려야만 — 비종교적 단일 민주국가를 가능케 할 아래로부터의 정치적·

사회적 변혁의 역학을 창출할 수 있다. "요르단강에서 지중해까지" 해방된 팔레스타인이라는 비전은 팔레스타인 땅에서 이스라엘 유대인들을 쫓아내는 것을 뜻하지 않는다. 그 비전은 우월주의적이고 인종주의적이고 식민주의적인 이데올로기를 억제하는 것을 뜻할 뿐이다. 그리고 이를 위해서는 [이스라엘의] 2018년 민족국가법이나 귀환법(팔레스타인인 난민들의 귀환권은 포함하고 있지 않다)과 같은 부정의하고 인종차별적인 법을 폐기하고, 인종 분리 체제를 유지하는 국가기구 전반을 해체해야 한다. 팔레스타인인 학자 가다 카르미가 지적하듯이 민주적 단일국가는 역사적 팔레스타인에서 형성된 사회의 "다문화적 현실"을 억제하기는커녕 오히려 더 잘 반영할 것이다.[56] 사실 이스라엘에는 유대인 우월주의적 극우의 부상으로 인해 범죄화되고 억압받고 쫓겨날 위기에 처한 온갖 유대인 정체성 집단들이 있다. 이런 유대인 정체성 집단들의 자기 표현은 민주적 팔레스타인 아래에서 더 잘 만개할 수 있다.

이 책의 1장에 실린 "이스라엘의 팔레스타인인 대학살 계획"에서 설명했듯이 이스라엘 지배계급 내 상이한 부문들의 다툼은 대다수 이스라엘 유대인들이 시온주의와 단절하는 조건을 만들어 내지 못할 것이다. 이는 2023년 네타냐후와 그의 극우 동맹자들에 맞서 일어난 시위에서도 뚜렷하게 확인할 수 있었다. 인종 분리 체제에 맞선 혁명은 팔레스타인인들이 이끌어야 한다. 그러나 사회변혁 과정이 심화될수록 — 평범한 사람들이 세상을 변화시키려고 싸우는 그 과정은 사람들 자신을 변화시키는 과정을 수반한다 — 이스라엘 유대인 노동계급을 시온주의 국가와 단결케 하고 그들로 하여금 자신의 인종적·종교적 특권을 무자비하게 방어하게 하는 이데올로기적·물질적 결속이 약화될 가능성도 커질 것이다. 궁극적으로는 이런 혁명적 변혁 과정이야말로 억압자와 피억압자, 정착자와 토착민의 관계를 끝장내고 다른 미래를 건설할 가능성을 열 수 있다.

지금까지 그 혁명적 과정이 왜 역사적 팔레스타인 단독으로는 실현되는 것이 불가능한지를 자세히 살펴봤다. 그 과정을 실현하려면 역사적 팔레스타인을 넘어선 더 광범한 지역의 조직된 노동자들이 투쟁에서 주도적 구실을 해야만 한다. 현실에서 이것은 이집트 노동계급에게 특별한 구실이 있다는 것을 뜻한다. 이집트 노동계급은 레바논과 요르단의 노동계급보다 사회적 비중이 더 크고, 자주적 조직의 전통도 더 발전해 있기 때문이다. 이집트 노동자들의 목표는 가자지구 봉쇄를 깨뜨리고, 수많은 팔레스타인인들을 고향에서 내쫓으려는 이스라엘 정치인들의 야망을 좌절시키는 것이어야 한다. 이집트 노동자들은 또한 팔레스타인 저항 세력에게, 이스라엘이라는 단일 인종 분리 국가의 주권을 인정하고 그럼으로써 무장투쟁과 정치적 독립을 포기하라고 요구해서는 안 된다. 이집트 노동자들이 목표를 실제로 달성하려면 이집트 내부에서 엘시시 정권을 약화시켜야 한다.[57]

팔레스타인 국경 너머로까지 조직 노동계급의 힘을 키우는 것이 필수적인 또 다른 이유는 그것이 아파르트헤이트 국가 내에서 벌어지는 투쟁의 사회적 측면을 강화하고, 그 국가에 맞선 계급투쟁을 심화시킬 것이기 때문이다. 그런 투쟁이 열어젖히는 전망 속에서 역사적 팔레스타인 내의 사회를 유대계 이스라엘인(시민)과 팔레스타인계 이스라엘인(종속민)으로 가르고, 팔레스타인인들을 가자지구 주민, 예루살렘 주민, 서안지구 주민 등으로 가르는 위계적 분단선을 무너뜨릴 수 있다. 이는 사회의 진정한 핵심적 단층선을 활성화시키는 것을 통해 이뤄질 수 있다. 바로 "차별과 착취에 짓눌린 대중, 대중의 다수, 최하층의 사회집단들"과 국가 사이의 단층선이다.[58]

후주

1 Wong, 2023.

2 Quinn, 2023; Borell, 2023.

3 Teibel, 2023.

4 Office of the United Nations High Commissioner for Human Rights, 2023.

5 Hubbard and Abi-Habib, 2023.

6 Borell, 2023.

7 B'Tselem, 2021; Human Rights Watch, 2021; Amnesty International, 2022.

8 Zonszein, 2023.

9 Muasher, 2023. 반투스탄은 소수 백인이 지배한 남아공의 아파르트헤이트 지배 체제가 세운 명목상의 흑인 독립국이었다.

10 McMillan-Scott, 2006.

11 Rose, 2008.

12 Johannes, 2023.

13 Muasher, 2023.

14 Barker, Dale and Davidson, 2021.

15 Alexander, 2022a.

16 Alexander, 2022b.

17 시온주의 로비의 영향력을 중심에 놓는 설명은 유대인 혐오적 음모론의 일종으로 나아갈 실질적 위험이 있다. 특히 극우의 성장이 유대인 혐오를 실제로 부추기고 있는 상황에서 말이다. 영국의 학자이자 저명한 이스라엘 비판자인 데이비드 밀러가 이런 함정에 빠진 바 있다(*Socialist Worker*, 2023a를 보라). 유대인 혐오의 부상에 관한 더 자세한 분석은 Ferguson, 2018을 보라.

18 Shapiro, 1974.

19 Gambrell, 2023.

20 Al Jazeera, 2023. 하마스 산하 무장 조직의 이름은 이즈앗딘 알카삼의 이름에서 따온 것이다. 알카삼은 1930년대에 영국군과 시온주의자들과 싸운 게릴라 부대를 창설한 시리아인이다.

21 Hirst, 1999.

22 Davis, 2021.

23 Masalha and Hamid, 2017.

24 United States Mission in Jordan, 2022.

25 World Health Organisation, 2023.

26 Human Rights Watch, 2006; United Nations High Commissioner for Refugees, 2022a.

27 United Nations High Commissioner for Refugees, 2022b.

28 Marshall, 1989, p124.

29 Tucker, 1982.

30 Tucker, 1982.

31 Human Rights Watch, 2007.

32 Lavalette and Levine, 2011.

33 Lavalette and Levine, 2011.

34 Wenger, 1990.

35 www.unrwa.org/where-we-work/lebanon

36 Alexander, 2020.

37 Teibel, 2023.

38 Abdallah, Awadalla and Wali, 2023.

39 Alexander, 2022b.

40 Sayigh, 2019.

41 Nasser and Khalidi, 1973.

42 출처는 2023년 10월 28일에 한 인터뷰.

43 International Crisis Group, 2023.

44 World Bank data.

45 Salem, Ismail and Mamdouh, 2021.

46 2023년 10월 28일에 한 인터뷰.

47 2023년 10월 28일에 한 인터뷰.

48 Jafari, 2023.

49 Alexander, 2022b.

50 Bassiouny and Alexander, 2021.

51 Alexander, 2022a.

52 Alexander, 2023.

53 Alexander, 2022b.

54 Alexander, 2011.

55 Luxemburg, 1986.

56 *Socialist Worker*, 2023b.

57 Alexander, 2022b.

58 Lenin, 1917.

참고 문헌

Abdallah, Nayera, Nadine Awadalla and Mohamed Wali, 2023, "Egypt's Sisi Rejects Transfer of Gazans, Discusses Aid with Biden", Reuters (18 October), www.reuters.com/world/egypt-rejects-any-displacement-palestinians-into-sinai-says-sisi-2023-10-18

Alexander, Anne, 2011, "The Growing Social Soul of Egypt's Democratic Revolution", *International Socialism 131* (summer), www.isj.org.uk/?id=741

Alexander, Anne, 2020, "Behind the Lebanese Apocalypse", *International Socialism 168* (autumn), http://isj.org.uk/lebanese-apocalypse

Alexander, Anne, 2022a, *Revolution is the Choice of the People: Crisis and Revolt in the Middle East and North Africa* (Bookmarks).

Alexander, Anne, 2022b, "Ending Apartheid in Palestine: The Case for a Revolutionary Strategy", *International Socialism 173* (winter), http://isj.org.uk/ending-apartheid [국역: 이 책의 4장에 수록된 "팔레스타인에서 아파르트헤이트를 철폐하기 위한 전략"]

Alexander, Anne, 2023. "Disorder Reigns in Khartoum", *International Socialism 179* (summer), https://isj.org.uk/disorder-reigns-in-khartoum

Al Jazeera, 2023, "Demonstrations Sweep Arab Towns and Capital Cities Supporting Gaza as Truce Begins" (24 November), https://tinyurl.com/2p6p4s7v

Amnesty International, 2022, "Israel's Apartheid against Palestinians" (1 February), https://tinyurl.com/t6kwh8zp

Barker, Colin, Gareth Dale and Neil Davidson (eds), 2021, *Revolutionary Rehearsals in the Neoliberal Age* (Haymarket).

Bassiouny, Mostafa, and Anne Alexander, 2021, "The Workers' Movement, Revolution and Counter-revolution in Egypt", Transnational Institute (27 October), https://longreads.tni.org/the-workers-movement-revolution-and-counter-revolution-in-egypt

Borell, Josep, 2023, "What the EU Stands for on Gaza and the Israeli-Palestinian Conflict", Diplomatic Service of the European Union (15 November), www.eeas.europa.eu/eeas/what-eu-stands-gaza-and-israeli-palestinian-conflict_en

B'Tselem, 2021, "A Regime of Jewish Supremacy from the Jordan River to the Mediterranean Sea: This Is Apartheid" (12 January), www.btselem.org/publications/fulltext/202101_this_is_apartheid

Davis, Hanna, 2021, "Jordan: Palestinian Refugees Struggle Amid UNRWA Funding Cuts", Al Jazeera (18 December), www.aljazeera.com/news/2021/12/18/jordan-palestinian-refugees-struggle-amid-unrwa-funding-cuts

Ferguson, Rob, 2018, *Antisemitism: The Far Right, Zionism and the Left* (Bookmarks).

Gambrell, Jon, 2023, "Jordan's Foreign Minister Offers Blistering Criticism of Israel as Its War on Hamas Rages On", Associated Press (November 18), https://apnews.com/article/bahrain-manama-dialogue-israel-palestinians-hamas-war-gaza-331a642d62f2a52b13b66c45ab520168

Hirst, David, 1999, "Jordan Curbs Hamas", Guardian (22 November), www.theguardian.com/world/1999/nov/22/israel

Hubbard, Ben, and Maria Abi-Habib, 2023, "Behind Hamas's Bloody Gambit to Create a 'Permanent' State of War", New York Times (8 November).

Human Rights Watch, 2006, "'The Silent Treatment': Fleeing Iraq, Surviving in Jordan" (1 November), www.hrw.org/reports/2006/jordan1106/3.htm

Human Rights Watch, 2007, "Why They Died: Civilian Casualties in Lebanon during the 2006 War" (5 September), www.hrw.org/report/2007/09/05/why-they-died/civilian-casualties-lebanon-during-2006-war

Human Rights Watch, 2021, "A Threshold Crossed: Israeli Authorities and the Crimes of Apartheid and Persecution" (27 April), https://tinyurl.com/2p8er4b7

International Crisis Group, 2023, "Egypt in the Balance?", International Crisis Group (31 May), www.crisisgroup.org/middle-east-north-africa/north-africa/egypt/eygpt-in-the-balance

Jafari, Peyman, 2023, "Revolt with a Revolutionary Perspective", *Iranian Studies*, volume 56, issue 3.

Johannes, Adam, 2023, "From the River to the Sea: The True History of a Famous Slogan for Palestine", Voice.Wales (26 October), www.voice.wales/from-the-river-to-the-sea-the-true-history-of-a-famous-slogan-for-palestine

Lavalette, Michael, and Barrie Levine. 2011, "Samidoun: Grassroots Welfare and Popular Resistance in Beirut during the 33-Day War of 2006", in Michael Lavalette and Vasilios Ioakimidis (eds), *Social Work in Extremis: Lessons for Social Work Internationally* (Bristol University Press).

Lenin, V. I, 1917, *The State and Revolution* [국역: 《국가와 혁명》, 돌베개, 2015]

Luxemburg, Rosa, 1986 (1906), *The Mass Strike* (Bookmarks). [국역: 《대중파업론》, 풀무질, 1995]

Masalha, Nael, and Shadi Hamid, 2017, "More than Just the Muslim Brotherhood: The Problem of Hamas and Jordan's Islamic Movement", Brookings (6 February), www.brookings.edu/articles/more-than-just-the-muslim-brotherhood-the-problem-of-hamas-and-jordans-islamic-movement

Marshall, Phil, 1989, *Intifada: Zionism, Imperialism and Palestinian Resistance* (Bookmarks). [국역: 《팔레스타인의 저항: 이스라엘과 제국주의에 맞서 해방은 어떻게 가능한가》, 책갈피, 2021]

McMillan-Scott, Edward, 2006, *Delegation to Observe Legislative Elections in Palestine (24-26 January)* (European Parliament), www.europarl.europa.eu/cmsdata/212704/Election_report_Palestine_25_January_2006.pdf

Muasher, Marwan, 2023, "Jordan's Redline on Admitting Palestinians Is Unlikely to Change", Carnegie Endowment for International Peace (21 November), https://tinyurl.com/46kyy6sk

Nasser, Gamal Abdel, and Walid Khalidi (trans), 1973, "Nasser's Memoirs of the First Palestine War", *Journal of Palestine Studies*, volume 2, issue 2.

Office of the United Nations High Commissioner for Human Rights, 2023, "Gaza: UN Experts Call on International Community to Prevent Genocide against the Palestinian People", www.ohchr.org/en/press-releases/2023/11/gaza-un-experts-call-international-community-prevent-genocide-against

Quinn, Ben, 2023, "Sunak Reiterates Support for Two-state Solution in Meeting with Abbas", *Guardian* (20 October), https://tinyurl.com/mphm5hvc

Rose, David, 2008, "The Gaza Bombshell", *Vanity Fair* (3 March), www.vanityfair.com/news/2008/04/gaza200804

Salem, Aida, Omaima Ismail and Rana Mamdouh, 2021, "The State and Subsidized Bread: Stuck between a Strained Budget and Public Anger", MadaMasr (22 December), https://tinyurl.com/3h56436n

Sayigh, Yezid, 2019, *Owners of the Republic: An Anatomy of Egypt's Military Economy* (Carnegie Endowment for International Peace), https://carnegieendowment.org/publications/?fa=80325

Shapiro, Allan, 1974, "Israel as Sparta", *New York Times* (22 December).

Socialist Worker, 2023a, "Why David Miller is Wrong about Antisemitism" (17 August), https://socialistworker.co.uk/what-we-think/why-david-miller-is-wrong-about-antisemitism

Socialist Worker, 2023b, "'Only a Single State Can Bring Palestinian liberation'—Interview with Ghada Karmi" (20 November), https://socialistworker.co.uk/features/ghada-karmi-one-state-interview

Teibel, Amy, 2023, "An Israeli Ministry, in a 'Concept Paper', Proposes Transferring Gaza Civilians to Egypt's Sinai", Associated Press (30 October), https://apnews.com/article/israel-gaza-population-transfer-hamas-egypt-palestinians-refugees-5f99378c0af6aca183a90c631fa4da5a

Tucker, Judith, 1982, "The War of Numbers", *MERIP Reports* (September-October), https://merip.org/1982/09/the-war-of-numbers

United Nations High Commissioner for Refugees, 2022a, "Registered People of Concern—Refugees and Asylum Seekers in Jordan", ReliefWeb (4 April), https://reliefweb.int/report/jordan/registered-people-concern-refugees-and-asylum-seekers-jordan-iraqi-refugees-31-march

United Nations High Commissioner for Refugees, 2022b, "64 Percent of Refugees in Jordan Survive on Less than 3 Dinar a Day" (30 March), www.unhcr.org/jo/18841-64-percent-of-refugees-in-jordan-survive-on-less-than-3-dinar-a-day.html

United States Mission in Jordan, 2022, "Joint Statement on the Signing of the Bilateral Memorandum of Understanding on Strategic Partnership between the United States and Jordan", US Embassy in Jordan (16 September) https://jo.usembassy.gov/joint-statement-on-the-signing-of-the-bilateral-memorandum-of-understanding-between-the-united-states-jordan

Wenger, Martha, 1990, "Primer: Lebanon's 15-Year War 1975-1990", *MERIP Reports* (January-February), https://merip.org/1990/01/primer-lebanons-15-year-war-1975-1990

Wong, Edward, 2023, "Biden Says a 'Real' Palestinian State Must Come After War", *New York Times* (16 November).

World Health Organisation, 2023, "Refugees and Migrant Health Country Profile: Jordan", ReliefWeb (17 March), https://reliefweb.int/report/jordan/refugees-and-migrant-health-country-profile-jordan

Zonszein, Mairav, 2023, "Settler Violence Rises in the West Bank during the Gaza War", International Crisis Group (6 November), www.crisisgroup.org/middle-east-north-africa/east-mediterranean-mena/israelpalestine/settler-violence-rises-west-bank-gaza-war

각 글의 출처

1장 이스라엘 사회와 국가의 성격

이스라엘 비판은 유대인 혐오가 아니다
이원웅, "이스라엘 비판이 유대인 혐오인가?"
https://ws.or.kr/article/30133

유대인 혐오 주장과 그렇지 않은 주장을 구별하기
김종환, "유대인 혐오 주장과 그렇지 않은 주장: 주요 논박과 피해야 할 함정들"
https://ws.or.kr/article/32552

두 번째 나크바?
Joseph Choonara, "A second Nakba?"
https://isj.org.uk/second-nakba/

이스라엘의 팔레스타인인 대학살 계획
Rob Ferguson, "Israel's roadmap to genocide"
https://isj.org.uk/roadmap-to-genocide/

2장 미국의 이스라엘 지원

중동에서의 제국주의
김영익, "2000년대 이후 중동 질서의 변화와 이-팔 전쟁"
https://www.youtube.com/watch?v=BiFu0OCfh4U

'유대인 로비' 때문에 미국이 이스라엘을 지원하는가?

Donny Gluckstein, "Why does the US back Israeli terror?"

https://socialistworker.co.uk/long-reads/why-does-the-us-back-israeli-terror/

밀당 관계인 미국과 이스라엘

Alex Callinicos, "The pull and push of US-Israel relations"

https://socialistworker.co.uk/alex-callinicos/the-pull-and-push-of-us-israel-relations/

3장 이슬람, 이슬람주의, 하마스

마르크스주의와 종교: 이슬람 사례를 중심으로

최일붕, "마르크스주의와 종교 — 이슬람 사례를 중심으로"

https://ws.or.kr/article/30564

무슬림·이슬람 혐오는 인종차별이다

최일붕, "무슬림·이슬람교 혐오는 인종차별이다"

https://ws.or.kr/article/17336

이슬람주의(정치적 이슬람)를 어떻게 봐야 할까?

시문 아사프, "이슬람주의(정치적 이슬람)을 어떻게 봐야 할까?"

https://www.youtube.com/watch?v=8o1yvwsD9pM

여성과 이슬람

탈라트 아흐메드, "여성과 이슬람"

https://www.youtube.com/watch?v=g63eecTcEgg

4장 팔레스타인인들의 저항: 식민주의로부터의 해방을 향해

마르크스주의와 민족해방운동

최일붕, "마르크스주의와 민족 해방 운동: 특히 팔레스타인 독립 투쟁과 관련해"

https://ws.or.kr/article/30524

연속혁명은 무엇이고 팔레스타인 해방에 어떻게 적용되는가?

최일붕, "연속혁명은 무엇이고 어떻게 팔레스타인 해방 문제에 적용되는가"

https://ws.or.kr/article/32510

팔레스타인 해방은 아랍 혁명의 일부가 될 것이다

이원웅, "팔레스타인 해방과 아랍 혁명"

https://www.youtube.com/watch?v=PXLZpxdkKzk

남아공 아파르트헤이트 철폐 투쟁의 교훈

Charlie Kimber, "What are the lessons from South Africa's anti-apartheid struggle for Palestine?"

https://socialistworker.co.uk/features/what-are-the-lessons-from-south-africas-anti-apartheid-struggle-for-palestine/

팔레스타인에서 아파르트헤이트를 철폐하기 위한 전략

Anne Alexander, "Ending apartheid in Palestine: the case for a revolutionary strategy"

http://isj.org.uk/ending-apartheid/

팔레스타인: 연속되는 전쟁 아니면 연속되는 혁명?

Anne Alexander, "Palestine: between permanent war and permanent revolution"

https://isj.org.uk/palestine-permanent-revolution/

지은이 소개

이원웅

〈노동자 연대〉 기자이고 한국에서 팔레스타인 연대 운동 건설에 힘쓰고 있다. 《우크라이나 전쟁, 제국주의 강대국들의 각축전》(공저, 2022), 《미국의 이란 전쟁과 한국군 파병 반대한다》(공저, 2020)를 썼고 《오늘날 마르크스주의의 의미》(2021), 《자본주의 위기의 시대 왜 사회주의인가?》(공역, 2012)를 번역했다.

김종환

〈노동자 연대〉 기자다. 연세대학교에서 대기과학을 전공하고 박사 학위를 받았다. 《미국의 이란 전쟁과 한국군 파병 반대한다》(공저, 2020)를 썼고 《기후위기와 자본주의: 체제를 바꿔야 기후변화를 멈춘다》(2019) 등을 번역했다.

조셉 추나라 Joseph Choonara

영국 사회주의노동자당(SWP) 중앙위원이고 마르크스주의 이론지 《인터내셔널 소셜리즘》의 편집자이며 레스터대학교 교수다. 한국에 번역된 책으로는 《마르크스, 자본주의의 비밀을 밝히다》(2010), 《베네수엘라 위기》(공저, 2019), 《계급, 소외, 차별》(공저, 2017) 등이 있다.

롭 퍼거슨 Rob Ferguson

시온주의에 반대하는 유대인으로 오랫동안 팔레스타인 연대 운동을 해 왔다. 영국 전쟁저지연합의 전국 운영위원이고 팔레스타인연대캠페인(PSC)의 활동가다. 《유대인 혐오: 극우, 시온주의, 좌파》(Antisemitism: The Far Right, Zionism and the Left)를 썼다.

김영익

〈노동자 연대〉 기자다. 《제국주의론으로 본 동아시아와 한반도》(2019), 《우크라이나 전쟁, 제국주의 강대국들의 각축전》(2022), 《문재인 정부, 촛불 염원을 저버리다》(2019), 《홍콩 항쟁을 왜 지지해야 하는가》(2019), 《새 세대를 위한 3.1운동사》(2019) 등을 공저했다.

도니 글럭스틴 Donny Gluckstein

시온주의에 반대하는 유대인으로 에든버러대학교에서 역사를 가르친다. 한국에 번역된 책으로는《마르크스주의에서 본 영국 노동당의 역사》(공저, 2020),《마르크스주의와 노동조합 투쟁》(공저, 2014),《2차 세계대전의 민중사》(2021),《서구의 소비에트》(2008)가 있다.

알렉스 캘리니코스 Alex Callinicos

1950년 짐바브웨에서 태어난 세계적 마르크스주의 석학이고 런던대학교 킹스칼리지 명예교수다. 해마다 마르크스주의 발전에 공헌한 도서에 주는 아이작 도이처상의 심사위원이다.《재난의 시대 21세기》(2024),《카를 마르크스의 혁명적 사상》(2018) 등 수십 권의 책이 한국에 번역돼 있다.

최일붕

노동자연대 운영위원이다.《러시아 혁명: 희망과 좌절》(2017),《자본주의 국가: 마르크스주의의 관점》(편저, 2015),《마르크스주의와 종교》(2016),《트로츠키의 국제주의 사상》(2010),《이집트 혁명과 중동의 민중 반란》(공저, 2011) 등을 썼다.

시문 아사프 Simon Assaf

영국에서 활동하는 레바논 마르크스주의자다. 레바논의 좌파 언론 〈알 만슈르〉와 〈퍼블릭 소스〉의 편집위원이다. 한국에 번역된 책으로는《혁명이 계속되다: 이집트 혁명과 중동의 민중 반란 2》(공저, 2011),《이집트 혁명과 중동의 민중 반란》(공저, 2011)이 있다.

탈라트 아흐메드 Talat Ahmed

인도계 영국인 마르크스주의자로 에든버러대학교 남아시아역사 부교수다. '인종차별에 맞서자' 스코틀랜드지부 소집자다.《간디의 시민 불복종 실험》(Mohandas Gandhi: Experiments in Civil Disobedience),《민족주의 시대의 정치》(Politics in the Age of Nationalism) 등을 썼다.

찰리 킴버 Charlie Kimber

영국 사회주의노동자당(SWP) 중앙위원이며 주간신문 〈소셜리스트 워커〉의 편집자다. 한국에 번역된 책으로는《마르크스주의에서 본 영국 노동당의 역사》(공저, 2020),《브렉시트, 무엇이고 왜 세계적 쟁점인가?》(공저, 2019),《자본주의 위기의 시대 왜 혁명인가》(공저, 2015)가 있다.

앤 알렉산더 Anne Alexander

중동 전문지《미들이스트 솔리대리티》의 편집자이고, '중동·북아프리카 연대 네트워크'의 창립 멤버이며, 영국 대학노조(UCU)의 활동가다. 한국에 번역된 책으로는《혁명이 계속되다: 이집트 혁명과 중동의 민중 반란 2》(공저, 2011),《이집트 혁명과 중동의 민중 반란》(공저, 2011)이 있다.

찾아보기

ㄷ

ㄹ

ㅁ

ㅇ

ㅈ

ㅊ

ㅋ

ㅌ

ㅍ

ㅎ

기타

이스라엘의 인종 청소 실패와 팔레스타인 해방의 전망

지은이 이원웅, 앤 알렉산더 외

펴낸곳 도서출판 책갈피 | 등록 1992년 2월 14일(제2014-000019호)
주소 서울 성동구 무학봉15길 12 2층
전화 02) 2265-6354 | 팩스 02) 2265-6395
이메일 bookmarx@naver.com | 홈페이지 chaekgalpi.com
페이스북 facebook.com/chaekgalpi
인스타그램 instagram.com/chaekgalpi_books

첫 번째 찍은 날 2024년 6월 17일

값 19,000원

ISBN 978-89-7966-269-6

잘못된 책은 바꿔 드립니다.